용기를 내어 당신이 생각하는 대로 살아야 합니다.
그렇지 않으면 머지않아 당신은 사는 대로 생각하게 될 것입니다.
– 폴 부르제(프랑스의 시인, 철학자)

Il faut vivre comme on pense,
sans quoi l'on finira par penser comme on a vècu.
- Paul Bourget

터닝포인트는 삶에 긍정적 변화를 일으키는 좋은 책을 만들기 위해 최선을 다합니다.

DVD 동영상 강의로 쉽게 배우는

홈패션&리넨 DIY

2010년 8월 1일 초판 1쇄 인쇄
2019년 1월 20일 초판 11쇄 발행

지은이	이영란
펴낸이	정상석
펴낸 곳	터닝포인트
등록번호	2005. 2. 17 제6-738호
주소	서울시 마포구 연남로 97-1 3층
대표전화	(02)332-7646
팩스	(02)3142-7646
홈페이지	www.turningpoint.co.kr
ISBN	978-89-94158-14-3 13630
정가	19,800원

기획	터닝포인트
진행	이종민, 조영혜
북 디자인	디자인 결
일러스트	홍수정
작품 사진 촬영	이성우(G1-studio)
과정 사진 촬영	이진수, 전석병
스타일링	진은영
동영상 촬영 및 편집	이수일
촬영 협찬	싱거미싱, 심플소잉,
	헤나네집(www.hyenahouse.com), 필립스
재료 협찬	심플소잉, 동원직물, 베틀스, 잠자론, 타올천지
내용 문의	www.diytp.com
원고 집필 문의	diamat@naver.com(터닝포인트는 삶에 긍정적
	변화를 가져오는 좋은 원고를 환영합니다)

친절한
홈패션
&리넨
DIY

이영란 지음

터닝
포인트

저자의 말

For home fashion life!

처음 홈패션을 배울 때는 무언가를 만들면 나만의 것이 된다는 게 마냥 좋았습니다. 그러다 조금씩 노하우가 생기면서 '내게 필요한 것들을 내가 원하는 디자인으로 만들어 쓰는 기쁨'을 알게 되었죠. 머릿속에 그린 디자인에 꼭 맞는 원단을 찾고 단추나 토션 등 작은 소품 하나하나를 나만의 취향으로 고르며 즐거웠어요.

그렇게 시작한 취미 생활이 직업이 되었고 덕분에 많은 사람들을 만나고 그들에게 내가 아는 것들을 가르쳐주게 되었습니다. 제가 느끼는 즐거움을 그들과 같이 공감하고 이야기 나눌 수 있다는 것도 또 하나의 행복이었죠.

그렇게 일 년, 이 년… 십년이란 시간이 지나고 그간의 노하우를 담아 이렇게 한 권의 책으로 내게 되었습니다. 이 책에는 제가 품었던 사소한 의문 하나도 놓치지 않고 담으려고 노력했습니다.

그동안 수많은 작품을 만들고 제작 과정을 담아낸다는 것이 쉽지는 않았습니다. 하지만 이제는 그 모든 일들이 추억으로 남았고 그 시간을 함께했던 고마운 분들만 생각나네요. 터닝포인트와 인연을 만들어주신 김은미 실장 님, 배려와 격려를 아끼지 않으셨던 최장미 원장 님, 늘 곁에서 "언니가 최고야~"라며 응원해주던 기민이와 현주, 현재에 안주하지 않도록 자극제 역할을 톡톡히 해준 수연 씨와 민경 씨, 힘들다는 말 한 마디에 한걸음에 달려와 도와주었던 선미 씨와 지연샘, 민희샘, 그리고 지금까지 이 책을 기다려주었던 풀잎문화센터의 많은 수강생 분들과 강남교실 선생님들 감사합니다.

또한 많은 도움을 주신 동대문종합시장 거래처 사장님들 심플소잉 관계자 분들, 끝까지 함께하진 못했지만 작품을 만드는 동안 많이 도와주었던 이종민 대리님, 이진수 실장님, 그리고 터닝포인트 식구들 모두 모두 진심으로 감사합니다.

그리고 언제나 내편이 되어주는 사랑하는 가족들, 참 많이 사랑하고 고마워요. 이 책이 독자 분들께 '눈을 감으면 하루가 지나고 눈을 뜨면 다시 하루가 시작되고, 그렇게 반복되는 지루한 일상을 벗어나 나만의 취미를 갖고 작은 행복을 느낄 수 있는 터닝포인트'가 되길 진심으로 바랍니다.

2010년 여름 이영란

추천의 말

먼지 쌓인 미싱을 꺼내고 싶게 만드는 책

홈패션을 배우기 위해 오시는 분들과 상담한지도 벌써 10여년이 지났네요.
조심스럽게 문을 열고 홈패션을 배우기 위해 상담하러 오는 많은 분들이
하나 같이 혼자서는 도저히 못하겠다며 하는 말씀은
재봉틀이 있지만 사용법을 모르고,
사용법을 안다고 해도 활용법을 모르고,
도움이 될까 해서 본 홈패션 책은 책만 예쁘거나
내용이 너무 어려워서 별반 도움이 안 되고…
결국 풀잎문화센터를 오게 되었다는 하소연들이였죠.

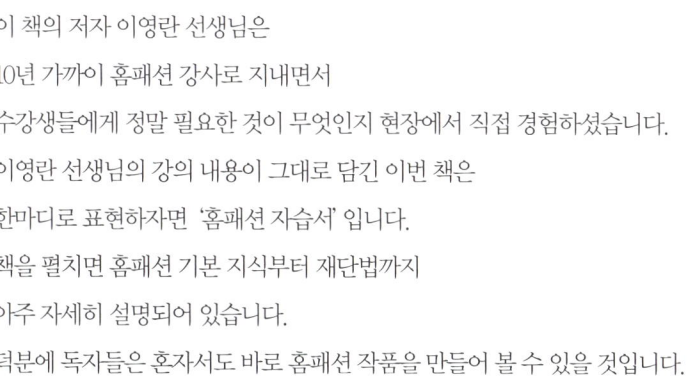

이 책의 저자 이영란 선생님은
10년 가까이 홈패션 강사로 지내면서
수강생들에게 정말 필요한 것이 무엇인지 현장에서 직접 경험하셨습니다.
이영란 선생님의 강의 내용이 그대로 담긴 이번 책은
한마디로 표현하자면 '홈패션 자습서' 입니다.
책을 펼치면 홈패션 기본 지식부터 재단법까지
아주 자세히 설명되어 있습니다.
덕분에 독자들은 혼자서도 바로 홈패션 작품을 만들어 볼 수 있을 것입니다.

<친절한 홈패션&리넨 DIY>는
이영란 홈패션 선생님의 세심한 설명이 담겨 있어
홈패션을 시작하는 분들과 이미 시작하신 분들에게
친절한 길잡이가 될 것입니다.

풀잎문화센터 강남지부 최장미 원장

contents

Image contents

Part 05 한 땀 한 땀 사랑으로 만드는 아기 용품

Part 06

나만의 스타일을 연출하는
파우치 & 가방

<친절한 홈패션&리넨 DIY>

DVD 동영상 200% 활용하기

이 책은 홈패션으로 다양한 소품과 가방, 아기 용품 등을 쉽게 만들 수 있도록 DVD 동영상 강의를 제공합니다. 책을 보다가 이해되지 않는 부분은 친절한 DVD 동영상 강의를 참고하세요. 기본 기법은 물론이고 제작 과정에 대한 상세한 설명이 담겨 있어 혼자서도 쉽게 홈패션&리넨 작품을 완성할 수 있습니다.

DVD동영상 강의 창 사용 방법

❶ 홈패션 이야기
홈패션으로 만들 수 있는 소품과 필요한 준비물에 대해 알아보아요.

❷ 홈패션 기본 기법
홈패션의 기본 기법에 대해 알아보아요. 보고 싶은 동영상 강의를 선택해주세요.

❸ 홈패션 작품 따라 하기
part 3에 실린 작품들을 만드는 방법을 알아보아요. 보고 싶은 동영상 강의를 선택해주세요.

홈패션&리넨 DIY 동영상 보기

홈패션 이야기

1. **홈패션&리넨 DIY 소개** : 홈패션에 대해 알아보아요. 홈패션으로 다양할 리빙 소품과 가방, 아기 용품 등을 만들 수 있습니다.
2. **원단의 종류** : 원단의 종류와 그에 따른 특징에 대해 알아보아요.
3. **소잉 머신 사용법** : 미싱과 오버로크 머신의 사용법에 대해 알아보아요.
4. **도구 소개** : 홈패션에 필요한 재단용품 및 부자재 등에 대해 알아보아요.

홈패션 기본 기법

1. 재단하기
2. 기본 박음질 연습하기
3. 직선 바이어스 처리하기
4. 곡선 바이어스 처리하기
5. 직각 바이어스 처리하기
6. 파이핑 처리하기
7. 말아박기&주름 잡기
8. 단춧구멍 만들기
9. 홈패션에 필요한 손바느질

홈패션 작품 따라 하기

1. 매직 파우치
2. 사각 쿠션
3. 하와이언 가방
4. 스툴 커버
5. 실내화
6. 발매트

이곳을 선택하면 메인 화면으로 되돌아갑니다.

> DVD 용량의 한계로 수록하지 못한 사각티슈커버(107쪽)와 조리개 파우치(208쪽)의 동영상 강의는 www.diytp.com에서 추가로 볼 수 있습니다.

TV에서 부록 DVD 사용하는 방법

PC에서는 마우스를 이용하지만 TV에서는 리모컨을 이용해 메뉴를 선택할 수 있습니다. 부록 DVD를 TV용 DVD플레이어에 넣으면 왼쪽과 같은 창이 나타납니다. 리모컨의 방향 단추를 눌러 ENTER 버튼을 누르면 서브 메뉴로 이동합니다.

1. **메뉴에서 동영상 선택** : ← → ↑ ↓ 로 원하는 영상을 선택하고 ENTER(또는 확인) 버튼을 누름
2. **동영상을 보다가 메뉴로 가려면** : 메뉴 버튼을 누름
3. **서브 메뉴에서 메인 메뉴로 가려면** : 서브 메뉴의 ← 버튼을 선택한 후 ENTER(또는 확인)
4. **DVD 실행 종료** : STOP

DVD 사용 시 주의사항

1. PC에 DVD 플레이어가 설치되어 있지 않으면 부록으로 제공되는 DVD가 작동하지 않을 수 있습니다. PC에서 DVD 플레이어가 정상적으로 실행되지 않는 경우에는 컴퓨터에 DVD 플레이어 소프트웨어가 설치되어 있는지 확인합니다. 만약 DVD 플레이어가 설치되어 있지 않다면 컴퓨터 구입 시, 또는 DVD 플레이어 구입 시 제공되는 설치 CD로 PC용 DVD 플레이어 소프트웨어를 설치해주세요.

2. TV에서 사용하는 DVD 플레이어의 기종에 따라 DVD가 정상적으로 작동하지 않을 수도 있습니다.

3. 부록 DVD를 사용하는 데 있어 문제가 있을 경우에는 www.diytp.com이나 네이버의 '행복한 취미생활 DIY 카페(http://cafe.naver.com/diytp)'로 문의하면 해결 방법을 알려드립니다.

<친절한 홈패션&리넨 DIY>
200% 활용하기

① **만들 DIY 작품** : 이 책에서 만들 완성 작품 사진입니다.

② **DVD 동영상 강의** : 부록으로 제공되는 DVD에는 5시간 30분 분량의 동영상 강의가 담겨 있습니다. 부록 DVD는 컴퓨터의 DVD 플레이어를 이용해서 볼 수도 있고, TV에 연결된 DVD 플레이어를 이용해서 볼 수도 있습니다. 〈 DVD작품 ▶ 마크〉가 표시된 작품은 동영상 강의를 참고하면 해당 섹션의 내용을 더욱 쉽게 이해할 수 있습니다.

③ **예상 재료비** : 독자의 편의를 돕기 위해서 개별 작품을 만드는 데 필요한 원단과 부재료만을 계산한 예상 비용을 소개했습니다. 때문에 실제 제작할 경우에는 비용이 달라질 수 있으므로 참고용으로만 활용해주세요.

④ **완제품 예상가** : 완제품을 구입할 경우 예상 가격을 뽑은 자료입니다.

⑤ **난이도** : 작품 제작의 난이도를 ★ 1~5개까지 구분하여 표시합니다. 별이 많을수록 난이도가 어려워집니다.

⑥ **완성 사이즈** : 이 책에 소개된 재단과 과정을 따라 만들었을 경우의 작품 사이즈입니다.

⑦ **재료** : 작품을 만드는 데 필요한 원단과 부자재 등을 소개합니다.

⑧ **재단** : 작품을 만들기 위해 원단을 재단하는 방법을 소개합니다.

⑨ 3. 완성하기

15 장식 띠 210×2.5cm ❶로 바이어스 메이킹 커플을 이용해 장식 띠를 만듭니다. 기분 기법구 튜브 바이어스 메이커가 없으면 양 끝을 중심으로 접어서 다림질합니다.

16 프릴의 시접 부분이 가려지도록 장식 띠를 대고 시침핀으로 고정한 후 박음질합니다. 프릴 폭의 가장자리부터 시작하세요.

17 모서리 부분은 최대한 끝에 바늘을 고정한 상태에서 노루발을 들고 90도 꺾은 후 다시 노루발을 내리고 박음질합니다.

18 끝 부분은 2~3cm 정도 여유있게 잘라 1cm 안쪽으로 접은 후 박음질하세요.

19 장식띠의 반대편 가장자리를 박음질합니다. 모서리는 사선이 되도록 접어 박음질합니다.

20 발매트가 완성되었습니다.

APPLICATION **⑫**

다양한 디자인에 도전해 보세요

첫 완성품을 만들어보았다면,
다음번에는 자기만의 디자인을 참조해보세요.
프릴을 달거나 패치워크의 분할을 달리해보아도 좋고,
레이스나 포션, 단추 등을 활용해 꾸며도 예뻐요.
그것이 어렵다면 색다른 패턴이나 컬러만 잘 활용해도
전혀 다른 느낌의 디자인을 연출할 수 있어요.

13 프릴 시작과 끝 부분을 안면끼리 마주 대고 걸목에서 1cm 남기고 완성선을 그립니다. 완성선을 따라 박음질한 후 시접은 5mm 남기고 자르세요.

14 박음질한 부분을 겉면끼리 마주 보게 접은 후 1cm 시접을 남기고 박음질합니다. 통영상과 시접 처리 방법이 다릅니다. 둘 중 맞는 방법이므로 선택해서 작업하면 됩니다.

15 나머지 프릴 부분을 롤판에 박음질해서 답니다.

⑪ 곡선 부분을 바이어스 처리할 때는 항상 곡선의 중심 부분을 먼저 접어 시침핀으로 고정하고 나머지 부분을 시침핀으로 고정합니다. 그래야만 바이어스감이 울지 않습니다.

⑨ **단계별 제작** : 세부 제작 과정의 제목입니다.

⑩ **친절한 제작 과정 따라 하기** : 제작 과정을 상세하고 친절하게 소개합니다.

⑪ **Tip** : 오랫동안 작품을 만들면서 경험한 작가만의 실전 노하우를 소개합니다.

⑫ **Application** : 본문에서 다룬 작품 외의 더 풍부한 작품들과 간단한 제작 방법을 소개합니다.

인터넷을 통한 지속적인 서비스

이 책과 관련하여 궁금한 내용은 터닝포인트 홈페이지 www.diytp.com나 네이버 카페(http://cafe.naver.com/diytp)를 통해 문의해주세요. 사이트를 통해 필요한 자료와 정보를 지속적으로 제공합니다.

내가 만든 작품 자랑하기

터닝포인트 홈페이지 www.diytp.com에 〈친절한 홈패션&리넨 DIY〉 책을 보고 만든 작품의 제작 과정이나 에피소드, 완성품, 또는 나만의 창작품 등을 올려주세요. 다른 독자들과 함께 정보를 공유하고 우수 회원을 뽑아 시상도 한답니다.

홈패션,
생활에
따스한 감성을
입히다!

사람들이 홈패션을 시작하는 이유는 각양각색입니다.

패션에 관심 많은 아가씨는 옷을 만들겠단 야무진 꿈을 안고 홈패션에 입문하고

갓 결혼한 새댁은 신혼집을 아기자기하게 꾸미고 싶어서 서툰 재봉질을 시작합니다.

아기 엄마는 귀여운 아기에게 포근한 이불을 만들어주려고 밤잠을 설치고

초등학교 1학년 아이를 둔 엄마는 신발주머니 하나만은 엄마표로 만들어주려고

집 안 한구석에 내버려두었던 재봉틀을 다시 꺼냅니다.

시작은 제각각이었지만 쓰임새 있는 물건을 만들면서

마음이 더없이 포근해지는 것은 한결같습니다.

그것은 홈패션이 본래 따스한 성질을 가진 작업이기 때문입니다.

자신을 위해, 사랑하는 누군가를 위해 정성껏 천을 다루는 일이니까요.

마음에 드는 천을 골라 재단하고 박음질하고 장식하고….

평면이던 천은 어느새 나름의 쓸모를 지닌 입체로 다시 태어납니다.

홈패션은 생활에 따스한 감성을 입히는 일이고

삶의 에피소드를 만드는 일입니다.

때문에 살림은 즐거워지고

직접 만든 작품들은 제각각의 사연이 담긴 만큼

하나하나 애틋해집니다.

홈패션 작품의 세탁

원단의 특성을 파악하는 것이 중요합니다.

대개는 작품을 만들어 쓰다가 세탁을 하면 되지만

천연 소재인 리넨이나 100% 면처럼 세탁 과정에서 줄어들 염려가 있는 원단은

반드시 선 세탁을 거친 후 작업에 들어가야 합니다.

선 세탁을 할 때는 미지근한 물에 중성세제를 약간 푼 후

천을 살짝 주물러 두세 번 행굽니다.

그런 다음 그늘에 말려 다림질합니다.

작품을 사용하다가 세탁을 할 경우에는 원단의 특성에 맞는 세탁법을 선택하세요.

면이나 선염, 워싱 광목, 아사 등은 뒤집은 후 차가운 물에 중성세제를 풀어 손세탁하세요.

특히 원단의 색이 짙을 경우에는 물에 오래 넣어 두면 탈색될 염려가 있으므로

10분 정도만 담갔다가 헹궈 주는 것이 좋습니다.

오가닉 원단으로 만든 작품은 단독 세탁하는 것이 좋으며,

미지근한 물에 천연세제를 풀어 부드럽게 주무른 후 헹구세요.

특히 방축 가공 처리를 하지 않아 뜨거운 물에 담글 경우 줄어들 수 있으므로 주의하세요.

PART
01

만들고 싶은 물건과 어떤 원단이 어울리는지

어떤 재료가 필요하고 미싱은 어떻게 쓰는지

홈패션의 기초를 튼튼하게 다져보세요.

단, 처음부터 모든 것을 완벽하게 갖춰야 한다고 생각하지 마세요.

마음을 가볍게 하고 차근차근 준비하는 거예요.

그래야만 오래도록 홈패션을 가까이할 수 있답니다.

홈패션 이야기

01.

TIP "수"는 영국식 면사 번수를 표시하는 단위로 실의 굵기이며, 1수는 1g의 면으로 약 1.7m 길이의 실을 뽑았을 때 그 실의 굵기입니다. 이를 기준으로 하면 40수는 1g의 면으로 약 68m(1.7×40cm)의 길이로 뽑았을 때 실의 굵기이며, 40수로 제직된 원단을 40수라고 합니다. 60수는 1g의 면으로 약 102m(1.7×60cm)의 길이로 뽑은 실의 굵기를 말하며, 60수의 실로 제직된 원단을 60수라고 부릅니다.

40수 트윌(11호 바늘 사용)

면으로 제직된 원단으로 원사의 두께에 따라 20수, 30수, 40수, 50수, 60수 등으로 나뉘며, 일반적으로 40수 트윌을 많이 사용합니다. 트윌은 제직 기법 중의 하나로 육안으로 구별하기 힘드나 자세히 보면 사선 모양의 결이 있으며, 전체적으로 은은한 광택이 납니다. 나염 직물의 경우 평직보다 색상이 선명하며 내구성이 뛰어나 세탁 시 해질 염려가 적습니다. 주로 침구류를 만드는 데 사용됩니다.

원단 소개 [DVD 홈패션 이야기 ▶]

원단은 원사의 짜임, 두께, 가공 방법, 소재 등에 따라 다양한 종류가 있습니다. 원단마다 짜임이나 두께가 다르므로 미싱을 사용하거나 손바느질할 때 각각에 맞는 바늘을 선택해서 사용하는 것이 좋습니다. 홈패션에서 주로 사용하는 원단을 소개합니다.

40수 평직면(11호 바늘 사용)

40수의 면사로 제직된 원단으로 직조의 특성상 같은 40수로 제직한 트윌에 비해 얇아서 손바느질이 가능합니다. 주로 의류나 침구류를 만들 때 사용됩니다.

60수 평직면(9호 바늘 사용)

60수 원사로 제직된 원단으로 촉감이 부드럽고 얇아서 여름철 의류나 침구류를 만드는 데 주로 사용됩니다.

60수 눈꽃 평직면(9호 바늘 사용)

원단에 눈꽃처럼 솜이 보송보송하게 올라와 있는 것이 특징이며, 여름철 의류나 침구류를 만드는 데 주로 사용됩니다.

옥스포드(11호, 14호 바늘 사용)

20수 원사를 이용해 평직으로 짜여진 원단으로, 주로 가방이나 소파 커버 등을 만들 거나 겨울철 커튼용으로 사용됩니다.

1 캔버스(14호 바늘 사용)

10수의 원사를 이용해 평직으로 제직한 원단으로 옥스포드보다 두껍습니다. 주로 가방이나 소파 커버, 겨울철 커튼용으로도 사용됩니다.

2 리넨(11호 바늘 사용)

리넨은 아마의 실로 짜여진 얇은 직물을 통틀어 이르는 말입니다. 천연 섬유인 리넨은 순수 리넨보다 코튼 리넨이 많이 사용되며, 주로 소품이나 의류를 만들 때 사용됩니다. 가공법에 따라 수축될 수 있으므로 선 세탁 후 재단하는 게 좋습니다.

3 오가닉 코튼(11호 바늘 사용)

오가닉 코튼은 유기농 면이란 뜻으로, 농약이나 살충제 등 화학 재료가 전혀 사용되지 않은 토양에서 3년 이상 유기 비료로 재배된 면입니다. 베이지, 브라운, 그린 세 가지 컬러는 염색되지 않은 천연 고유의 색입니다. 오가닉 코튼은 특성상 일반 면에 비해 가격이 비싸기 때문에 피부가 민감한 아기 용품을 만들 때 주로 사용합니다.

4 선염(11호 바늘 사용)

선염은 염색 원사로 제직된 원단입니다. 제직 후 나염되거나 염색되는 후염과 달리 염색 원사로 제직되기 때문에 단색, 스트라이프, 체크처럼 직선의 패턴으로만 디자인되며, 일반 나염 원단에 비해 무게감이 있는 것이 특징입니다. 세탁을 해도 원단이 크게 변형되지 않으며 주로 의류나 침구류를 만드는 데 사용됩니다.

5 타월(11호, 14호 바늘 사용)

우리말 식 표현으로는 수건입니다. 일반적으로는 천의 바탕 위에 실 코가 돋아 있는 짜임의 원단을 통틀어서 타월이라고 합니다. 표면에 보풀이 있어 흡수성과 통풍성이 좋으며, 수건이나 목욕 가운처럼 수분이나 땀을 닦는 용도의 생활용품을 만들 때 주로 사용됩니다.

6 다이마루(11호 바늘 사용)

다이마루는 직물을 짜는 기계 이름으로, 이 기계로 짜여진 원단을 다이마루라고 합니다. 기계가 둥글게 돌면서 직물을 짜기 때문에 원단의 완성된 모양이 원통형이 됩니다. 제직 방법의 특성상 좌우 신축성, 특히 상하의 신축성이 크기 때문에 주로 의류를 만들 때 사용됩니다. 일반적으로는 니트나 상하좌우 신축성이 큰 원단을 통틀어서 다이마루라고 합니다.

02.

도구 및 재료 소개

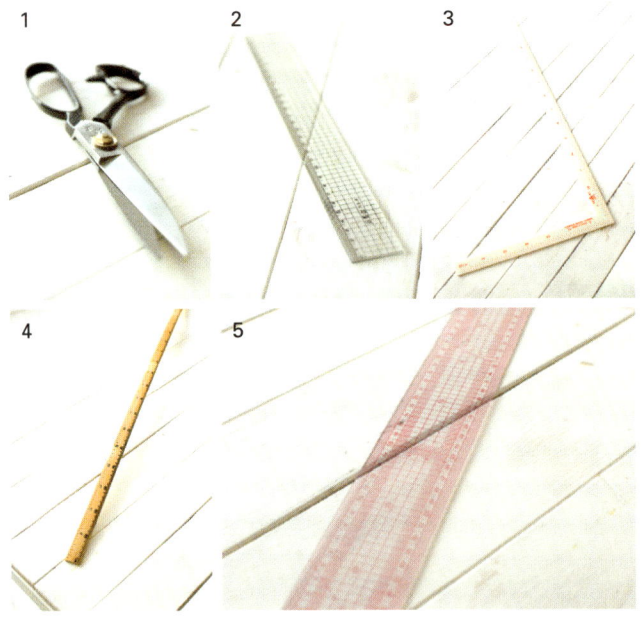

재단용품

홈패션의 **기본 도구 및 재료**는
원단을 재단할 때 사용하는 **재단용품**과
미싱 사용 및 손바느질에 필요한 **봉제용품**,
작품의 장식이나 부속물이 되는
부자재 등이 있습니다.

1 재단가위 원단을 자를 때 쓰는 가위로 24cm 길이를 많이 사용합니다. 원단을 자를 때만 사용하는 게 좋으며, 사용 후에는 가윗날에 묻어 있는 먼지를 닦아 내고 맞물리는 부분에 미싱 기름을 발라 보관합니다.

2 방안자 사이즈를 체크하고 선을 그릴 때 사용합니다. 자에 표시된 눈금을 이용하면 시접 등 일정한 간격을 보다 쉽게 체크할 수 있습니다.

3 직각자 직각을 체크하기 위한 자로 사각형 모양으로 재단할 때 혹은 긴 폭의 원단을 반으로 접어서 재단할 때 직각을 체크하기 위해 사용합니다.

4 1m자 커튼이나 침구 등을 재단할 때 유용합니다. 긴 선을 그리고 사이즈를 체크할 때는 멀리서 비스듬히 보지 말고 몸을 움직여 눈금을 위에서 아래로 보고 체크합니다. 가벼운 대나무를 소재로 만든 제품이 사용하기 편리합니다.

5 고급 방안자 완성선을 그린 후 시접선을 그릴 때 사용합니다. 일반 방안자는 휘어지지 않는 반면 고급 방안자는 잘 휘어지므로 곡선의 사이즈를 체크할 때도 유용합니다.

6 **4B 연필** 완성선이나 재단선을 그릴 때 사용합니다. 4B 연필을 이용하면 세탁을 해도 쉽게 지워지지 않으므로 원단의 안쪽에 그려야 합니다. 얇은 원단의 경우 겉에서 비칠 수 있으므로 잘라내는 선을 그릴 때만 사용하는 게 좋습니다.

7 **수성펜** 완성선을 그리거나 중심점 등을 표시할 때 사용합니다. 펜 자국이 물에 쉽게 지워지므로 완성 후에는 원단을 따로 세탁하지 않고 선을 따라 물을 묻혀 지웁니다. 사용 후에는 반드시 뚜껑을 닫아서 보관합니다.

8 **기화성펜** 완성선을 그리거나 중심점 등을 표시할 때 사용합니다. 액체가 열 에너지를 흡수하여 기체로 변하는 원리로 만들어져, 시간이 지나면 펜 자국이 자연스럽게 지워집니다. 주변의 온도에 민감하므로 여름철에는 선을 그린 후 바로 작업하는 게 좋습니다.

9 **초크펜** 초크의 부드러움과 펜의 날카로움이 접목된 펜입니다. 선을 얇게 그려서 섬세하게 작업해야 할 때 사용합니다.

10 **콤파스** 원 또는 원호를 그릴 때 사용합니다. 원단에 직접 그릴 때는 원단이 밀리지 않도록 사방을 고정한 후 작업합니다.

11 **뜯개칼** 잘못된 박음질 선을 잘라낼 때 혹은 단춧구멍을 낼 때 사용합니다.

12 **송곳** 원단에 구멍을 낼 때 사용합니다.

13 **쪽가위** 실을 자르거나 가위집을 낼 때 사용합니다. 가위의 날이 있는 쪽을 잡고 쓰는 게 편리합니다.

14 **원형재단칼** 여러 겹의 원단을 겹쳐서 자르거나 다이마루, 니트, 스판 등 늘어나는 원단을 자를 때 사용합니다. 일반적으로 칼날의 지름이 45mm인 원형재단칼을 많이 사용합니다. 칼날이 날카로우므로 사용 후에는 칼날을 반드시 안으로 넣어야 합니다.

15 **커팅매트** 원형재단칼로 원단을 자르거나 원단에 선을 그릴 때 원단 아래에 까는 매트입니다. 칼날을 보호하고 원단이 밀리지 않도록 도와줍니다. 매트의 눈금을 이용하면 치수를 체크하지 않고도 정확히 자를 수 있어 편리합니다.

봉제용품

가방용 끈

1 핀쿠션 시침핀을 안전하게 보관하는 데 필요한 쿠션입니다.

2 시침핀 박음질하기 전 원단이 움직이지 않도록 임시로 고정하기 위해 사용합니다. 두껍고 잘 휘어지지 않는 시침핀은 미싱으로 박음질할 때 미싱 바늘에 닿으면 휘거나 부러질 수 있으므로, 핀의 두께가 얇고 잘 휘어지는 시침핀을 선택하는 게 좋습니다.

3 미싱 바늘 미싱을 이용해 박음질을 할 때 사용합니다. 9호부터 18호까지 다양하므로 원단의 두께와 종류에 맞는 것을 선택해서 사용합니다. 일반적으로 11호나 14호 바늘을 가장 많이 사용합니다. 9호는 가장 얇은 바늘로 레이스나 얇은 원단 혹은 공단처럼 결이 고운 원단을 박음질할 때 사용합니다. 16호는 청바지, 캔버스, 인조 가죽 등 두꺼운 원단을 박음질할 때 사용합니다.

4 일반 바늘 손바느질을 할 때 사용합니다. 용도에 맞는 두께의 바늘을 선택해서 사용하는 것이 좋습니다.

5 재봉실 미싱을 이용해 박음질할 때 사용합니다. 원단에 맞는 두께와 색깔의 실을 선택하는 게 좋습니다.

1 장식 끈 장식용 끈으로 종류가 다양합니다. 라벨, 장식 고리, 가방 끈 용도로 쓰거나 시접을 가릴 때 사용합니다.

2 웨이빙 가방 끈으로 사용합니다. 원하는 길이만큼 잘라서 쓰면 되는데, 잘라낸 부분의 끝은 시접 안쪽으로 넣어서 마무리하는 게 좋습니다.

3 가방끈 토트백이나 보스턴 가방 등을 만들 때 사용합니다. 작품을 완성한 후 일반 바늘을 이용해 손바느질로 달며 별도의 시접 처리를 하지 않아도 됩니다.

4 오시도리 가방이나 파우치 등을 만들 때 입구를 오므리기 위해 사용합니다. 끈을 당길 때 원단 사이에서 끈이 잘 당겨지도록 코팅이 되어 있습니다.

단추

1 **단추** 일반적인 단추로 단춧구멍을 만들어 사용합니다.

2 **장식 단추** 주로 장식 효과를 내는 데 사용하며 일반 단추의 역할을 하기도 합니다.

3 **싸개단추** 원단을 감싸서 만든 단추입니다. 싸개단추용 몰드만 있으면 원하는 원단으로 단추를 만들 수 있습니다.

4 **T단추** T자 모양으로 생긴 단추입니다. 원하는 위치에 구멍을 내서 T단추 전용 기구를 이용해 답니다.

5 **사시꼬미** 일본어로 '꽃는 도구'란 뜻의 사시꼬미는 가죽 원단의 끝에 똑딱단추 혹은 자석단추가 달려 있는 제품입니다. 가죽 원단에 있는 구멍에 맞춰 손바느질로 답니다.

6 **아플리케 자석단추** 자석단추의 일종으로 손바느질로 원하는 위치에 답니다.

7 **매몰형 자석단추** 자석단추의 일종으로 원단의 원하는 위치에 구멍을 내서 답니다. 별도의 바느질을 하지 않고 달 수 있어 편리합니다.

8 **똑딱단추** 원단의 색깔에 맞는 단추를 선택해 단추에 있는 구멍을 이용해 손바느질로 답니다.

1 **레이스** 원단의 바탕 위에 무늬를 가공하는 것이 아니라 비친 무늬를 만들어 낸 직물을 레이스라고 합니다. 프릴감을 대신하거나 프릴감과 함께 사용해도 좋습니다. 원단의 시접 끝에 맞춰 박음질하면 됩니다.

2 **토션** 실로 짠 레이스의 종류로 미싱이나 손바느질로 고정하면 됩니다. 시접이 따로 없어 박음질하기 어려우므로 미싱을 익숙하게 사용하지 못하는 경우에는 일반 바늘을 사용해 홈질로 고정해도 됩니다.

3 **사다리 테이프** 시접 끝을 가리거나 장식으로 활용합니다. 공단 테이프를 끼워 사용합니다.

4 **모티브** 작품을 장식할 때 사용합니다. 모티브의 테두리를 따라 홈질하여 고정하면 됩니다.

5 **패브릭 스티커** 작품을 장식할 때 작품의 겉면에 올려놓고 다림질하여 붙입니다.

6 **장식 구슬** 끈의 끝 부분을 마무리할 때 사용합니다. 끈 두께에 맞추어 선택하세요.

7 **장식용 라벨** 작품을 장식할 때 사용합니다. 라벨의 종류에 따라 장식하는 방법이 다른데, 작품의 시접과 함께 박음질하거나 손바느질을 해서 달아줍니다.

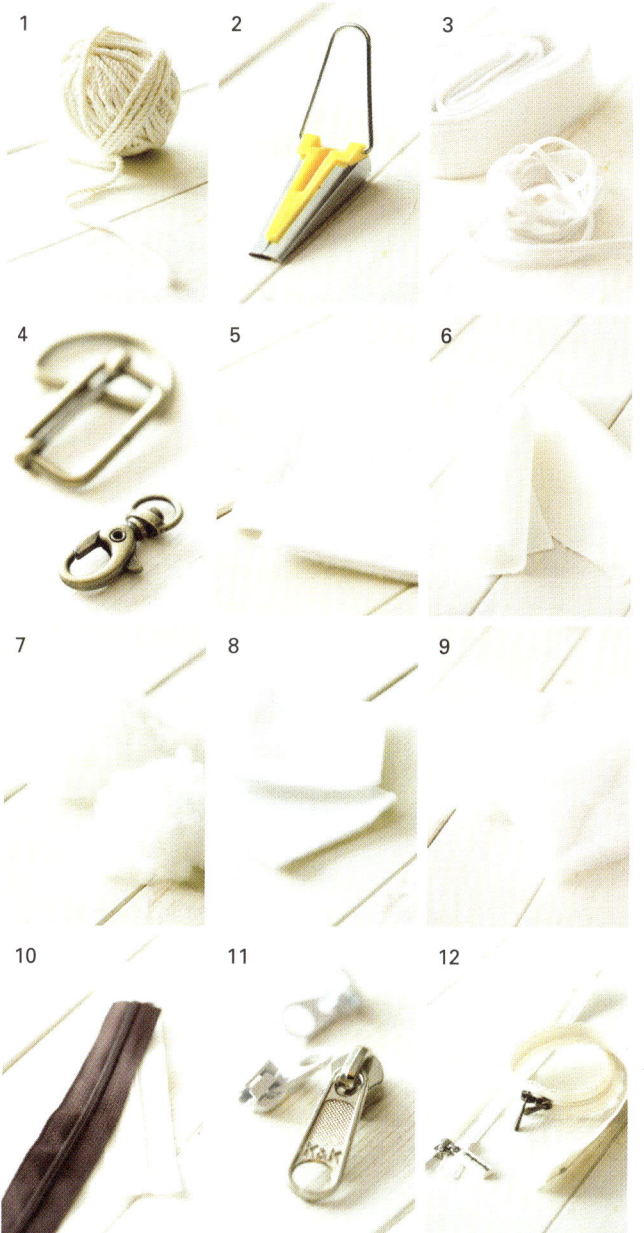

1 **파이핑 줄** 테두리에 둘러 모양을 낼 때 사용합니다. 원단으로 감싸서 작품에 박음질하면 됩니다. 두께는 다양하지만 주로 3~4파이의 파이핑 줄을 많이 씁니다.

2 **바이어스메이커** 바이어스감이나 장식 띠를 만들 때 유용합니다. 원단을 바이어스메이커에 넣으면 양 끝이 접혀 나오는데, 접힌 원단을 다림질하면 됩니다. 원하는 폭에 맞는 크기를 선택하세요.

3 **고무밴드** 고무줄과 같은 역할을 하며 두께가 다양하므로, 작품에 맞게 선택하세요.

4 **가방 연결 고리** 웨이빙이나 장식 끈을 이용해 가방 끈을 만들 때 사용합니다. 가방 끈의 길이를 조절하고 쉽게 탈부착할 수 있게 해줍니다.

5 **접착심지** 가방이나 소품을 만들 때 모양을 잡거나 원단을 빳빳하게 고정할 때 사용합니다. 심지의 반짝거리는 부분을 원단의 안면에 올려놓고 다림질하여 붙입니다.

6 **미끄럼 방지 원단** 원단에 고무나 우레탄이 발포되어 있어 미끄럼을 방지해 줍니다. 주로 발매트나 신발의 밑에 덧대 사용합니다.

7 **방울솜** 쿠션 등 작품의 속을 채워 모양을 입체감 있게 만들 때 사용합니다.

8 **퀼팅솜** 일반 솜을 압축한 솜으로 1온스부터 두께가 다양합니다. 작품의 용도에 맞춰 선택해서 양쪽에 원단을 덧대 사용합니다.

9 **패딩솜** 일반 솜에 원단을 한 겹 덧대 누빔 처리한 솜입니다.

10 **지퍼 레일** 종류가 다양하므로 원단의 색깔이나 두께에 맞춰 선택합니다. 일반적으로는 3호를 많이 사용하며 원하는 길이만큼 잘라서 쓰면 됩니다.

11 **지퍼 알** 일반 지퍼와 함께 사용하며, 지퍼 레일의 두께에 맞춰 선택합니다.

12 **장식 지퍼** 지퍼 알이 빠지지 않도록 시작과 끝이 마감된 제품입니다. 원하는 길이를 선택해서 사용합니다.

동대문시장의 홈패션 재료 숍

동원
동대문종합시장 C동 2062호
Tel: 02-2266-2481

홈패션의 매력에 빠진 사람이라면 누구나 한번 쯤 들러봤을 만큼 유명한 곳입니다. 체크와 스트라이프, 무지 등 선염 원단을 다채롭게 구비해놓고 있으며, 요즘 유행하는 리넨은 직접 생산하여 판매하고 있습니다. 특히 원단의 색감과 촉감, 수축률이 좋아 많은 도매인들이 거래하고 있습니다. 가격은 한 마에 5,000원대부터 다양합니다.

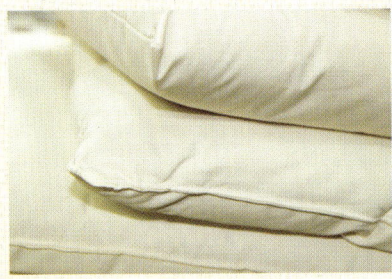

잠자론
동대문종합시장 D동 지하 101-1호
Tel: 02-2285-5577

이 가게의 솜을 한번 사용해본 사람은 단골이 될 정도로 솜의 품질이 좋습니다. 쿠션솜에서 이불솜까지 백화점 및 유명브랜드에 납품하는 솜을 저렴한 가격에 판매합니다. 전화로 주문하면 택배로 보내주므로 편리하게 이용할 수 있습니다.

베틀스
동대문종합시장 A동 2265-6호
Tel: 02-2274-6220

원단을 처음 구입하는 사람들에게 추천하고 싶은 가게입니다. 고객이 만들고자 하는 제품의 사이즈를 알려주면 원단 소요량을 계산해서 판매합니다. 때문에 홈패션 초보자들도 원단을 효율적으로 구입할 수 있습니다. 이곳에서는 면나염 원단을 비롯, 평직, 트윌, 아사, 옥스포드, 캔버스 원단 등을 다양하게 갖추고 있습니다. 가격은 한 마에 4,000원부터 다양합니다.

타올천지
www.taol1000g.com
동대문종합시장 D동 2593호
Tel: 02-2275-8758

다양한 종류의 타올과 오가닉 원단을 선보이고 있는 곳입니다. 온라인 쇼핑몰도 운영하고 있기 때문에 한 번 구입한 원단이 마음에 들 경우 다시 구매하기가 편리합니다. 온라인 쇼핑몰에서는 오프라인에 있는 제품과 함께 패키지 상품도 판매하고 있습니다. 가격은 한 마에 5,000원부터 다양합니다.

기타 들러볼 만한 숍들

영일상회 : 동대문종합시장 D동 1층 1646-8호 Tel:02-2279-9623 홈패션에 필요한 지퍼와 고리, 노루발 등 다양한 부자재를 판매합니다.

로또상사 : 동대문종합시장 D동 1층 1657호 Tel:02-2263-1418 홈패션에 필요한 지퍼와 고리, 노루발 등 다양한 부자재를 판매합니다.

카라하우스 : 동대문종합시장 D동 지하 99-1호 Tel:02-2266-6436 원단을 맡기면 원하는 디자인의 제품으로 만들어주는 가공소입니다. 사장님이 온라인에서 고가의 제품을 취급하는 유명 쇼핑몰들의 샘플을 제작할 정도로 바느질이 꼼꼼하며 디자인 감각도 남다릅니다. 사장님이 직접 만들어주기 때문에 초보자들도 안심하고 맡길 수 있습니다.

G&D

동대문종합시장 D동 2593-1

Tel: 02-2266-1235

다양한 종류의 다이마루 원단을 갖추고 있는 곳입니다. 친절한 매니저가 소매 고객도 마음 편히 원단을 고를 수 있도록 도와주며 원단에 대한 설명도 해줍니다. 원단으로 만들어진 샘플도 전시하고 있어 원단을 구매할 때 디자인을 참고할 수 있는 것도 장점입니다. 가격은 한 마에 5,500원대부터 다양합니다.

유창

동대문종합시장 B동 2층 2309호

Tel: 02-2273-1273

누빔 전문점으로 누비고자 하는 원단을 가져가면 원하는 간격에 맞춰 다양한 방법으로 누빌 수 있습니다. 특히 별도의 이불솜을 넣지 않는 차렵이불의 경우 커버 아랫부분에 창구멍을 제외한 나머지 부분을 완성해서 맡기면 원하는 디자인으로 솜을 넣어 누벼줍니다. 가격은 기계 누비와 손 누비 중 어떤 것을 선택하느냐에 따라, 사이즈 등에 따라 다양합니다.

이화레이스

동대문종합시장 D동 2층 2605호

Tel: 02-2275-4447

레이스 천국인 이곳에서는 다양한 종류의 레이스와 토션 등을 한 마 단위로 판매합니다. 가격은 한 마에 300원부터 다양합니다. 주변에 단추가게 등 홈패션에 필요한 장식용품을 파는 숍들이 있어 한꺼번에 쇼핑하기 좋습니다.

나무랑 구름

동대문종합시장 A동 5002호

Tel: 02-2266-9944

동대문종합시장에 이런 곳이 있나 할 정도로 아기자기하고 예쁜 물건들이 가득한 곳입니다. 작은 파우치나 가방 등의 장식으로 쓰이는 참 장식이 각양각색의 모양을 뽐내고 있습니다. 가격은 한 개에 300원부터 다양합니다.

소잉 머신 소개

작품을 만드는 데 필요한 소잉 머신은
미싱과 오버로크 머신이 있습니다.
미싱은 박음질하는 데 필요한 기계이고,
오버로크 머신은 오버로크 박음질로
시접을 마무리하는 데 필요한 기계입니다.

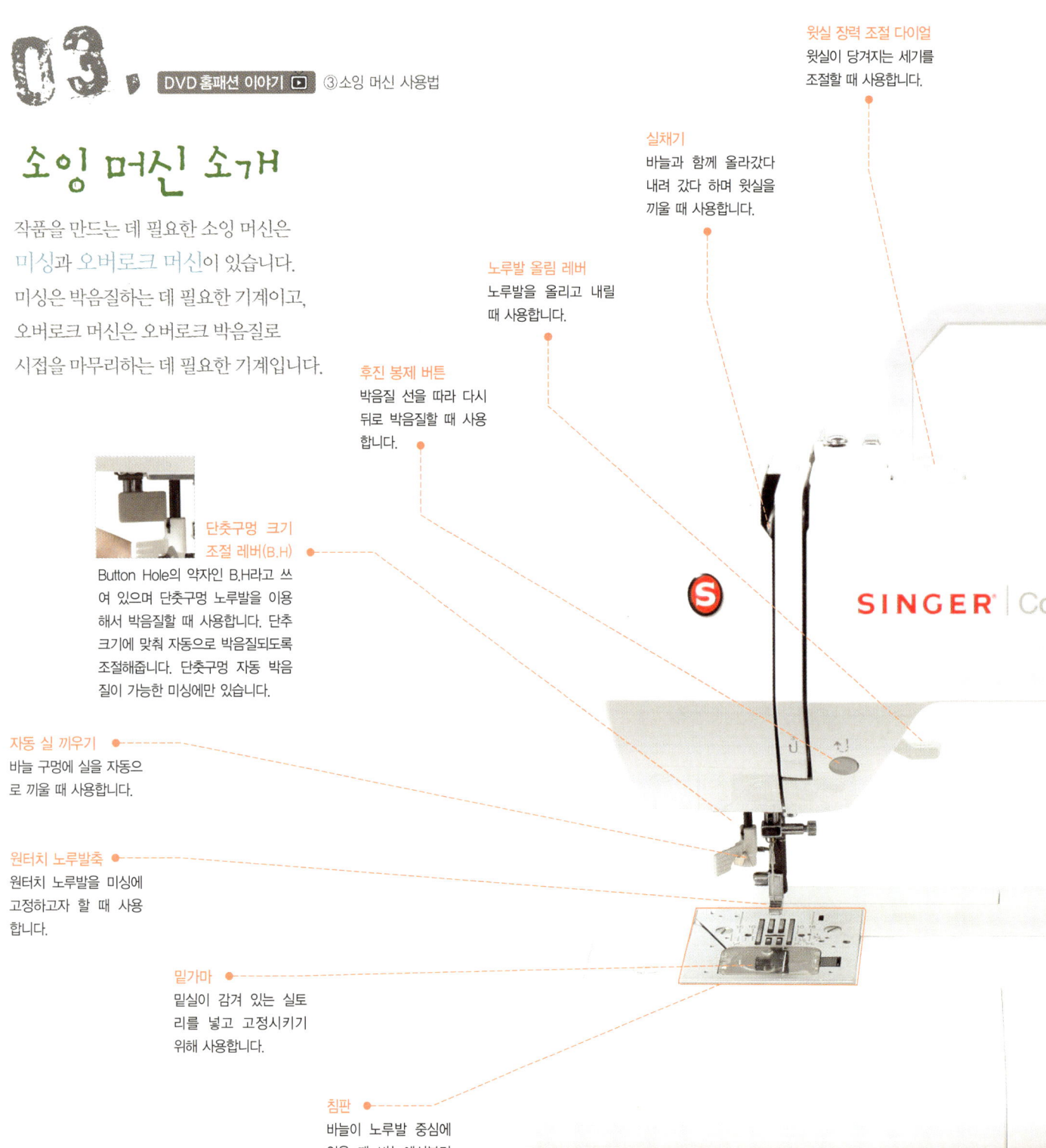

윗실 장력 조절 다이얼
윗실이 당겨지는 세기를
조절할 때 사용합니다.

실채기
바늘과 함께 올라갔다
내려 갔다 하며 윗실을
끼울 때 사용합니다.

노루발 올림 레버
노루발을 올리고 내릴
때 사용합니다.

후진 봉제 버튼
박음질 선을 따라 다시
뒤로 박음질할 때 사용
합니다.

**단춧구멍 크기
조절 레버(B.H)**
Button Hole의 약자인 B.H라고 쓰
여 있으며 단춧구멍 노루발을 이용
해서 박음질할 때 사용합니다. 단추
크기에 맞춰 자동으로 박음질되도록
조절해줍니다. 단춧구멍 자동 박음
질이 가능한 미싱에만 있습니다.

자동 실 끼우기
바늘 구멍에 실을 자동으
로 끼울 때 사용합니다.

원터치 노루발축
원터치 노루발을 미싱에
고정하고자 할 때 사용
합니다.

밑가마
밑실이 감겨 있는 실토
리를 넣고 고정시키기
위해 사용합니다.

침판
바늘이 노루발 중심에
있을 때 바늘에서부터
의 간격이 표시되어 있
습니다. 별도의 시접선
없이 일정한 간격으로
박음질할 때 사용합니
다.

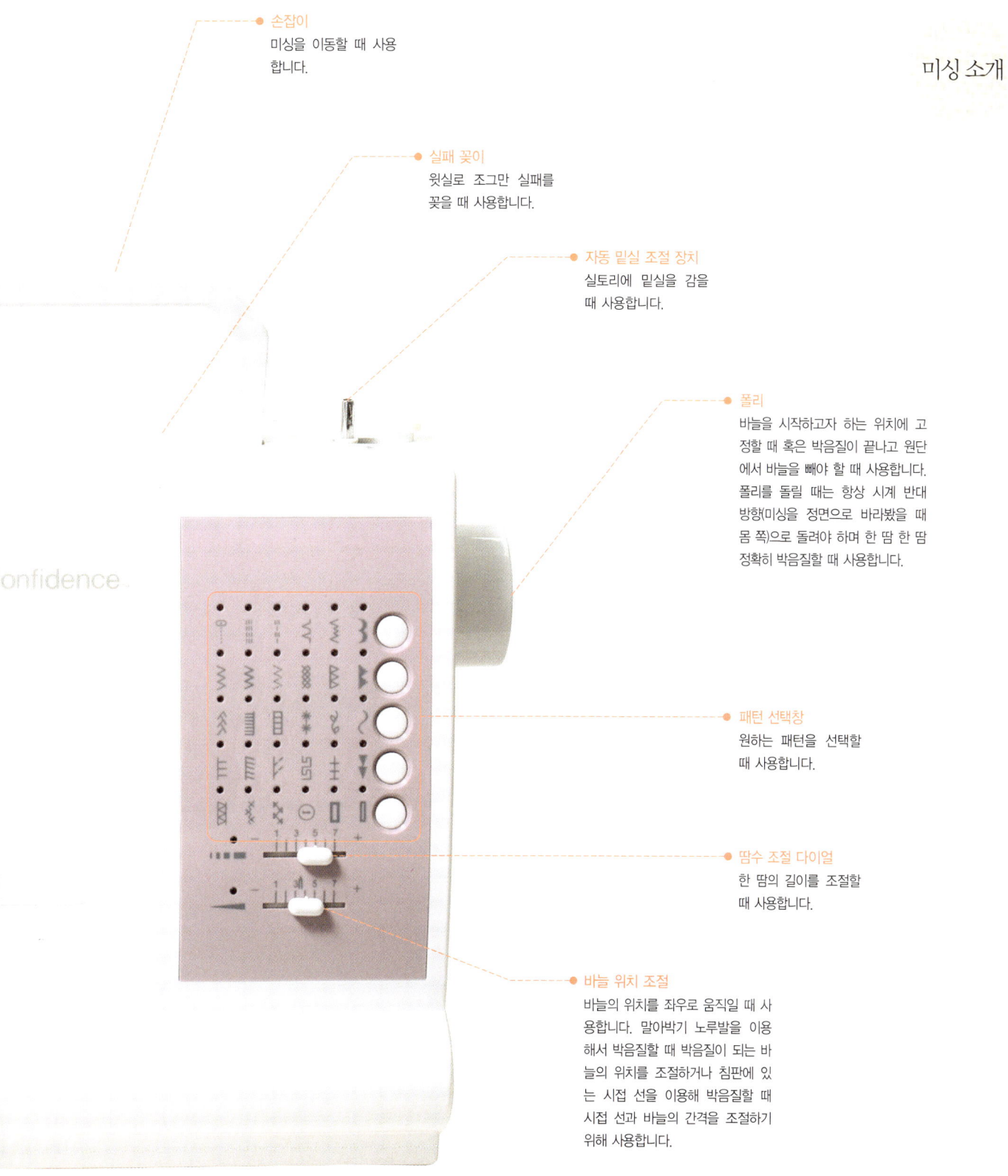

손잡이
미싱을 이동할 때 사용
합니다.

실패 꽂이
윗실로 조그만 실패를
꽂을 때 사용합니다.

자동 밑실 조절 장치
실토리에 밑실을 감을
때 사용합니다.

폴리
바늘을 시작하고자 하는 위치에 고
정할 때 혹은 박음질이 끝나고 원단
에서 바늘을 빼야 할 때 사용합니다.
폴리를 돌릴 때는 항상 시계 반대
방향(미싱을 정면으로 바라봤을 때
몸 쪽)으로 돌려야 하며 한 땀 한 땀
정확히 박음질할 때 사용합니다.

패턴 선택창
원하는 패턴을 선택할
때 사용합니다.

땀수 조절 다이얼
한 땀의 길이를 조절할
때 사용합니다.

바늘 위치 조절
바늘의 위치를 좌우로 움직일 때 사
용합니다. 말아박기 노루발을 이용
해서 박음질할 때 박음질이 되는 바
늘의 위치를 조절하거나 침판에 있
는 시접 선을 이용해 박음질할 때
시접 선과 바늘의 간격을 조절하기
위해 사용합니다.

미싱
사용 방법

바늘 바꿔 끼우기

1 바늘을 잡고 바늘 고정축의 나사를 드라이버로 풀어서 바늘을 빼세요.

2 바늘을 바늘 고정 부분에 맞춰 위로 올려 끼우세요.

3 바늘을 잡고 드라이버로 고정하세요.

＊미싱의 종류에 따라 약간씩 사용 방법이 다를 수 있으므로 참고하세요.

TIP

바늘의 평평한 부분이 뒤로 가도록 바늘 고정축에 끼웁니다.

화살표한 부분에 걸릴 때까지 바늘을 위로 올립니다.

공업용 재봉실 사용하기

1 실패 고정기를 미싱 뒤로 놓고 실패를 실패 고정기에 꽂아주세요.

2 실고정 고리에 뒤에서 앞으로 실을 끼우세요.

3 미싱에 표시된 화살표를 따라 실을 끼우세요.

4 나머지 과정은 31페이지의 가정용 재봉실 윗실 끼우기 3〜11과 같은 방법으로 진행하세요.

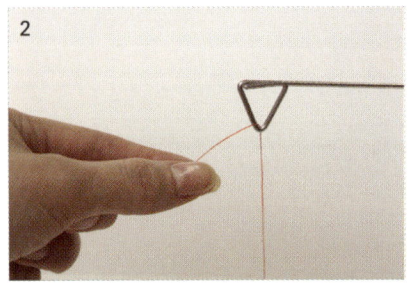

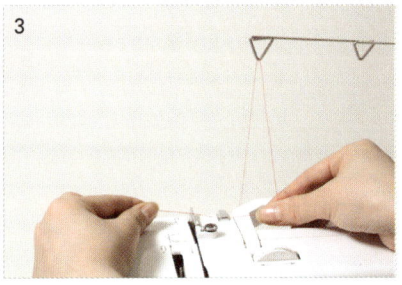

가정용 재봉실로 윗실 끼우기

윗실을 끼우는 순서는 미싱마다 다릅니다. 그러므로 미싱에 표시된 순서대로 실끝을 잡고 화살표 방향으로 실을 끼우면 됩니다.

1　실패를 실패꽂이에 끼우세요.

2　뚜껑을 끼워 실패를 고정하세요.

3　미싱에 표시된 1번 화살표를 따라 실을 끼우세요.

4　2번 화살표를 따라 실을 아래로 내리세요.

5　3번 화살표를 따라 실을 돌려서 올리세요.

6　실이 ⓐ부분에 팽팽하게 걸리도록 위로 당기세요.

7　폴리를 돌려 실채기를 위로 올리세요.

TIP 실채기 올리는 법

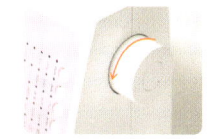

실채기가 안 보일 때 실채기를 올리려면 → 폴리를 시계 반대 방향 (몸 쪽)으로 돌리세요.

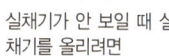

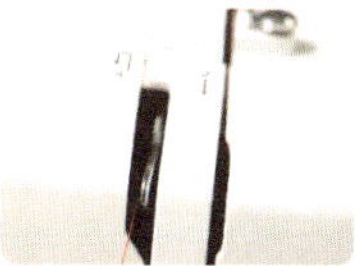

실채기가 올라온 모습입니다.

8　실채기에 실이 걸리도록 4번 화살표 방향으로 실을 돌려 실채기에 끼우세요.

9　실을 미싱 옆의 고리로 내리세요.

10　고리 안쪽으로 실을 당겨 넣어주세요.

11　바늘 끝에 있는 구멍에 실을 끼우세요.

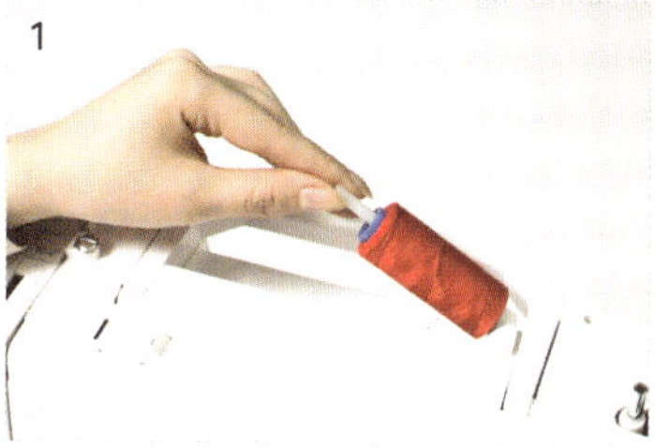

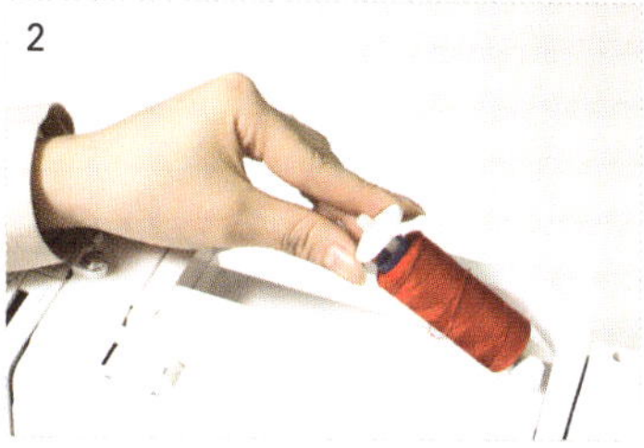

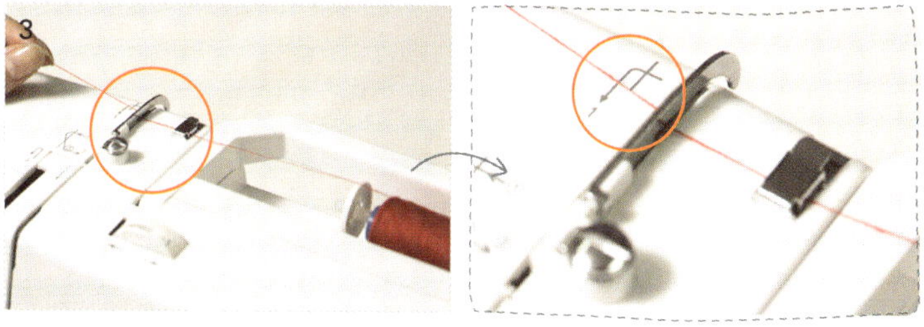

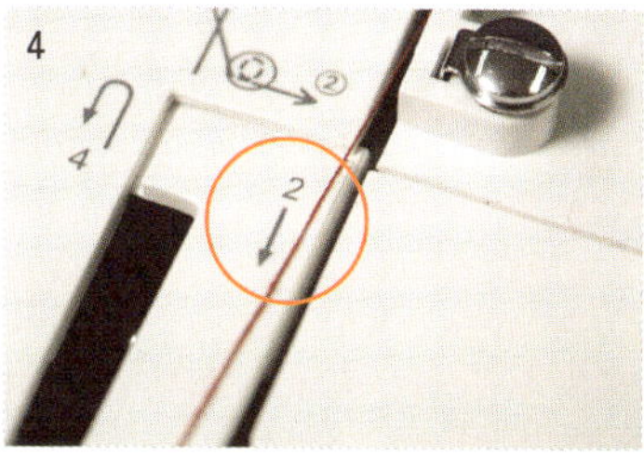

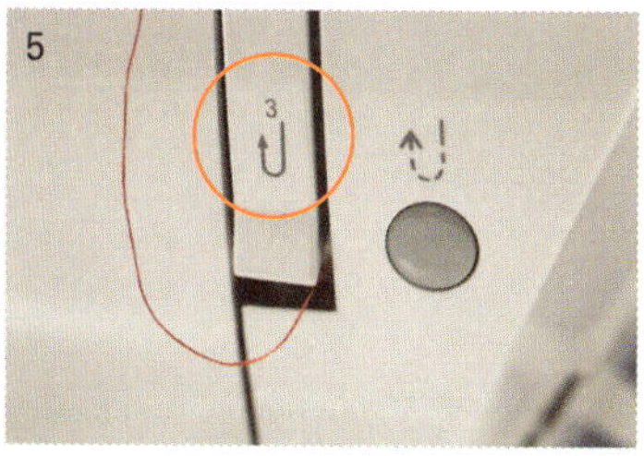

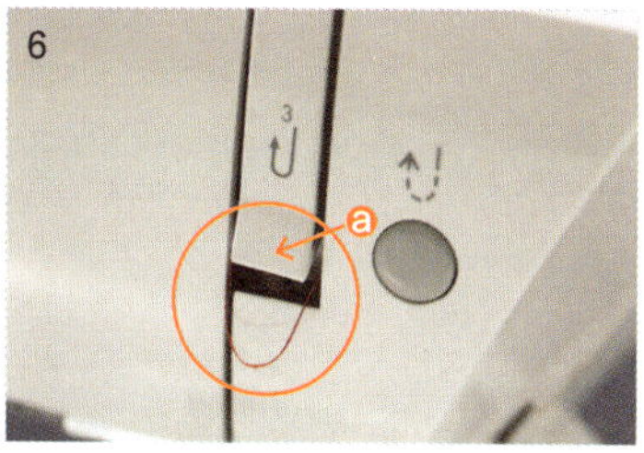

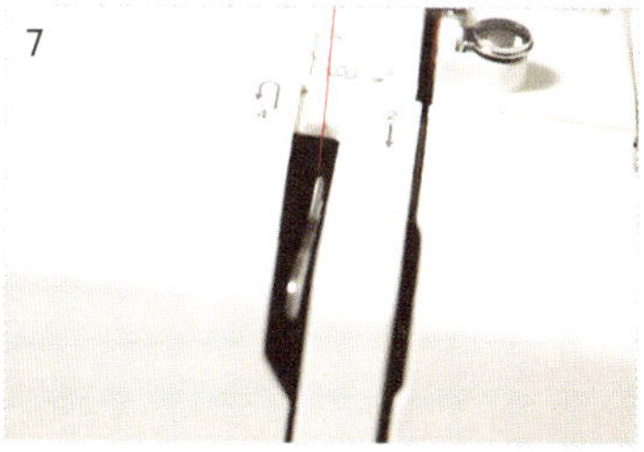

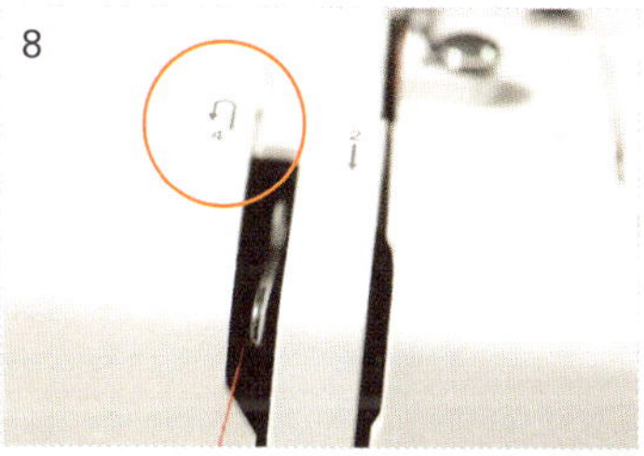

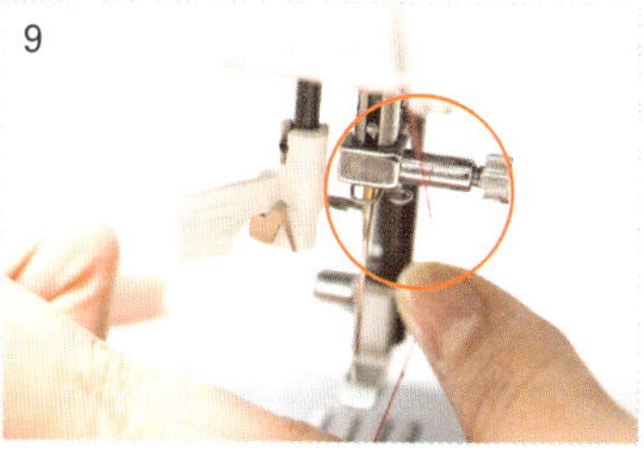

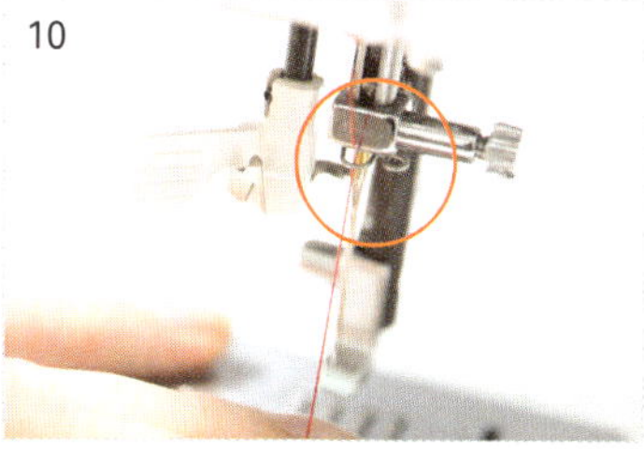

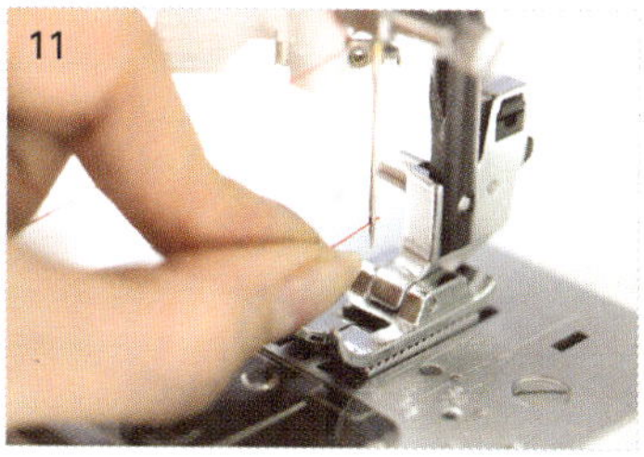

밑실 감기

미싱마다 사용법이 다를 수 있으니 아래 설명은 참고로 하세요.

1 실패꽂이에 실패를 끼우세요.

2 뚜껑을 끼워 실패를 고정시키세요.

3 실 끝을 잡고 미싱에 표시된 1번 화살표를 따라 실을 끼우세요.

4 계속해서 미싱에 표시된 2번 화살표를 따라 실을 끼우세요.

5 보빈에 있는 구멍에 실을 끼우세요. 이때 실을 실토리의 안쪽에서 바깥쪽으로 끼우세요.

6 밑실 감기 장치에 실토리를 끼우세요.

7 밑실 감기 장치를 오른쪽으로 밀어 이동시키세요.

8 실 끝을 잡고 발판을 눌러 실을 감아주세요.

9 실이 감겼으면 밑실 고정 장치를 왼쪽으로 미세요.

10 실을 끊어주세요.

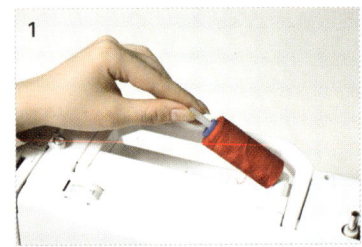
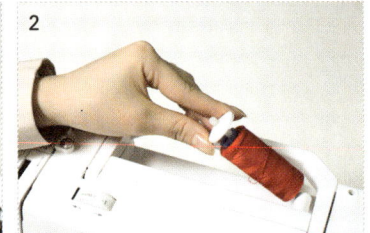
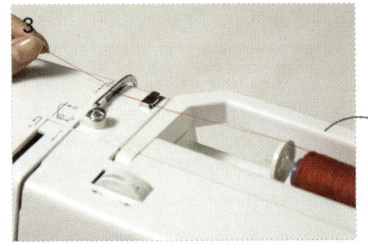
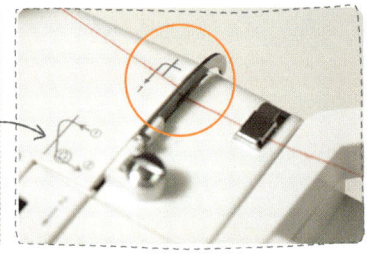
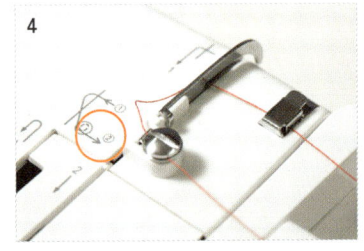
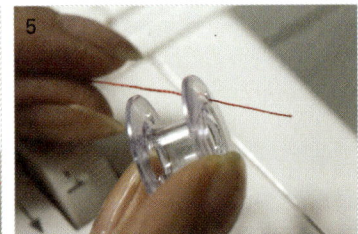

TIP 보빈이 뭐예요?

보빈(bobbin)은 재봉틀의 부수품으로서 밑실을 감는 실패를 말합니다. 윗실과 같은 실을 밑실로 끼워 작업할 때 보빈에 윗실을 감아 사용합니다.

밑실 끼우기

1 밑가마의 뚜껑을 여세요.

2 실이 시계 반대 방향으로 돌아가게 하여 실토리를 잡아주세요.

3 실토리를 가마에 넣으세요.

4 미싱에 표시된 그림처럼 실을 걸어주세요.

5 뚜껑을 닫으세요.

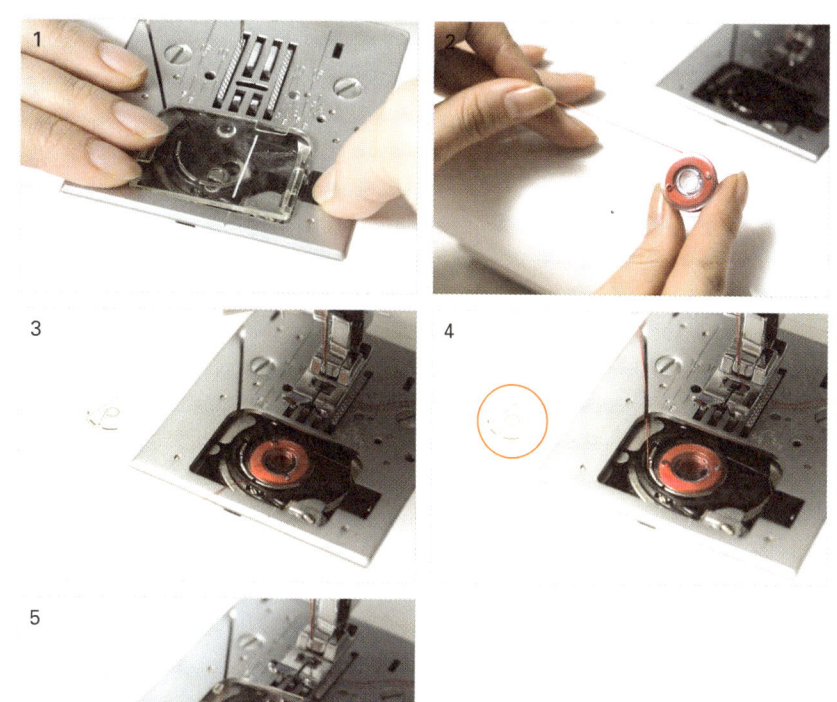

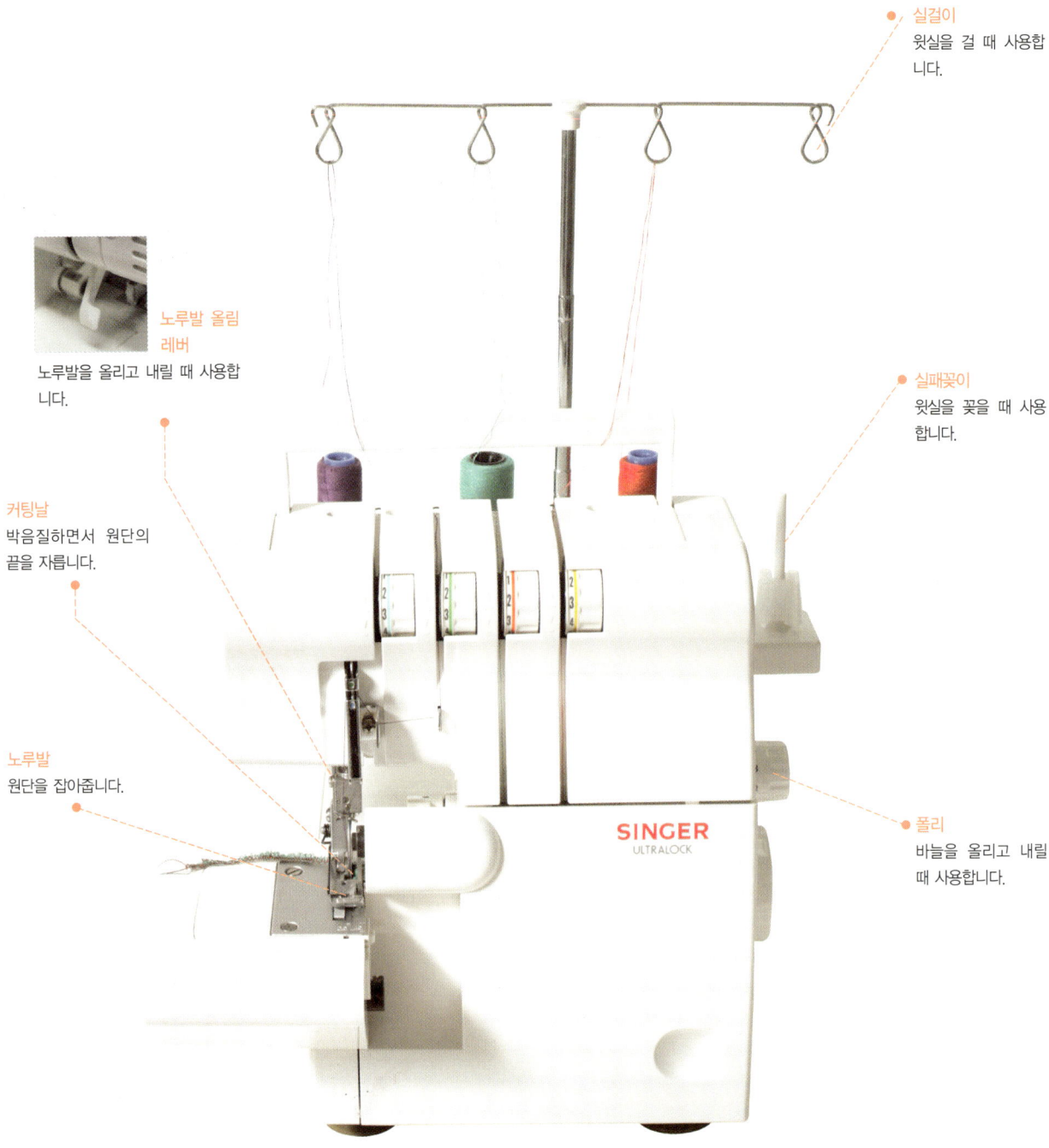

실걸이
윗실을 걸 때 사용합
니다.

노루발 올림 레버
노루발을 올리고 내릴 때 사용합
니다.

실패꽂이
윗실을 꽂을 때 사용
합니다.

커팅날
박음질하면서 원단의
끝을 자릅니다.

노루발
원단을 잡아줍니다.

풀리
바늘을 올리고 내릴
때 사용합니다.

SINGER
ULTRALOCK

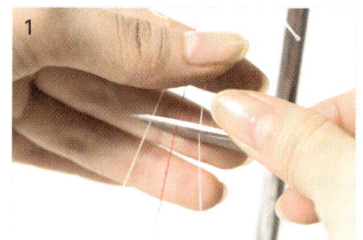
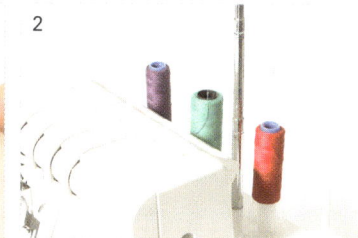

오버로크 머신 실 끼우기

1 기존에 연결된 오버로크 실 3가닥을 잡고 자르세요.

2 실패꽂이에 새 실을 끼우세요.

3 실 고정 고리에 실을 뒤에서 앞으로 걸어주세요.

4 원래 있던 실과 새로 끼운 실을 같이 잡아주세요.

5 두 가닥의 실을 묶으세요.

6 바늘에 걸려 있던 실을 당겨 자르세요.

7 노루발을 들고 원하는 색깔의 실이 나올 때까지 당겨주세요.

8 매듭을 자르세요.

9 바늘 구멍에 실을 끼우세요.

10 노루발 밑에 남아 있는 두 가닥의 실을 잡고 원하는 색깔의 실이 나올 때까지 당겨주세요.

11 매듭을 자르세요.

12 노루발을 들고 3가닥의 실이 노루발 아래 놓이도록 해주세요.

13 노루발을 내리고 발판을 밟아주세요.

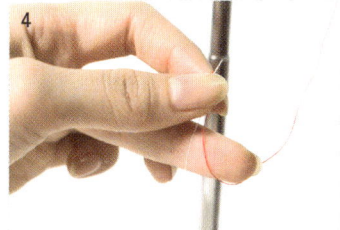
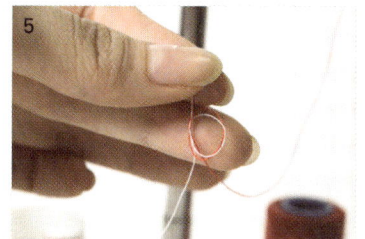

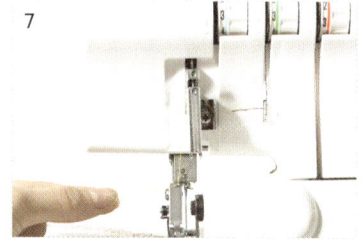
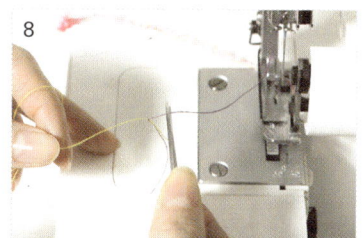
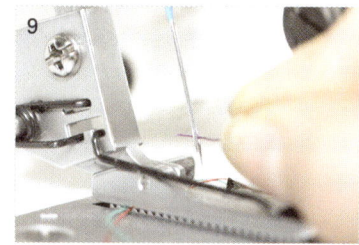

PART 02

홈패션 작품을 완성하기 위해 필요한

재단부터 바이어스 처리하기, 손바느질 등등….

홈패션의 기초가 되는 기본 기법들을 꼼꼼이 정리했어요.

여기 소개된 방법들을 그대로 따라 하다 보면

어느새 홈패션의 원리가 보일 거예요.

홈패션 기본 기법

01.
재단하기 `DVD 홈패션 기본 기법` ▶

재단은 원단에 선을 그리고 자르는 과정을 말합니다.
원단에 직접 그려서 자르는 방법과 원단에 도안을 대고 그려서 자르는 방법이 있습니다.
원단에 직접 재단을 할 때는 작품을 깔끔하게 완성하기 위해서 원단의 안면에 재단합니다.
도안을 이용할 때는 도안이 움직이지 않도록 원단에 고정한 후 재단합니다.

원단의 방향

식서 방향

식서는 올이 풀리지 않게 짠 천의 가장자리 부분에
평행한 방향을 말합니다. 한 마, 두 마 하는 방향이
원단의 식서 방향이며, 한 마는 90cm를 말합니다.
식서 방향으로 재단하면 원단에 신축성이 없기 때
문에 박음질할 때 원단이 밀리지 않습니다. 원단을
사각형으로 재단하거나 원단의 폭을 반으로 접어서
재단할 때는 식서 방향을 기준으로 직각 처리한 후
재단하는 게 좋습니다.

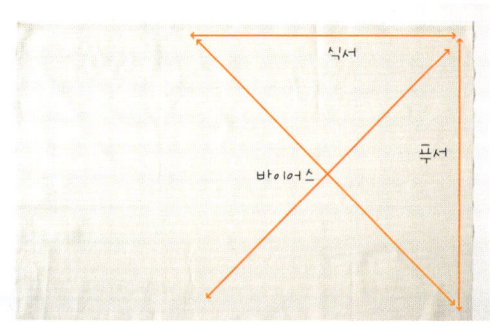

푸서 방향

푸서는 원단의 폭을 말합니다. 원단의 폭은 원단에 따라 많이 다르며 홈패션에서 주로 사용하는 면은
110cm(44인치), 150cm(60인치)이며, 커튼 원단의 경우는 270~290cm까지 다양합니다. 원단을 살 때는
꼭 원단의 폭을 확인한 후 필요한 양을 계산하고 구입하는 게 좋습니다. 바이어스감, 파이핑감, 프릴감은
바이어스 방향으로 재단하는 게 좋지만 불필요한 조각이 생기므로, 직선 부분을 처리하는 바이어스감, 파
이핑감, 프릴감은 직선 방향보다 신축성이 좋은 푸서 방향으로 재단하면 원단을 절약할 수 있습니다.

바이어스 방향

바이어스 방향은 식서와 푸서의 45도 방향을 말하며 푸서 방향보다 신축성이 있습니다. 곡선 부분을 처리
하는 바이어스감, 파이핑감, 프릴감은 반드시 바이어스 방향으로 재단해야 박음질할 때 원단이 우는 현상
을 방지할 수 있습니다. 프릴감을 바이어스 방향으로 재단해서 밑단을 말아박기하면 그 과정에서 원단이
자연스럽게 늘어나면서 볼륨감이 생기므로, 주름을 잡을 때 주름 분량을 많이 주지 않아도 풍성한 프릴
느낌을 낼 수 있습니다.

직각사각형 재단하기

1 직각자를 원단의 식서 방향에 평행하도록 맞춘 후 선을 그리고 원하는 치수 ⓐ를 체크하세요.

2 직각자가 움직이지 않도록 왼손으로 잡고 직각 면에 선을 그려 원하는 치수 ⓑ를 체크하세요.

3 체크한 ⓐ, ⓑ에 맞춰 자를 대고 직각이 되는 면을 그리세요.

4 선을 따라 가위로 자르세요.

5 완성된 모습입니다.

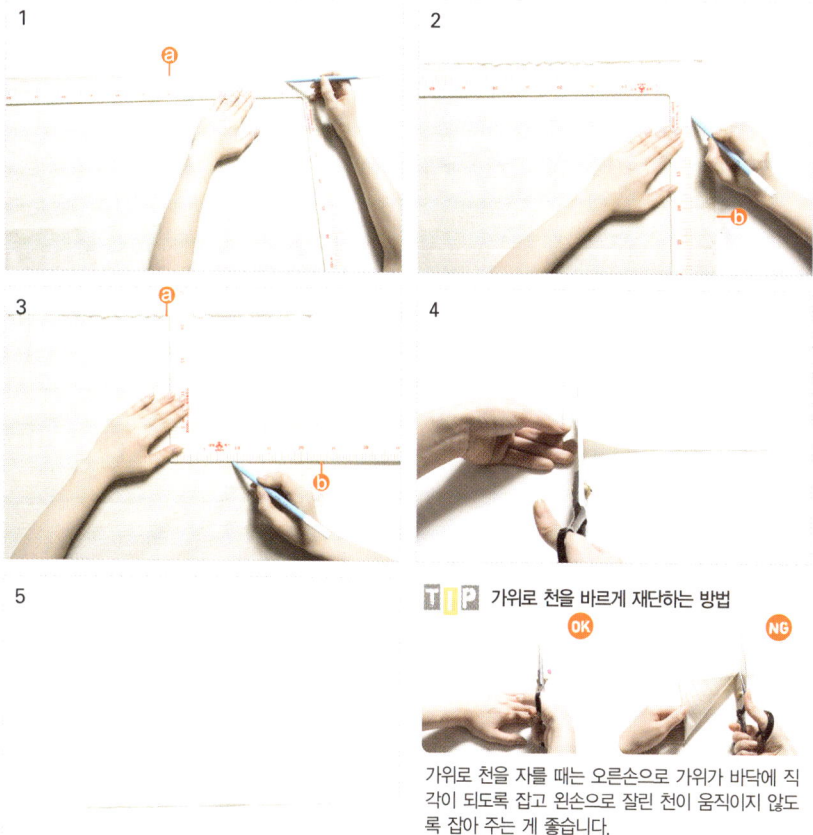

1
2
3
4
5

TIP 가위로 천을 바르게 재단하는 방법

OK   NG

가위로 천을 자를 때는 오른손으로 가위가 바닥에 직각이 되도록 잡고 왼손으로 잘린 천이 움직이지 않도록 잡아 주는 게 좋습니다.

푸서 방향 반 접어서 재단하기

1 접힌 면에 주름이 생기지 않도록 원단의 폭을 반으로 접으세요.

2 접힌 면에 평행하도록 직각자를 대고 선을 그리고 자르세요.

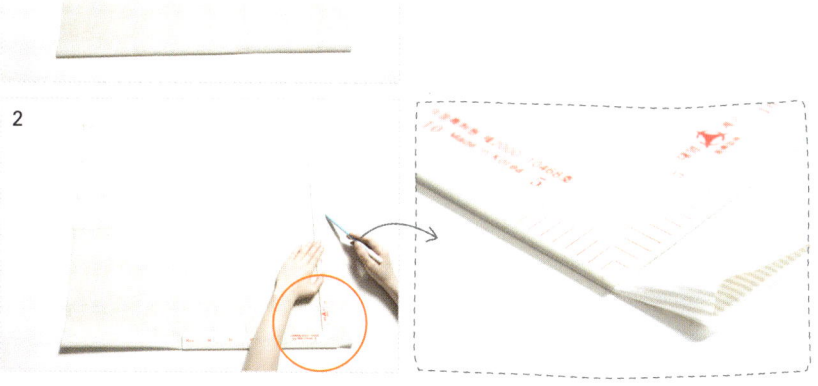

1

2

이때 접힌 면과 자를 정확히 맞춰 놓고 재단해야 합니다.

바이어스 방향 재단하기

바이어스감 재단하기

1 식서와 푸서에 같은 치수만큼 직각 처리하고 대각선을 그리세요.

2 대각선에 평행하도록 방안자를 이용해 3.5cm 간격으로 선을 그리세요.
(파이핑감이나 프릴감도 원하는 치수만큼 같은 방법으로 대각선을 그려서 작업하세요.)

3 선을 따라 가위로 자르세요.

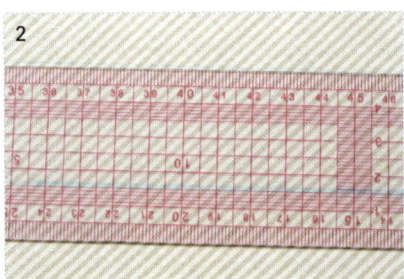

원형재단칼로 자르기
원형재단칼을 이용해 원단을 자를 때는 칼날이 매트와 직각이 되도록 하세요. 몸에 직각이 되도록 놓고 자를 따라 재단칼을 눌러 앞으로 밀면서 자르면 됩니다. 원형재단칼을 비스듬히 사용하면 칼날을 밀어 주는 힘이 분산되어 깔끔하게 잘리지 않을 수 있습니다.

바이어스감 길게 재단하기

1 바이어스 방향으로 최대한 길게 재단하세요.

2 재단한 면을 겉면끼리 마주 닿도록 접으세요.

3 방안자를 이용해 재단 면에 평행하도록 3.5cm 간격으로 선을 그리세요.

4 그린 선을 자르세요. 원형재단칼을 이용하면 가위를 이용하는 것보다 깔끔하게 자를 수 있습니다.

TIP 방안자를 이용하세요

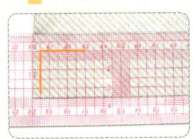

3.5cm 선을 그릴 때는 방안자를 이용해 접힌 면에 정확하게 직각이 되도록 해야 합니다.

02.

박음질 연습하기 DVD 홈패션 기본 기법 ▶

처음 미싱을 사용하면 발판을 눌러 속도를 조절하기가 쉽지 않습니다.
작품을 만들기 전에는 약간 도톰한 천을 이용해 발판 누르는 연습을 충분히 해야 합니다.
발판을 눌러 박음질 속도를 조절할 수 있게 되면 노루발 끝을 보면서
일정한 간격으로 한 땀 한 땀 박음질하는 연습도 해보세요.

1 윗실과 밑실을 끼우세요.

2 윗실과 밑실을 노루발 아래로 내리세요.

3 윗실과 밑실을 뒤쪽으로 당기세요. 이렇게 하면 박음질하면서 실이 엉키는 것을 방지할 수 있습니다.

4 노루발 끝에 원단 끝을 맞춰 노루발을 내리고 폴리를 돌려 바늘을 원단에 꽂아주세요.

5 오른손은 박음질할 부분의 앞쪽을, 왼손은 박음질할 부분의 왼쪽을 잡고 발판을 눌러 박음질하세요.

6 원단의 끝 쪽에서 노루발 폭에 맞춰 바늘을 꽂아주세요.

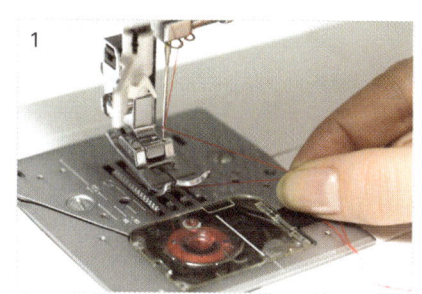

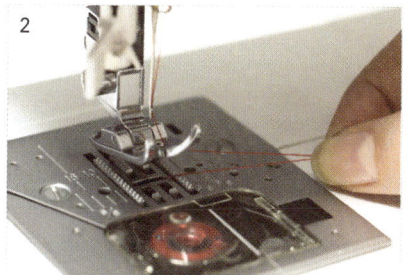

노루발 끝에서 바늘까지 8mm의 간격을 노루발 폭이라고 합니다.

8mm

노루발 폭

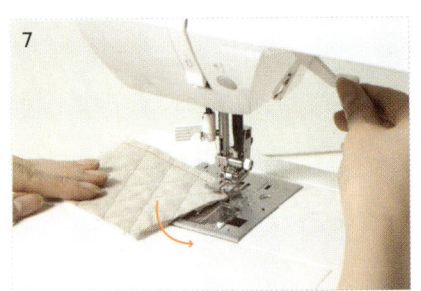

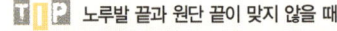
TIP 노루발 끝과 원단 끝이 맞지 않을 때

바늘이 원단에 꽂혀 있지 않도록 하기 위해 풀리를 몸 쪽으로 돌려 실채기를 위로 올린 다음 노루발을 살짝 들어 원단을 노루발 끝에 맞춰주세요.

TIP 되박음질하는 경우

되박음질은 바느질에서 매듭을 짓는 것과 같은 역할을 합니다. 때문에 박음질을 시작할 때와 끝마칠 때 바늘땀이 풀리지 않도록 2~3땀 정도 되박음질하는 것이 좋습니다. 또한 튼튼하게 박음질하기 위해 여러 번 반복해서 박음질할 때도 되박음질합니다.

7 노루발을 들고 원단을 돌리세요.

8 다시 노루발을 내리고 노루발 끝을 보면서 원단 끝과 노루발 끝을 맞춰가며 노루발 폭으로 일정하게 박음질하세요.

9 원단 끝에 맞춰 가장자리를 박음질한 다음에는 박음질 선에 노루발 끝을 맞춰 노루발 폭으로 박음질하세요.

10 박음질 연습을 하면서 중간 중간 되박음질 버튼을 눌러 2~3땀 정도 뒤로 박음질하는 연습을 하세요.

11 계속해서 노루발 폭만큼 안쪽으로 박음질 연습을 하세요.

12 박음질 연습이 끝나면 풀리를 돌려 실체기를 올린 후 노루발을 들고 천을 당겨 실을 원단 끝에 맞춰 자르세요.

 **.시접 마무리하기** DVD 홈패션 기본 기법 ▶

시접이란 바느질 선부터 원단 끝까지 천의 너비를 말합니다.
시접을 마무리하는 방법은 여러 가지가 있지만,
홈패션에서는 주로 미싱을 이용해 지그재그 모양으로 박음질하는 방법과
오버로크 머신을 이용해 오버로크 처리하는 방법, 바이어스 처리하는 방법을 주로 사용합니다.

오버로크 머신으로 오버로크 처리하기

1 원단의 끝을 칼날 부분에 맞춰 노루발 아래에 놓고 발판을 눌러 박음질하세요.

2 실 끝이 충분히 나오도록 박음질하세요.

3 원단 끝에 맞춰 실을 자르세요.

TIP 실을 자를 때 주의하세요

 실을 억지로 당기면 실이 끊어질 수 있으므로 실 끝이 나올 때까지 충분히 박음질하세요.

오버로크 처리   지그재그 모양 박음질

가정용 미싱으로 지그재그 모양 박음질하기

1 폴리를 몸 쪽으로 돌려 바늘을 침판에 꽂아주세요. 바늘이 오른쪽으로 갈 때는 원단의 바깥쪽에 박음질이 되도록 원단 끝을 맞춰주세요.

2 바늘이 왼쪽으로 갈 때는 원단의 안쪽이 박음질됩니다.

3 바늘이 오른쪽, 왼쪽으로 번갈아 움직이면서 박음질되어 지그재그 모양이 됩니다.

04.

직선 바이어스 처리하기 DVD 홈패션 기본 기법 ▶

직선 부분을 바이어스 처리하는 방법입니다.
작품의 디자인에 따라 끝 부분이 안으로 들어가도록 바이어스 처리하는 방법과
밖으로 보이도록 바이어스 처리하는 방법이 있습니다.

b
끝 부분이
겉으로 나오는
경우

a
끝 부분이
안으로 들어가는
경우

끝 부분이 안으로 들어가는 경우(a)

1 바이어스감 끝을 5mm 정도 여유 있게 남기고 몸판의 안면에 바이어스감의 겉을 마주 대고 노루발 밑으로 넣어주세요.

2 몸판과 바이어스감이 밀리지 않도록 왼손으로는 원단의 옆을 잡고, 오른손으로는 박음질되는 부분의 앞을 잡아주세요. 노루발 끝을 보면서 노루발 폭으로 박음질하세요. 박음질이 끝나면 바이어스감의 끝을 5mm 정도 남기고 자르세요.

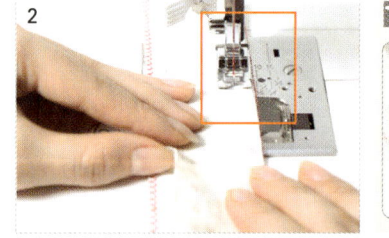

TIP

몸판의 옆선이 살짝 보이도록 바이어스감의 옆선을 맞추세요.

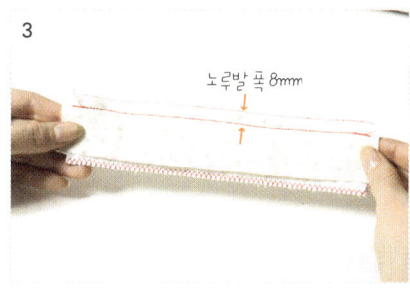

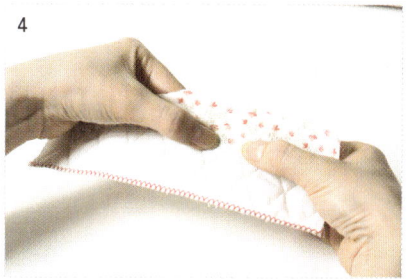

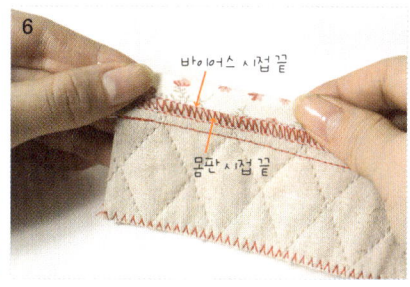

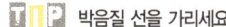

TIP 박음질 선을 가리세요

바이어스감을 접을 때는 원단의 박음질 선이 살짝 가려지도록 접은 선을 맞춰야 합니다. 이때 박음질 선이 일정하지 않으면 바이어스감이 남거나 모자랄 수 있습니다. 그럴 때는 다시 박음질해야 합니다.

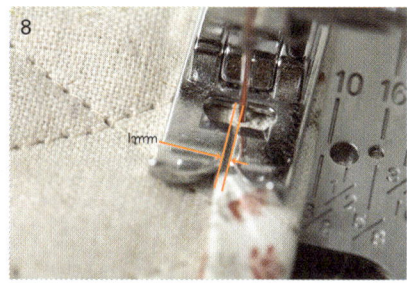

3 노루발 폭으로 박음질이 잘 되었는지 확인하세요.

4 바이어스감을 박음질 선에 맞춰 접어주세요.

5 몸판의 겉면 방향으로 뒤집어주세요.

6 몸판의 시접 끝에 바이어스감의 끝을 맞춰서 접어주세요.

7 바이어스감의 접은 선을 몸판의 박음질 선에 맞춰서 접어주세요.

8 접은 선에서 1mm 안쪽으로 바늘을 고정시키고 바늘을 보면서 접은 선을 따라 박음질하세요.

9 끝까지 박음질한 후, 남은 바이어스감을 몸판의 끝에 맞춰 자르세요.

10 직선 바이어스 처리가 되었습니다.

10⁻¹ 뒷면의 모습입니다.

끝 부분이 겉으로 나오는 경우(b)

1 몸판의 안면에 바이어스감의 겉을 마주 대고 노루발 밑으로 넣어주세요. 바이어스감 끝에 1cm 정도를 남겨주세요.

2 몸판의 옆선이 살짝 보이도록 바이어스감의 옆선을 맞추세요.

3 몸판과 바이어스감이 밀리지 않도록 오른손으로는 원단의 옆을 잡고, 왼손으로는 박음질되는 부분의 앞을 잡아주세요. 노루발 끝을 보면서 노루발 폭으로 박음질하세요. 박음질이 끝나면 바이어스감의 끝을 1cm 정도를 남기고 자르세요.

4 노루발 폭으로 박음질이 잘 되었는지 확인하세요.

5 위쪽의 남은 1cm 바이어스감의 시접을 노루발 폭으로 박음질한 선에 맞춰 접어주세요.

6 몸판 끝에 맞춰 바이어스감을 접어주세요.

7 남은 바이어스감을 몸판의 원단 끝에 맞춰 접어주세요.

8 접은 선을 박음질 선에 맞춰 한 번 더 접어주세요.

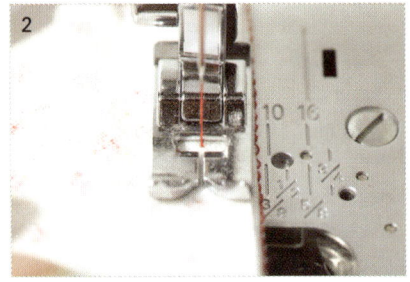

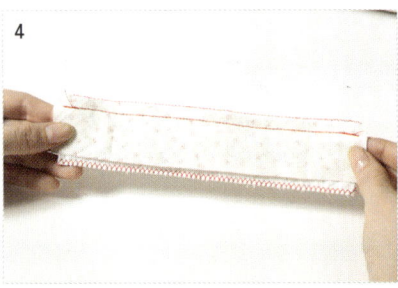

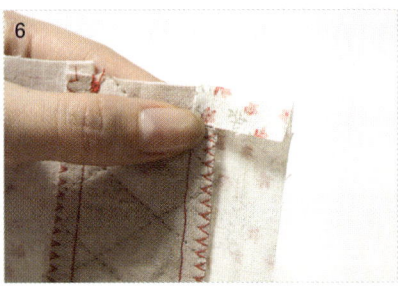

TIP 접은 부분이 두꺼운 경우

쪽가위로 바이어스감을 눌러주거나 오른손으로 원단의 끝을 잡아주면서 박음질하세요.

곡선 바이어스 처리하기

홈패션에서 곡선은 밖으로 휘는 곡선과 안으로 휘는 곡선이 있습니다.
곡선 부분을 바이어스 처리할 때는 반드시 바이어스감을 바이어스 방향으로 재단해야 합니다.
바이어스 처리하는 끝 부분이 안으로 들어가 다른 시접과 함께 마무리될 때는
남은 바이어스감을 잘라도 되지만 곡선 둘레를 빙 둘러서 시작 부분과 만나게 할 때는
시작할 때 접어서 시작하고 끝마칠 때 시작 부분과 끝 부분을 겹쳐서 박음질합니다.

밖으로 휘는 곡선 부분
바이어스 처리하기

1 바이어스 처리할 부분의 시접을 오버로크 처리하거나 지그재그 모양으로 박음질하여 정리해주세요.

2 몸판의 안면에 바이어스감의 겉을 마주 대세요. 이때 바이어스감의 끝을 1cm 정도 안쪽으로 접어 시침핀으로 고정하세요.

3 왼손으로 바이어스감의 왼쪽 부분을 곡선의 중심으로 모아 잡아주세요.

4 몸판의 끝이 살짝 보이도록 바이어스감의 끝을 맞춰 놓고 몸판을 조금씩 돌려가며 노루발 폭으로 박음질하세요.

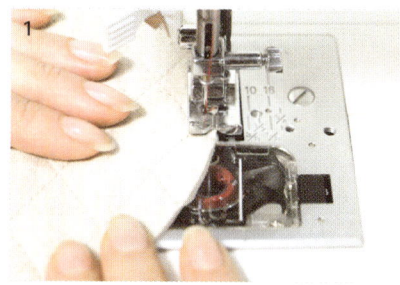

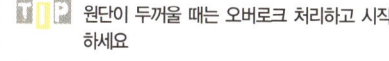

TIP 원단이 두꺼울 때는 오버로크 처리하고 시작하세요

원단이 두껍거나 여러 겹을 겹쳐서 박음질할 경우 바이어스 처리가 어려울 수 있기 때문에 미리 시접을 정리해 주어야 합니다. 박음질을 좀 더 편하게 하기 위한 과정이므로 얇은 천을 바이어스 처리할 경우에는 이 과정을 생략해도 됩니다.

TIP 박음질 폭이 일정하게

곡선 부분을 노루발 폭으로 박음질할 때는 노루발의 앞을 보면서 박음질하다 보면 노루발 폭이 넓어질 수 있으므로 항상 바늘의 옆쪽 노루발 끝을 보고 박음질해야 합니다.

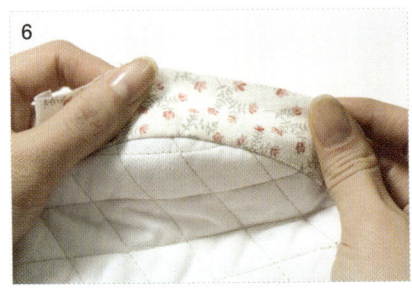

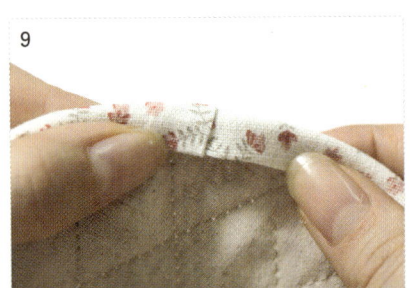

5 박음질이 끝나면 끝 부분이 시작 부분과 1cm 정도 겹치도록 남은 바이어스감을 자른 다음 시작과 끝 부분의 시접을 겹쳐 노루발 폭으로 박음질하세요.

6 박음질 선에 맞춰 바이어스감을 접어주세요.

7 시작 부분과 끝 부분이 벌어지지 않도록 잘 겹쳐서 잡아주세요.

8 겹친 부분의 시접 끝을 몸판 끝에 맞춰 접어주세요.

9 접은 선을 박음질 선에 맞춰 한번 더 접어주세요.

10 접은 선을 따라 시침핀으로 고정하세요.

11 접은 선에서 1mm 안쪽에 바늘을 고정시키고 바늘을 보면서 접은 선을 따라 박음질하세요.

12 끝 부분에서는 시작 부분과 1cm 정도 겹쳐서 박음질하다가 2~3땀 정도를 되박음질로 마무리하세요.

13 바이어스 처리한 부분은 다림질하세요.

TIP 시작과 끝 부분 되박음질은

시작과 끝 부분이 여러 번 되박음질되면 모양이 예쁘지 않습니다. 때문에 박음질을 시작할 때는 되박음질하지 않고 마무리할 때 겹쳐서 박음질하고 되박음질하는 것이 좋습니다.

안으로 휘는 곡선 바이어스 처리하기

1 바이어스 처리할 부분의 시접을 오버로크 처리하거나 지그재그 모양으로 박음질해서 정리하세요.

2 몸판 곡선 부분에 1cm 간격으로 5mm 정도 길이의 가위집을 내세요. 왼손으로 원단을 곡선의 중심으로 모아서 잡은 후, 원단 가장자리를 직선으로 만들어 지그재그 모양으로 박음질하세요.

3 몸판 안쪽에 바이어스감의 겉을 마주 대고 왼손으로 몸판을 모아 잡아서 직선으로 만들어주세요.

4 몸판의 끝이 살짝 보이도록 바이어스감의 끝을 맞춰 노루발 폭으로 박음질하세요.

5 박음질 선을 따라 바이어스감을 접어주세요.

6 바이어스감의 끝을 몸판의 시접 끝에 맞춰 접은 후, 접은 면을 몸판의 박음질 선에 맞춰 한 번 더 접은 다음 시침핀으로 고정하세요.

7 왼손으로 몸판을 모아 잡아서 직선으로 만들어주세요. 접은 선에서 1mm 안쪽으로 바늘을 고정시키고 바늘을 보면서 접은 선을 따라 박음질하세요.

8 바이어스 처리한 부분을 다림질하세요.

1

2

TIP 오버로크 처리 시 곡선을 직선으로 만들면서 진행하세요

오버로크 머신을 사용하여 오버로크 처리할 경우에도 왼손으로 원단을 곡선의 중심으로 모아서 잡은 후 같은 방법으로 원단 가장자리를 직선으로 만들어 박음질하면 됩니다.

3

4

5

6

7

8

TIP 다림질로 마무리해야 깔끔해져요

다림질 전   다림질 후

곡선 부분을 따라 다림질하면 더욱 깔끔하게 바이어스 처리됩니다.

06.

직각 바이어스 처리하기 DVD 홈패션 기본 기법 ▶

직각 부분을 바이어스 처리하는 방법은
밖으로 꺾이는 직각과 안으로 꺾이는 직각이 각각 다릅니다.
곡선 바이어스 처리할 때와 마찬가지로 바이어스 처리하는 끝 부분이 안으로 들어가
다른 시접과 함께 마무리 될 때는 남은 바이어스감을 잘라도 됩니다.
하지만 전체를 빙 둘러서 바이어스 처리할 때는 시작할 때 접어서 시작하고
끝마칠 때 시작 부분과 끝 부분을 겹쳐서 박음질해야 합니다.

ㄱ자 바이어스

1. 바이어스 처리할 부분을 지그재그 모양으로 박음질하세요.

2. 노루발 폭으로 박음질하다가 몸판 끝에서 8mm 안쪽으로 점을 찍어 표시하세요.

3. 표시한 부분까지 박음질한 후 실을 자르세요.

* 박음질을 마친 후 바이어스를 접는 방법은 다음 두 가지 방법이 있습니다.

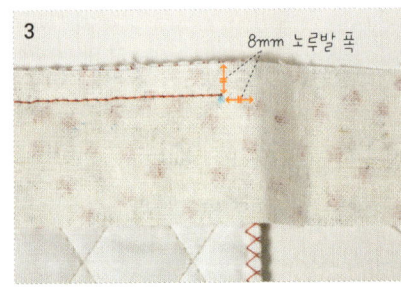

TIP 완성하고자 하는 바이어스 폭이 넓은 경우

바이어스 완성 폭이 노루발 폭인 경우에는 위와 같이 진행합니다. 완성하고자 하는 바이어스 폭이 넓을 때는 그 폭만큼 안쪽으로 점을 찍어 표시한 후 진행합니다. 예를 들어 2cm 폭으로 바이어스를 완성하고자 할 때는 2cm 폭으로 박음질하다가 원단 끝에서 2cm 점을 찍어 표시합니다.

바이어스감 모서리에 맞춰 각 접기(a)

4 왼손으로 바이어스감을 잡고 바이어스감의 오른쪽 끝을 몸판의 직각 부분에 맞춰 꺾어주세요.

5 왼손으로 잡은 바이어스감의 접은 선을 몸판 끝에 맞추고 바이어스감의 시접 끝과 직각으로 꺾이는 몸판 끝이 맞게 접어주세요.

6 다시 노루발 폭으로 박음질하세요.

7 박음질 선에 맞춰 바이어스감을 겉면 방향으로 접어주세요.

8 몸판 끝에 바이어스감의 끝을 맞춰 접어주세요.

9 몸판의 박음질 선에 바이어스감의 접은 선을 맞춰 시침핀으로 고정하세요. 이때 바이어스감의 접은 원단의 박음질 선이 보이지 않도록 면을 맞춰주세요.

바이어스감 모서리에 맞춰 각 접기(b)

4 몸판의 모서리와 바이어스감의 오른쪽 시접 끝을 직선이 되도록 맞춰주세요.

5 몸판의 시접 끝에 맞춰 직각이 되도록 바이어스감을 접어주세요.

6 다시 노루발 폭으로 박음질하세요.

7 박음질 선에 맞춰 바이어스감을 겉면 방향으로 접어주세요.

8 바이어스감 모서리에 맞춰 각 접기(a)의 8~9번의 순서대로 진행합니다.

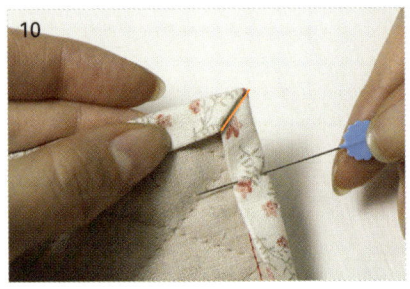

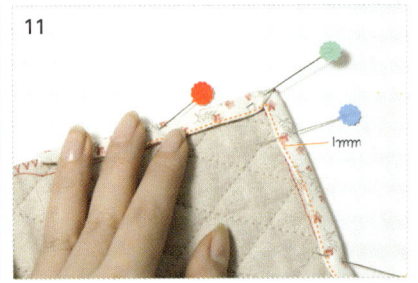

10 남은 직각 면의 바이어스감도 같은 방법으로 접어주세요. 바깥 부분의 모서리와 안쪽 접은 선의 모서리 부분이 대각선이 되도록 접어주세요.

11 접은 선을 따라 시침핀으로 고정하고 접은 선에서 1mm 안쪽으로 박음질하세요.

12 모서리 부분에서 직각으로 꺾이는 부분에 바늘을 고정시키고 노루발을 들어 몸판을 돌려주세요.

13 다시 노루발을 내리고 접은 선에서 1mm 안쪽으로 박음질하세요.

14 직각 바이어스가 완성되었습니다.

ㄴ자 바이어스

1 모서리 부분에서 5mm 정도 가위집을 내세요.

2 자른 부분을 벌려서 직선으로 모양을 잡아 지그재그 모양으로 박음질하세요.

3 ㄴ자로 지그재그 모양 박음질이 되었습니다.

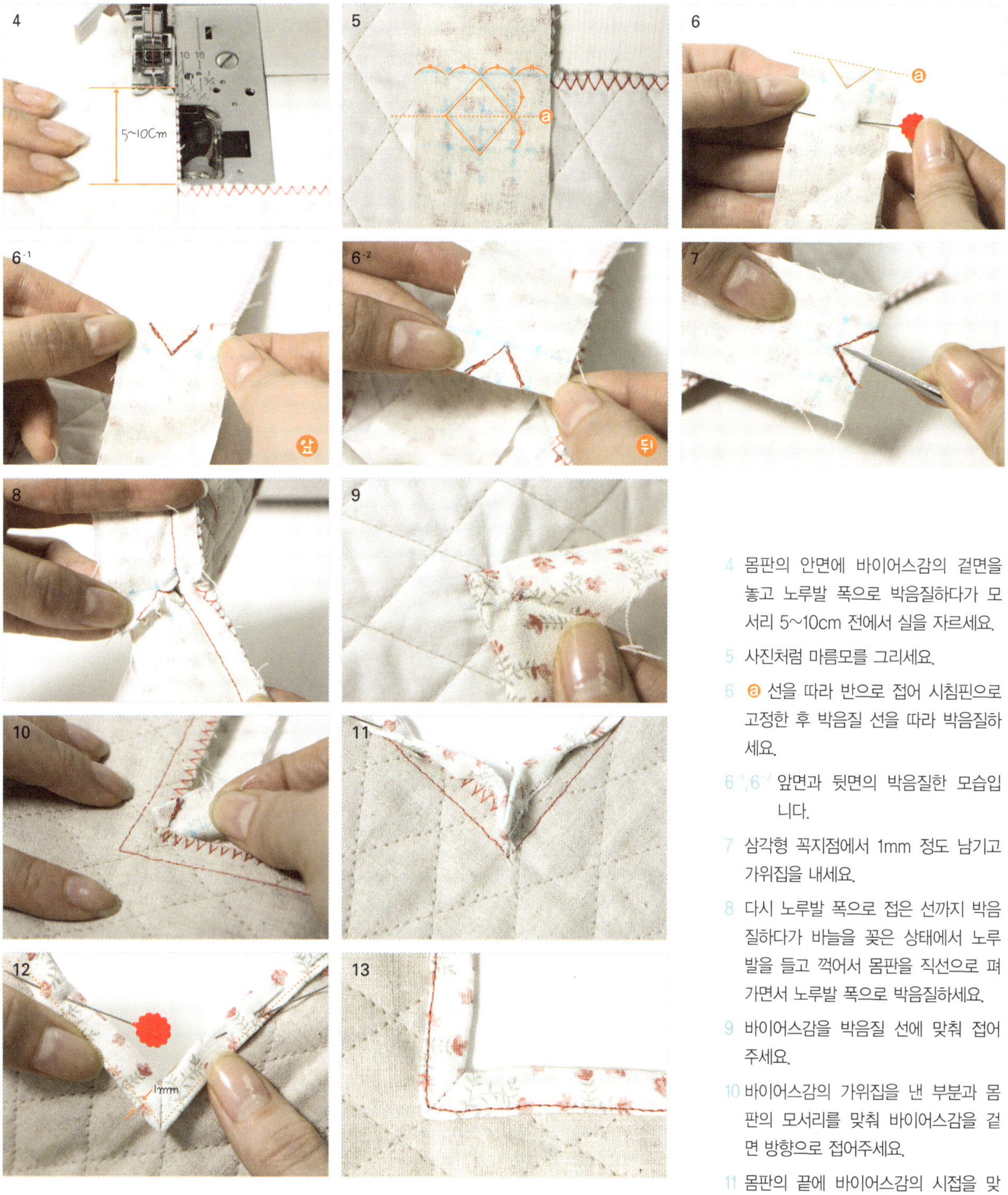

4

5∼10Cm

5

6

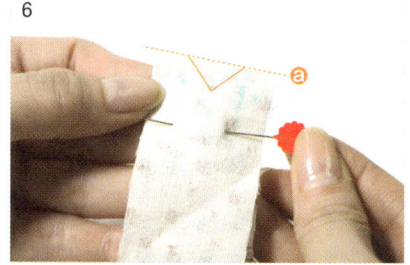

6⁻¹

삼

6⁻²

뒤

7

8

9

10

11

12

1mm

13

4 몸판의 안면에 바이어스감의 걸면을 놓고 노루발 폭으로 박음질하다가 모서리 5∼10cm 전에서 실을 자르세요.

5 사진처럼 마름모를 그리세요.

6 ⓐ 선을 따라 반으로 접어 시침핀으로 고정한 후 박음질 선을 따라 박음질하세요.

6⁻¹,6⁻² 앞면과 뒷면의 박음질한 모습입니다.

7 삼각형 꼭지점에서 1mm 정도 남기고 가위집을 내세요.

8 다시 노루발 폭으로 접은 선까지 박음질하다가 바늘을 꽂은 상태에서 노루발을 들고 꺽어서 몸판을 직선으로 펴가면서 노루발 폭으로 박음질하세요.

9 바이어스감을 박음질 선에 맞춰 접어주세요.

10 바이어스감의 가위집을 낸 부분과 몸판의 모서리를 맞춰 바이어스감을 겉면 방향으로 접어주세요.

11 몸판의 끝에 바이어스감의 시접을 맞춰 접어주세요.

12 몸판의 박음질 선에 바이어스감의 접은 선을 맞춰 시침핀으로 고정하고 접은 선에서 1mm 안쪽으로 박음질하세요.

13 ㄴ자 바이어스 처리가 되었습니다.

07.

파이핑 처리하기 DVD 홈패션 기본 기법 ▶

작품의 모양을 잡거나 장식하기 위해 테두리에 줄을 둘러주는 기법으로
파이핑 줄과 파이핑감을 이용해 박음질하면 됩니다.
파이핑 줄은 길게 꼬여 있는 줄을, 파이핑감은 파이핑을 감싸 박음질할 수 있도록 재단한 원단을 말합니다.
파이핑 원단은 파이핑을 파이핑감으로 감싸서 박음질해 놓은 원단을 말합니다.
박음질이 서투른 경우에는 몸판에 직접 파이핑 처리하는 것보다
파이핑 원단을 만든 후 몸판에 박음질하는 것이 수월합니다.

파이핑 원단 만들기

파이핑 원단은 원단에 파이핑 줄을 감
싸 박음질해 놓은 원단을 말합니다.

노루발 교환하기

1 노루발 올림 레버를 올려 노루발을 들
  어주세요.

2 노루발 축 뒤의 버튼을 눌러 주세요.

3 노루발이 분리되었습니다.

4 미싱 전용 드라이버를 이용해 노루발
  축 옆의 나사를 시계 반대 방향으로 돌
  려주세요.

5 노루발 올림 레버를 올린 상태에서 위
  로 한 번 더 올려 노루발 축을 분리시
  키세요.

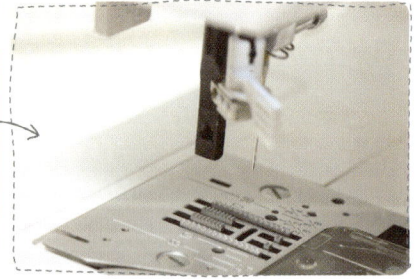

6 파이핑 노루발의 갈고리 부분과 나사
　구멍을 맞춰주세요.

7 동그라미 표시한 부분을 나사 구멍에
　맞춰주세요.

8 나사를 끼워 노루발을 고정하세요.

9 파이핑 노루발을 고정한 후 뒤쪽의 주
　황색 나사를 돌려 노루발이 움직이도
　록 하세요.

10 바늘을 내려 파이핑 노루발의 끝이 바
　늘과 일직선이 되도록 해주세요.

TIP 파이핑 노루발과 바늘 사이 간격 조정하기

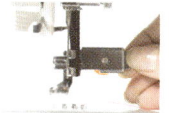 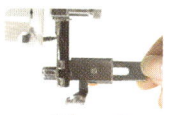

주황색 나사를 돌린 후 노루발의 뒤쪽에 있는
바를 잡고 좌우로 움직여서 바늘과의 간격을
맞춰주세요.

11 다시 주황색 나사를 돌려 노루발이 움
　직이지 않도록 고정하세요.

6

7
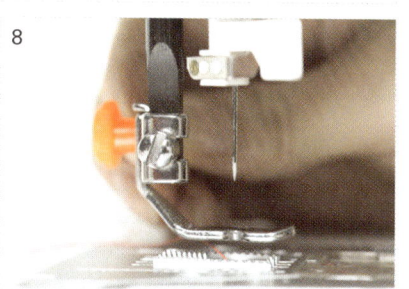

8

9

10
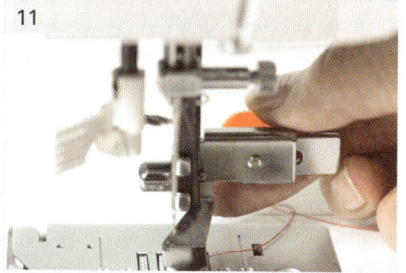

11

파이핑 원단 만들기

1 파이핑감의 안면에 파이핑 줄을 올리세요.

2 파이핑감의 양 끝 시접을 맞춰 파이핑 줄을 감싸주세요.

3 파이핑 줄이 움직이지 않도록 잡아서 시침핀으로 고정하세요.

4 파이핑 줄 가까이 노루발 왼쪽 끝을 맞춘 후 노루발을 내리고 폴리를 돌려 바늘을 원단에 고정시키세요.

5 파이핑 원단의 끝과 끝을 맞추세요.

6 왼손으로 파이핑이 움직이지 않도록 잡아주면서 박음질하세요.

7 파이핑 원단이 완성되었습니다.

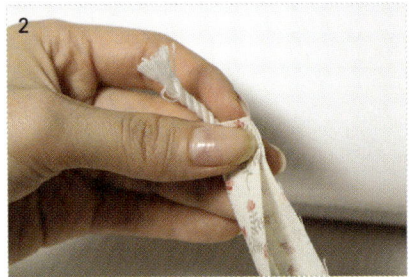

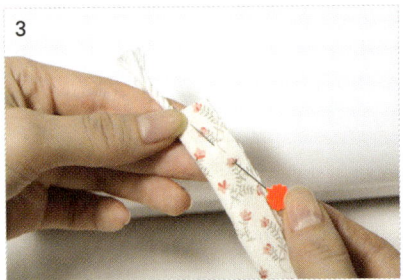

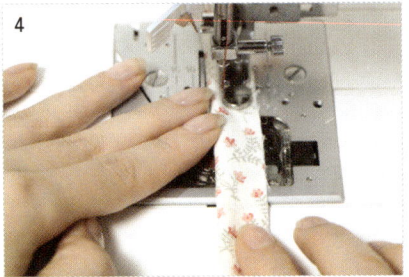

NG 시접 끝을 맞추세요

시접 끝을 맞추지 않으면 파이핑 원단의 시접이 일정하지 않아 몸판에 고정할 때 시접 간격이 맞지 않게 됩니다.

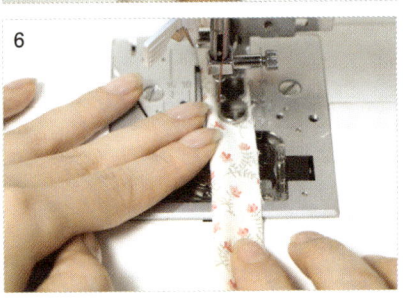

파이핑 원단으로 파이핑 처리하기

몸판의 겉면에 파이핑 원단을 둘러주세요.

밖으로 휘는 곡선 곡선 부분 파이핑 처리하기

1 몸판 겉면을 위로하고 몸판 시접 끝에 파이핑 원단 시접 끝을 맞추세요. 그런 다음 파이핑 노루발의 왼쪽 끝을 파이핑 줄 가까이에 놓고 폴리를 돌려 바늘을 고정하세요.

2 파이핑 원단의 시접에 박음질 선 2mm 전까지 1cm 간격으로 가위집을 내세요.

3 파이핑 원단의 시접을 벌려가며 몸판 곡선의 시접 끝에 맞춰 잡아주세요.

4 몸판을 조금씩 돌려가며 파이핑 가까이 박음질하세요.

5 밖으로 휘는 부분에 파이핑 처리가 되었습니다.

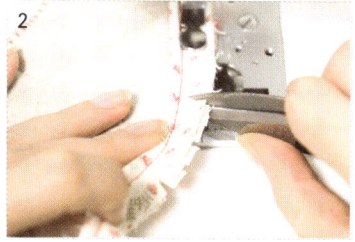

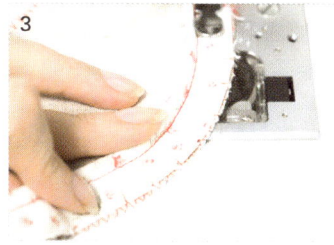

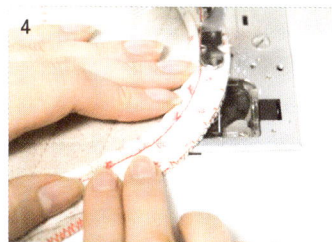

TIP 곡선을 직선으로 펴서 작업하세요

왼손으로 몸판의 왼쪽 부분을 모아 잡아서 몸판이 직선이 되도록 합니다.

안으로 휘는 곡선 부분 파이핑 처리하기

1 몸판 겉면을 위로 하고 몸판 시접 끝에 파이핑 원단 시접 끝을 맞추세요. 그런 다음 파이핑 노루발의 왼쪽 끝을 파이핑 줄 가까이에 놓고 폴리를 돌려 바늘을 고정합니다.

2 몸판과 파이핑 원단의 시접 끝을 맞추고 왼쪽 노루발 끝과 시접 끝을 보면서 박음질하세요.

3 안으로 휘는 곡선 부분에 파이핑 처리가 되었습니다.

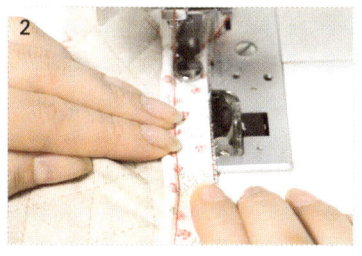

TIP 손으로 잘 잡고 진행하세요

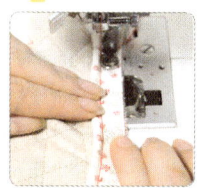

오른손은 몸판과 파이핑 원단의 시접 끝을 맞춰 잡고 왼손은 파이핑 원단이 움직이지 않도록 잡아줍니다.

직각 부분 파이핑 처리하기

1 몸판과 파이핑 원단의 시접 끝을 맞춰 파이핑 가까이 박음질하세요.

2 폴리를 돌려 바늘을 원단에 고정시킨 후 파이핑 원단의 시접 폭만큼 몸판의 끝에서 파이핑 원단의 박음질 선을 따라 위쪽으로 점을 찍어 주세요.

3 표시 점의 옆쪽으로 가위집을 내세요.

4 표시 점을 중심으로 양쪽에 1cm 간격으로 가위집을 내세요.

5 표시 점이 있는 부분까지 박음질하고 표시 점에 바늘을 고정시키세요.

6 노루발을 들고 몸판을 90도 돌린 후 다시 노루발을 내리고 박음질하세요.

7 직각 부분에 파이핑 처리가 되었습니다.

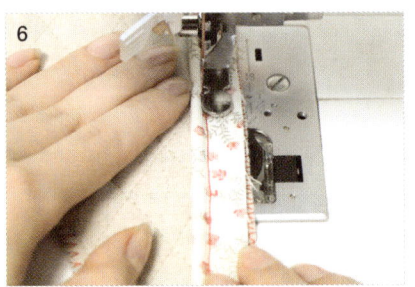

TIP 파이핑 줄이 뭉치면

몸판을 90도 돌려서 노루발을 내리면 모서리 안쪽에 파이핑 줄이 접혀서 뭉칠 수 있습니다. 이럴 때는 왼손으로 안쪽에 접혀 있는 파이핑 줄을 위쪽으로 밀어준 후 박음질하면 됩니다.

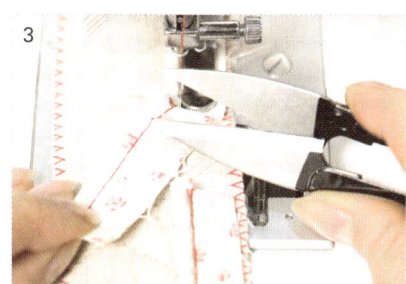

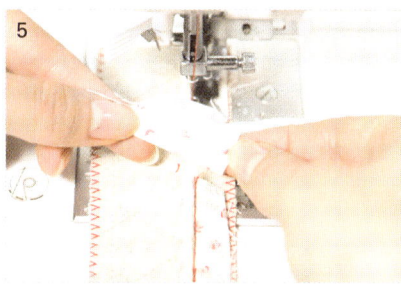

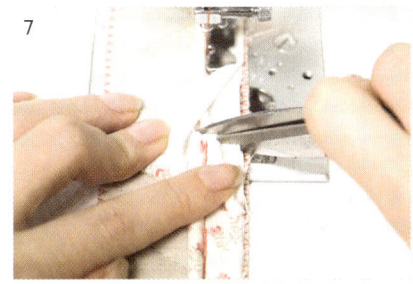

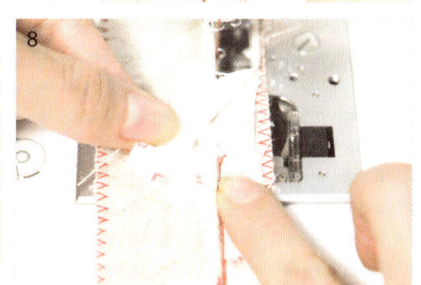

T I P 파이핑 줄 맞추기

파이핑 원단과 몸판의 시접 끝을 맞추다보면 잘라낸 파이핑 줄이 맞지 않을 수도 있습니다. 이때는 쪽가위 끝으로 파이핑 줄을 밀어넣으면 됩니다.

파이핑 처리할 때 테두리를 빙 둘러 시작과 끝 부분을 연결하는 방법

1 시작 부분을 5cm 정도 남기고 박음질하세요.

2 끝 부분에서 시작 부분과 3cm 정도 겹치도록 파이핑 원단을 자르세요.

3 잘라낸 원단 끝에서 5cm 정도 위쪽으로 바늘땀을 자르세요.

4 남은 부분은 박음질 선을 풀어주세요.

5 파이핑감의 끝을 1cm 정도 안쪽으로 접어주세요.

6 접은 파이핑감은 파이핑 원단(시작 부분) 아래로 내려놓고 남은 파이핑 줄을 당기세요.

7 시작 부분에 맞춰 남은 파이핑 줄을 자르세요.

8 파이핑 줄의 끝과 끝을 맞춰 놓고 파이핑감으로 감싸주세요.

9 시작과 끝 부분이 연결되었습니다.

파이핑 원단을 만들면서 몸판에 박음질하기

파이핑 원단을 만들면서 몸판에 직접 박음질하는 방법으로 파이핑 처리를 할 수도 있습니다. 파이핑 원단을 따로 박음질하는 시간을 단축시키기 위한 것이므로 미싱 사용이 서투른 경우에는 시간이 조금 더 걸리더라도 파이핑 원단을 만든 후 몸판에 박음질하는 게 좋습니다.

1 파이핑감의 안쪽에 파이핑 줄을 올리세요.

2 파이핑감의 양 끝 시접을 맞춰 파이핑 줄을 감싸주세요.

3 파이핑 줄이 움직이지 않도록 잡아서 시침핀으로 고정하세요.

4 몸판 겉면에 파이핑감과 몸판 시접을 맞춰 시침핀으로 고정하세요.

5 파이핑 노루발 왼쪽에 파이핑 줄을 맞춘 다음 노루발을 내리고 바늘을 고정하세요.

6 시침핀을 빼고 파이핑감으로 파이핑을 감싸면서 파이핑감의 시접 끝을 맞춰 잡아주세요.

7 파이핑감의 시접 끝을 몸판 시접 끝에 맞춰 박음질하세요.

* 곡선과 직각 부분에 파이핑 원단을 만들면서 몸판에 박음질하는 방법은 파이핑 원단 만들기(56p)를 참조하면 됩니다.

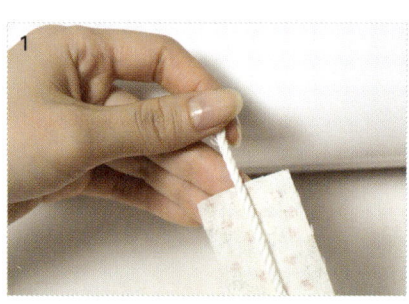

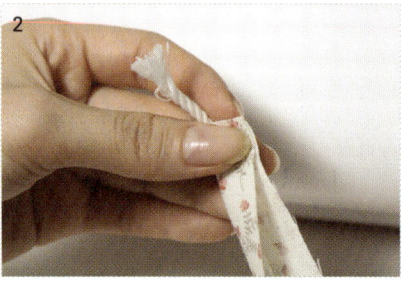

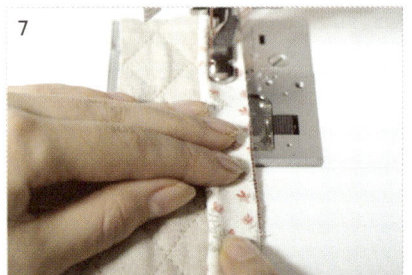

TIP 시침핀으로 고정한 후 박음질하세요

시침핀으로 몸판과 파이핑감의 시접을 고정하면 좀 더 쉽게 박음질할 수 있습니다.

08.

프릴 만들기 DVD 홈패션 기본 기법 ▶

잔 주름이 잡힌 가늘고 긴 장식 원단을 프릴이라고 합니다.
프릴을 만들기 위해 주름을 잡는 방법은 주름 노루발을 이용하는 방법과
박음질한 후 실을 잡고 원단을 당겨 주름을 잡는 방법 두 가지가 있습니다.
이때 밑단은 올이 풀리지 않도록 말아박기 노루발을
이용해 말아박기하세요. 말아박기하면 원단이
일정한 간격으로 접히면서 박음질됩니다.

1

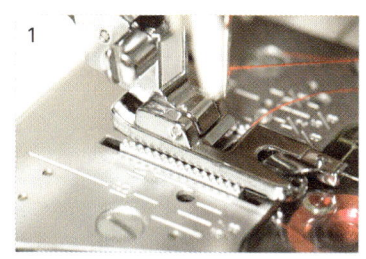

말아박기

1 말아박기 노루발로 교환하세요.

2 박음질 시작 부분을 표시하고 바늘을 고정하세요.

3 노루발 밑으로 원단의 끝을 밀어 넣으세요.

4 노루발을 내리고 시접 끝을 왼쪽에 맞추고 접힌 면
  을 오른쪽 끝에 맞춰 접어주세요.

5 오른손으로 오른쪽 시접이 5mm 정도 접혀서 들어
  가도록 잡고, 왼손은 원단이 빠지지 않도록 잡은 후
  박음질하세요.

6 말아박기가 완성되었습니다.

2

TIP 박음질은 여유 있게 시작하세요

박음질을 너무 끝
쪽에서 시작하면
박음질이 되지 않
을 수도 있습니다.

3

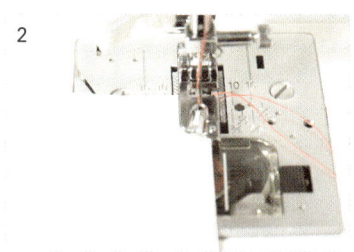

TIP 원단을 달팽이관 모양 홈으로

노루발 앞쪽에 달
팽이관처럼 생긴
홈으로 원단이 말
려들어가도록 합
니다.

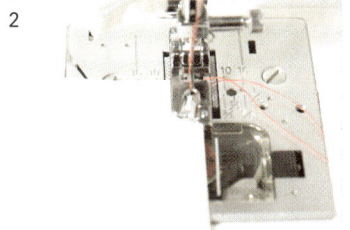

5

TIP 접히는 면은 일정하게

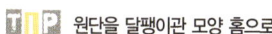

5mm 정도 간격
으로 일정하게 접
혀 들어가도록 해
야 완성된 후 프릴
감의 폭이 일정합
니다.

6

TIP 재단은 여유 있게

시작 부분은 처음
부터 접어서 박음
질되지 않으므로
항상 5~10cm 정
도 여유 있게 재단
하는 게 좋습니다.

TIP 바이어스 방향으로 재단하세요

바이어스 방향으
로 재단하면 박음
질한 부분이 조금
늘어나면서 굴곡
이 생겨 주름을
잡았을 때 프릴이
풍성해 보입니다.

주름 잡기

1 노루발축을 완전히 분리시키세요.

2 주름 노루발을 나사가 있는 부분까지 완전히 올려서 잡고 나사를 돌려 고정하세요.

3 정확히 두 배로 재단할 경우 말아박기 한 반대쪽 면의 길이를 체크하세요.

4 주름 노루발 끝에서 원단의 2mm 정도가 보이도록 맞춰 박음질하세요.

5 박음질이 끝나면 처음 길이의 1/2이 되었는지 확인합니다.

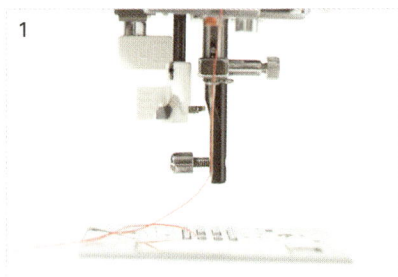

1

2

TIP

지퍼 노루발의 U자 부분이 미싱의 나사 부분에 걸리도록 합니다.

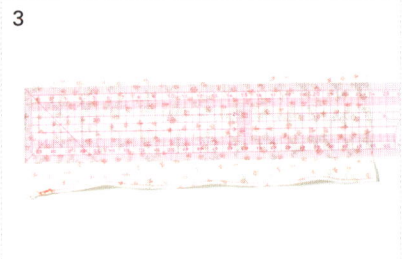

3

4

5

TIP 주름이 잡히지 않았을 때

1 박음질 후 주름이 잘 잡히지 않았을 때는 땀의 길이를 최대한 크게 해주세요.

2 윗실의 장력을 확인하세요. 일반적으로 박음질할 때는 auto로 되어 있습니다. 장력을 높여주면 주름이 좀 더 풍성하게 잡힙니다.

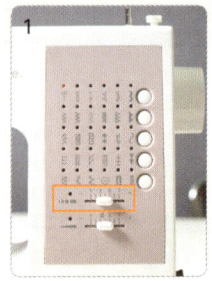

1

2

2⁻¹

단춧구멍 만들기 DVD 홈패션 기본 기법 ▶

옷의 여밈 부분이나 가방 혹은 파우치의 입구를
막기 위해 단추를 달 경우 미싱을 이용하면
단춧구멍을 쉽게 만들 수 있습니다.

1 원단의 겉면에 단춧구멍 박음질할 위치를 표시하세요.

2 패턴 선택창에서 단춧구멍 달기를 선택하세요.

3 단춧구멍 노루발 뒤쪽에 단추 고정 바를 벌려 단추
   를 끼우세요.

4 단추 고정 바로 단추를 고정하세요.

5 단춧구멍 노루발로 교환하세요.

6 단춧구멍 크기 조절 레버(B.H)를 내리세요.

1

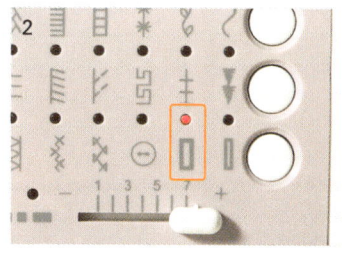

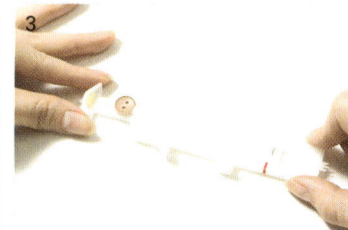

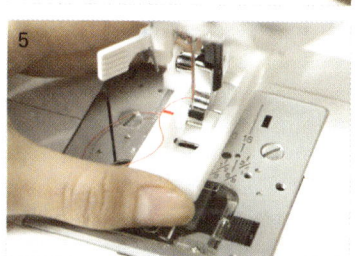

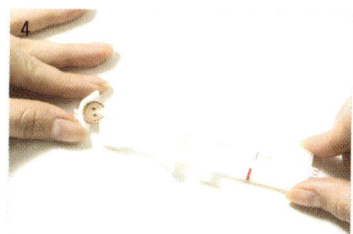

T I P 자동으로 단춧구멍 박는 기능 확인

단춧구멍 크기 조
절 레버는 단춧구
멍 박기가 자동으
로 되는 미싱에만
있습니다.

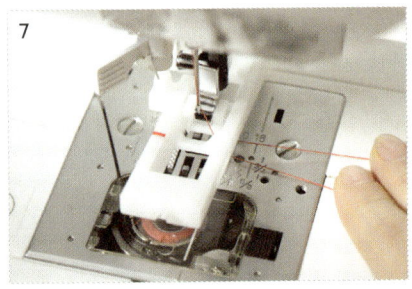

7 노루발을 내리기 전에는 윗실을 노루발 아래로 빼주세요.

8 표시한 부분에 바늘을 고정하고 노루발을 내리세요.

9 발판을 눌러 박음질하세요.

10 뜯개칼로 박음질 선 사이를 자르세요.

11 단추가 잘 들어가는지 확인합니다.

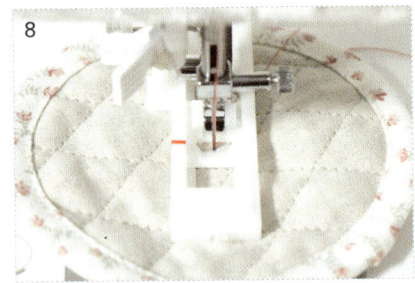

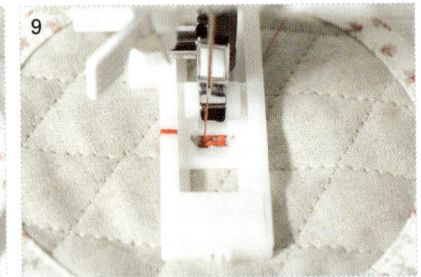

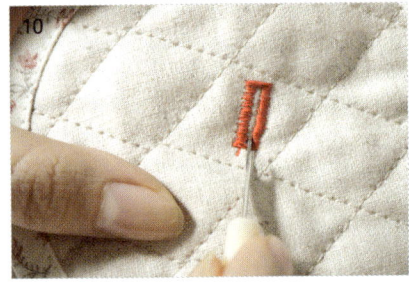

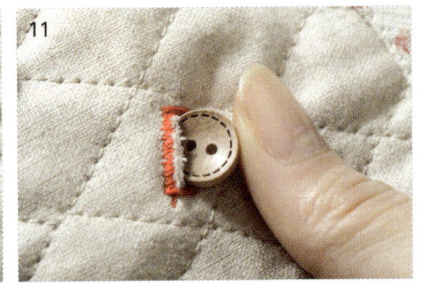

TIP 박음질 선이 풀리지 않게 주의해서 자르세요

박음질 선이 풀리지 않도
록 박음질이 되지 않은
원단 부분만 조심해서 잘
라주세요.

10.

손바느질 DVD 홈패션 기본 기법 ▶

작품을 마무리할 때 꼭 필요한 손바느질 방법에 대해 알아봅니다.

매듭 짓기

바느질을 시작할 때와 끝날 때 바느질이 풀리지 않도록 하기 위해 매듭을 짓습니다.

바느질을 시작할 때

1 손가락에 실 끝을 올려놓고 바늘로 실 끝을 고정시키세요.

2 바늘에 실을 2~3번 정도 감아주세요.

3 바늘에 감긴 실이 풀어지지 않도록 바늘과 함께 잡아주세요.

4 왼손으로 바늘 끝을 잡아 당기세요.

5 바늘에 감겨 있던 실을 실 끝까지 당겨 매듭을 만들어주세요.

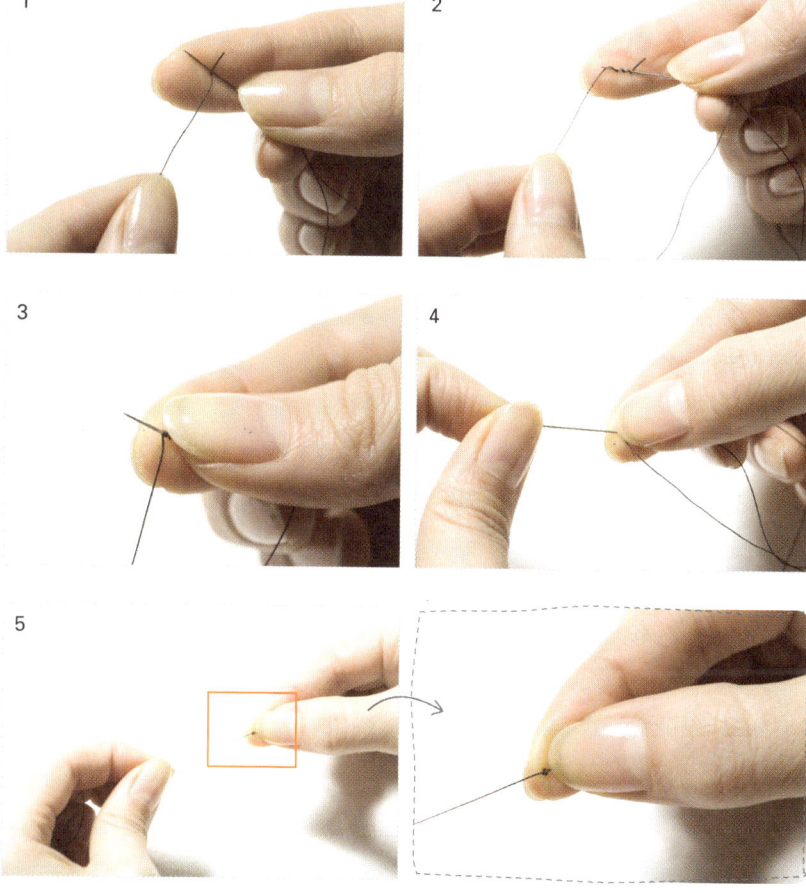

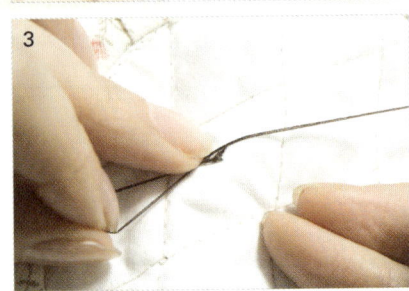

바느질을 끝맺을 때

1 실로 고리를 만들어 고리 안으로 바늘을 통과시키세요.

2 바늘을 당겨 실고리가 원단 가까이 오도록 하세요.

3 고리를 원단에 고정시키고 바늘을 당겨 원단 가까이 매듭이 만들어지도록 하세요.

4 1~3번을 2~3번 정도 반복한 후 매듭을 만들어 주세요.

5 실 끝을 5mm 정도 남기고 잘라 주세요.

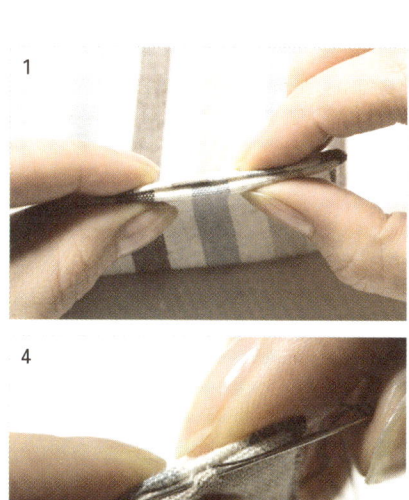

1

2

3

4

5

6

TI**P** 바늘이 나온 반대쪽에 정확하게

빼낸 실을 당겨 정확히 바늘이 나온 반대쪽에 바늘을 꽂으면서 바느질합니다. 그래야만 완성된 후 바느질한 실이 보이지 않으며 바느질 부분이 평평하게 됩니다.

7

TI**P** 매듭 짓기 주의

다시 바늘을 꽂을 때 실을 당겨 정확히 바늘이 나온 구멍으로 넣어야 매듭이 구멍으로 들어가면서 숨겨집니다.

8

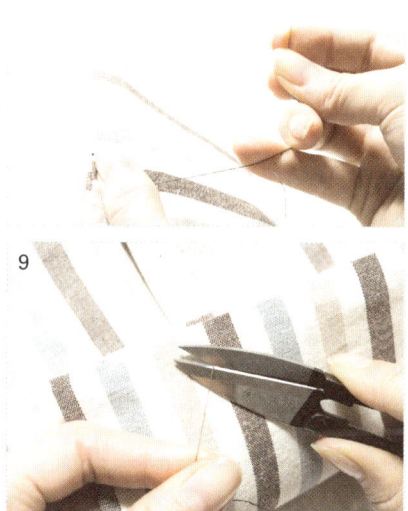

9

공그르기

작품을 만들 때 안쪽에서 마무리하고 겉으로 뒤집기 위해 박음질 중간에 작은 구멍을 남깁니다. 이것을 창구멍이라고 하며, 창구멍을 막을 때는 공그르기를 하면 됩니다. 공그르기를 하면 바늘땀과 매듭이 보이지 않습니다.

1 창구멍 부분의 시접이 마주 닿도록 접어주세요.

2 실 끝에 매듭을 만들고 시접의 안에서 밖으로 바늘을 빼주세요.

3 바늘을 당겨 매듭이 시접 사이로 들어가 보이지 않도록 하세요.

4 반대편 시접의 접힌 면 사이로 바늘을 꽂고 2~3mm 왼쪽으로 빼주세요.

5 빼낸 실을 왼손으로 잡고 반대편 시접으로 바늘을 꽂아 2~3mm 왼쪽으로 빼주세요.

6 계속해서 일정한 간격으로 2~3mm 옆으로 이동하면서 바느질하고 매듭을 만듭니다.

7 마지막으로 바늘이 나온 구멍으로 다시 바늘을 꽂아 1cm 정도 옆으로 바늘을 빼주세요.

8 매듭이 구멍으로 들어가도록 바늘을 잡고 실을 당기세요.

9 빼낸 실을 원단에 맞춰 자르세요.

단추 달기

장식 효과를 내거나 옷의 여밈 부분, 가방의 입구를 막기 위해 단추를 답니다.

1 겉면에 단추 달 위치를 표시하고 실 끝에 매듭을 만들어 안쪽에서 바늘을 꽂아주세요.

2 단춧구멍에 맞춰 바늘을 통과시키세요.

3 옆으로 혹은 대각선으로 바늘을 통과시켜 안쪽으로 빼주세요.

4 같은 방법으로 2~3번 정도 반복해서 바느질한 후 마지막으로 원단과 단추 사이로 바늘을 빼주세요.

5 단추와 원단 사이의 실을 2~3번 정도 감아주세요.

6 단추와 원단 사이로 바늘을 넣어 원단 안쪽으로 빼서 매듭을 만들고 남은 실을 자르세요.

7 단추 달기가 완성되었습니다.

7·¹ 바느질 방법에 따라 다양한 모양을 연출할 수 있습니다.

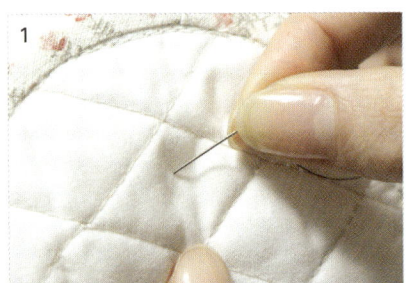

T!P 매듭은 안쪽에

안쪽 면에 매듭을 숨기기 위해 안쪽에서부터 바느질합니다.

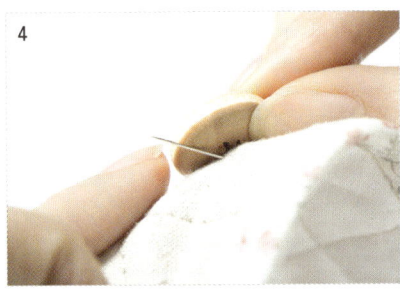

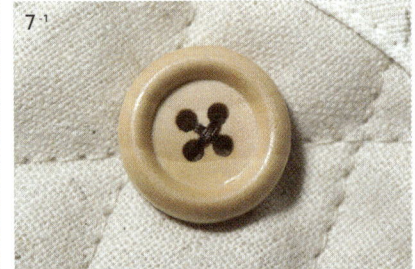

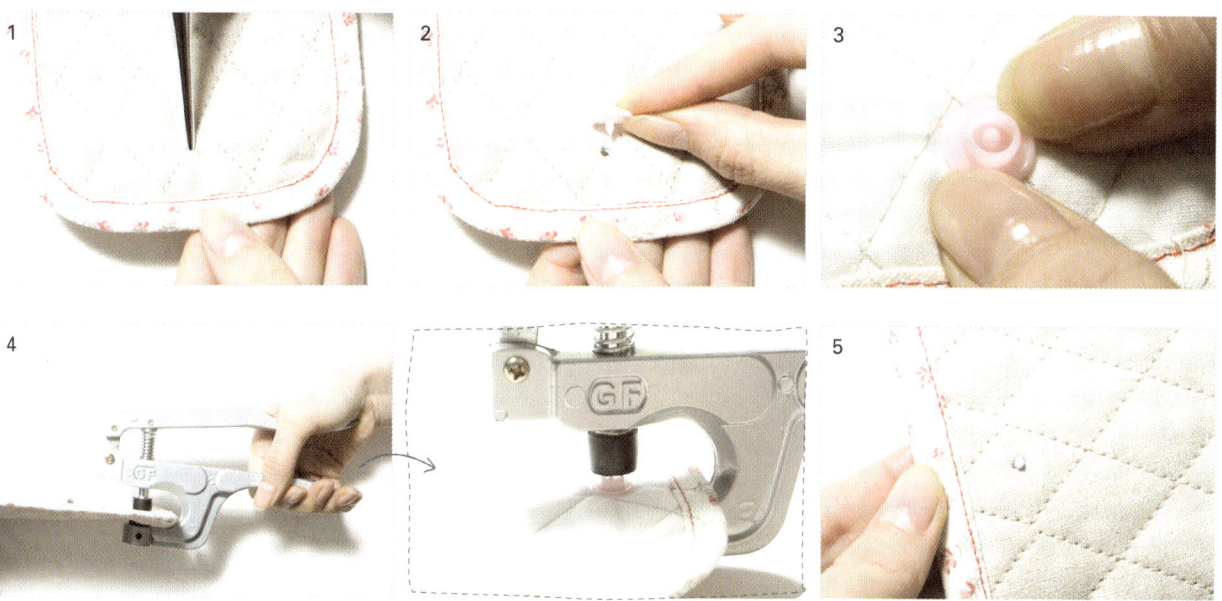

T단추 달기

일반 단추와 달리 별도의 단춧구멍 없이 T단추와 T단추 몰드를 이용해 답니다.

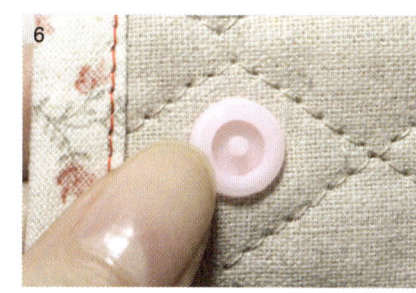

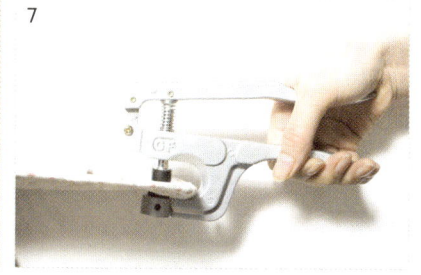

1 겉섶에 단추 달 위치를 표시하고 송곳으로 구멍을 내세요.

2 구멍으로 단추를 꽂아주세요.

3 단추 끝에 반대쪽 단추를 고정하세요.

4 T단추 기구 사이에 단추 위치를 정확히 맞추고 꼭 누르세요.

5 안섶에 단추 달 위치를 표시하고 구멍을 낸 후, 안에서 밖으로 단추를 꽂아주세요.

6 단추 끝에 반대쪽 단추를 고정하세요.

7 T단추 기구 사이에 단추 위치를 정확히 맞추고 꼭 누르세요.

8, 8¹ T단추 달기가 완성되었습니다.

싸개단추 달기

자투리 원단과 싸개단추 몰드를 이용해 만듭
니다.

1 겉면에 단추 달 위치를 표시하고 실 끝에 매듭을 만
   들어 안쪽에서 바늘을 꽂아주세요.

2 바늘을 당겨 싸개단추 아래에 있는 구멍으로 통과
   시키세요.

3 바늘이 나온 옆으로 바늘을 꽂아 단추를 고정하세
   요. 같은 방법으로 2~3번 정도 반복하세요.

4 단추와 원단 사이에 고리를 만드세요.

5 바늘을 실 고리에 통과시켜 원단에 꽂아주세요.

6 원단 가까이 매듭을 만들고 실 끝을 5mm 정도 남
   기고 자르세요.

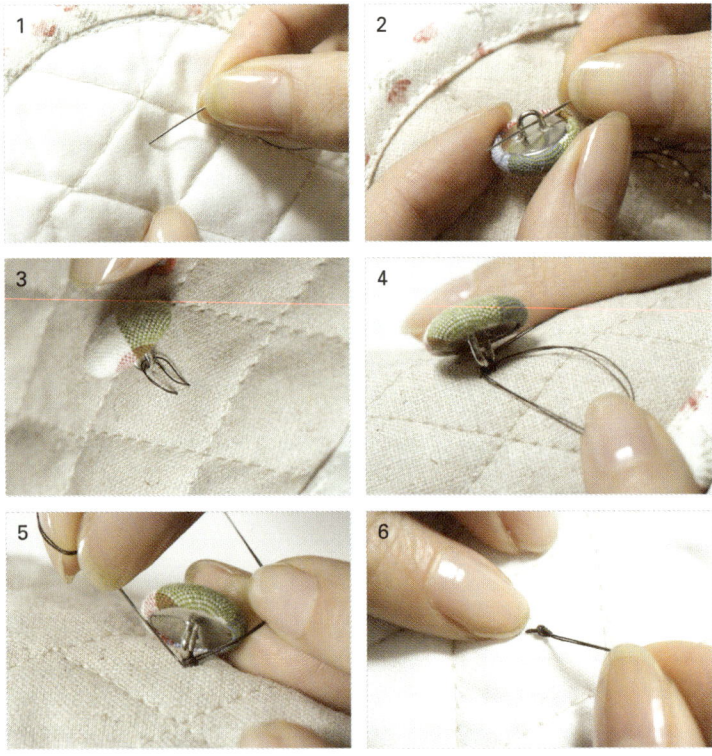

라벨 달기

라벨은 주로 장식 효과를 낼 때 사용합니다. 다양한 종류의 라벨을 작품에 맞게 선
택하세요.

1 라벨을 원하는 위치에 시침핀으로 고정하고 라벨 모서리 1mm 안쪽으로 바늘을 통과시키세요.

2 라벨 끝에 맞춰 바늘을 꽂아주세요.

3 같은 방법으로 2~3번 정도 반복해 바느질하고 안쪽에 매듭을 만들어 실을 자르세요.

4 다른 모서리도 같은 방법으로 바느질해서 라벨을 고정하세요.

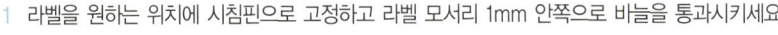

바이어스 메이커 이용하기

바이어스 메이커로 바이어스감이나 장식 띠를 만드는 방법입니다.

1 바이어스 메이커의 넓은 입구 쪽으로 원단을 넣어 주세요.

2 원단이 반대편으로 잘 나오도록 송곳이나 쪽가위 등을 이용해 밀어서 빼주세요.

3 접혀서 나오는 바이어스감을 다리미를 이용해 다려서 접힌 면을 고정하세요.

4 바이어스감이 완성되었습니다.

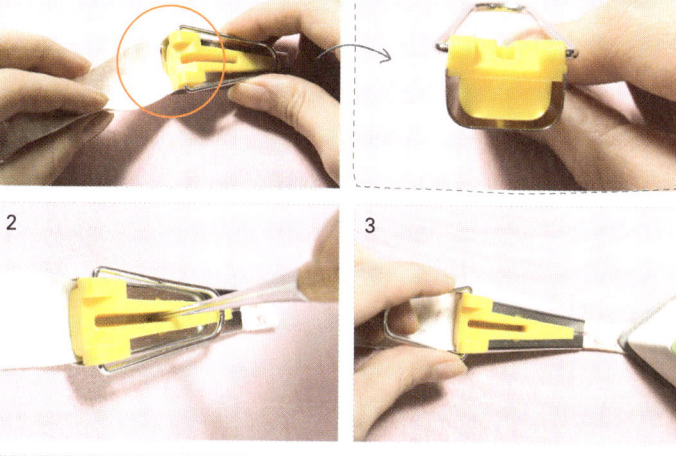

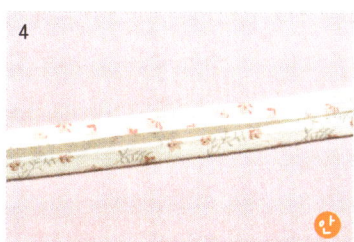

TIP 바이어스 메이커가 없는 경우

바이어스 메이커가 없으면 바이어스감의 양 끝을 중심 쪽으로 접어서 다림질합니다.

패브릭 스티커 붙이기

작품의 겉면에 패브릭 스티커를 붙여 장식 효과를 내는 방법입니다.

1 원하는 위치에 패브릭 스티커의 겉면과 원단의 겉면을 마주 대세요.

2 다리미로 누른 다음 15~20초 정도 열을 가하세요.

3 열을 충분히 식힌 후 천천히 스티커를 떼세요.

4 패브릭 스티커를 붙여준 모습입니다.

PART
03

어떤 공예 분야든 처음에는 따라 하면서

직접 만들어보는 것이 가장 좋은 방법입니다.

홈패션도 마찬가지예요.

따라 하다 보면 저절로 익히게 되고

어느덧 자기만의 방법이 보여요.

여기에는 DVD 동영상에 담긴 작품들을 모았어요.

따라 하면서 하나하나 익히는 즐거움을 누려보세요.

쉽게 배우는
홈패션 & 리넨
DIY

01.

여성용품을 깔끔하게,
매직 파우치

02,

소파에 싱그러움을 더해줄
사각 쿠션

01. 매직 파우치

DVD 작품 ▶

예상 재료비 **7,000원** | 완제품 예상가 **15,000원** | 난이도 **★☆☆☆☆** | 완성 사이즈 **12×12cm**

재료

□ 리넨 무지
□ 선염 스트라이프
□ 장식 테이프 5cm
□ 똑딱단추
□ 패브릭 스티커

재단

❶ 겉판(리넨 무지) 14×8cm
❷ 겉판(선염 스트라이프) 14×24cm
❸ 겉판(선염 스트라이프) 14×14cm
❹ 안감(리넨 무지) 14×46cm

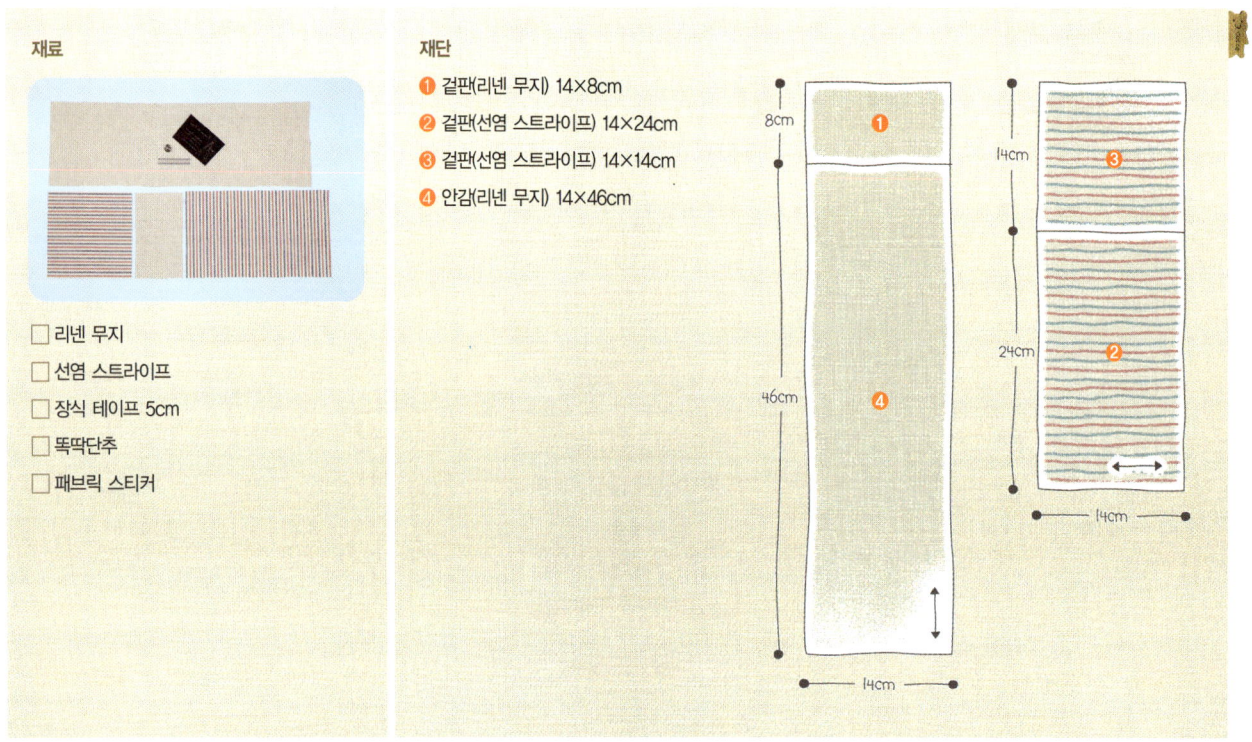

1. 겉판 만들기

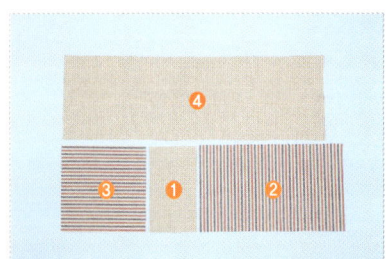

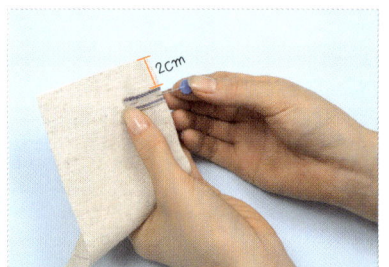

1 겉판 14×8cm ❶, 겉판 14×24cm ❷, 겉판 14×14cm ❸, 안감 14×46cm ❹를 준비합니다.

2 장식 테이프를 반으로 접어 겉판 ❶의 긴 쪽 위에서 2cm 아래에 시침핀으로 고정한 후 박음질합니다.

3 겉판 ❶의 장식 테이프가 달린 면에 겉판 ❷를 안면이 위로 오게 올려놓습니다.

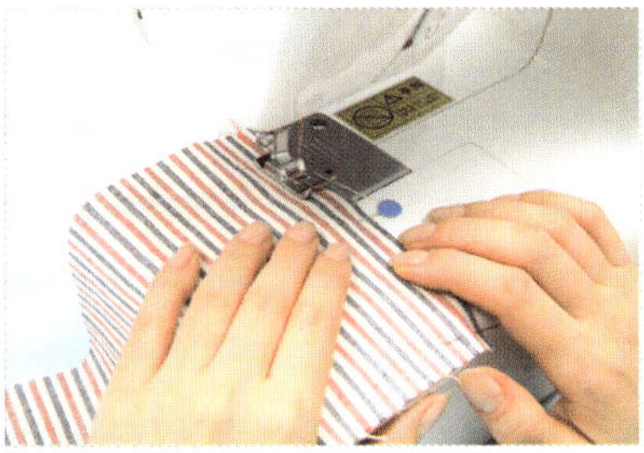

4 1cm 시접을 남기고 박음질합니다.

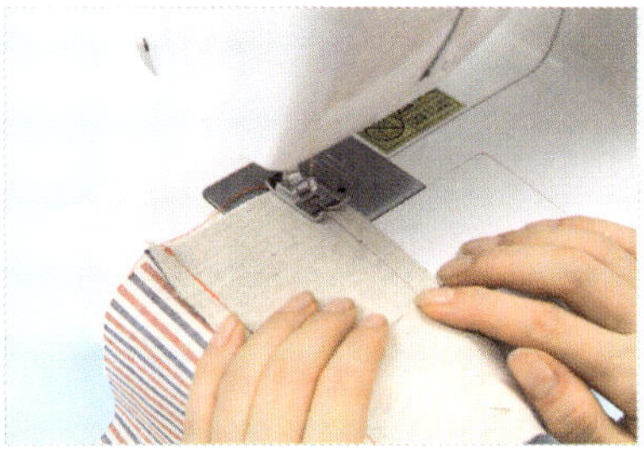

5 겉판 ❶에 ❷를 연결한 반대쪽 면에 ❸을 겉면끼리 마주 대고 1cm 시접을 남긴 후 박음질합니다.

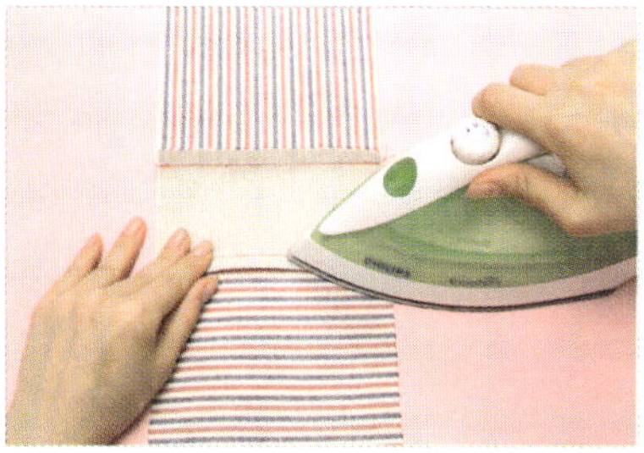

6 시접은 겉판 ❷와 ❸ 쪽으로 넘겨서 다림질하세요.

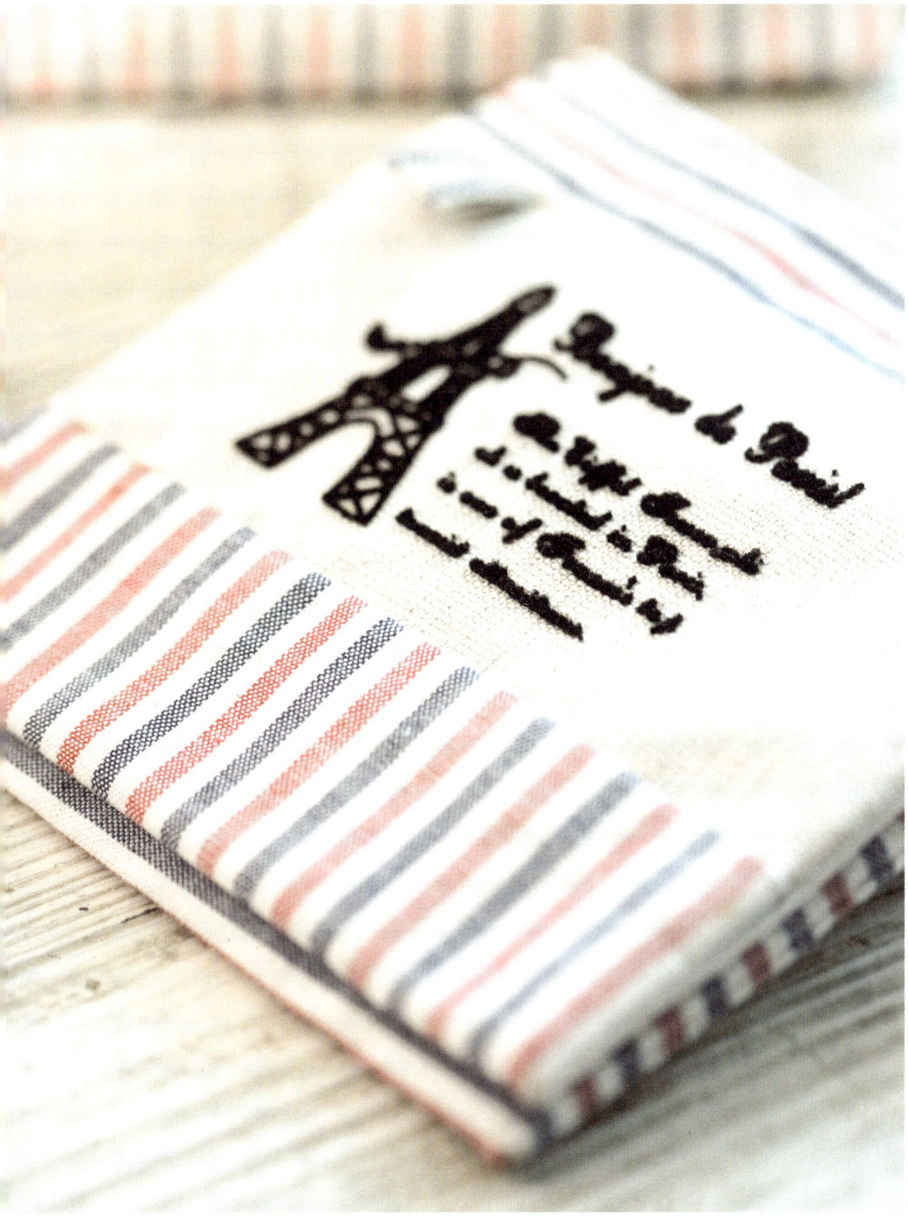

TIP

시접 넘기는 방향

시접은 컬러가 진하거나 무늬가 있는 쪽으로 넘겨주세요. 그러면 완성된 후 시접이 비치지 않아 보다 깔끔하게 작품을 만들 수 있습니다.

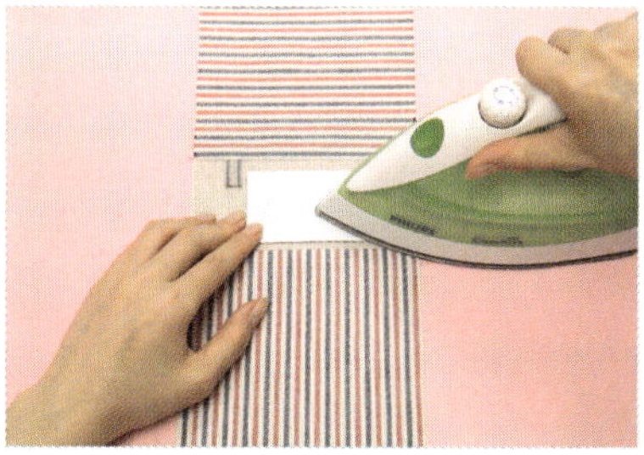

7 겉판 ❶의 겉면에 패브릭 스티커의 겉면을 마주 대고 다리미로 15~20초 정도 열을 가하세요. 기본 기법 71쪽 참조

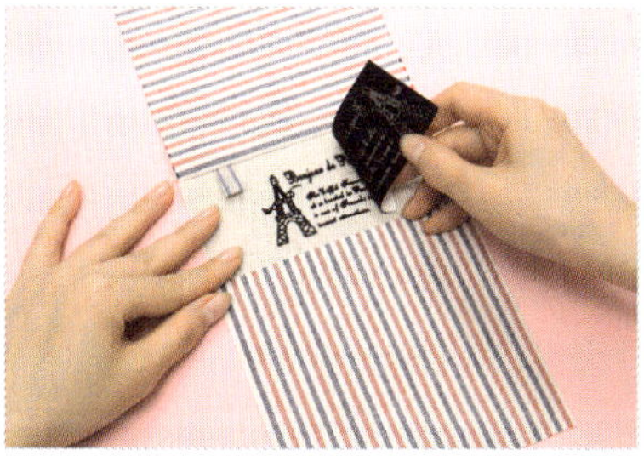

8 열을 충분히 식힌 후 스티커를 천천히 떼어주세요.

2. 안감과 연결하기

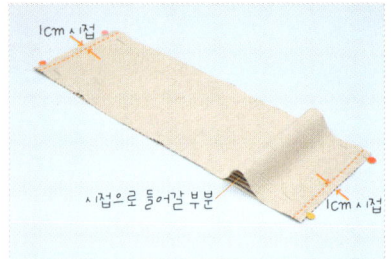

9 앞에서 만든 겉판의 겉면과 안감 ④의 겉면을 마주 댄 후, 안감 ④의 양 끝에 시접 1cm를 남기고 완성선을 그려 시침핀으로 고정합니다. 겹쳐 놓으면 안감 ④가 좀 더 큽니다.

10 완성선을 따라 양 끝을 박음질하세요.

11 안감과 겉감이 연결된 시접을 박음질 선을 따라 안감 ④ 쪽으로 넘겨서 다림질합니다.

12 겉으로 뒤집어서 겉판 ②와 ③의 시접 끝에 맞춰 접은 후 다림질하세요.

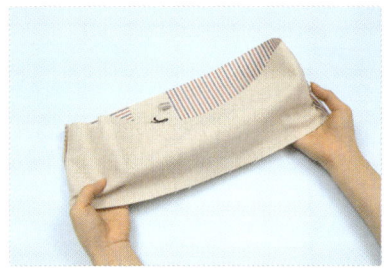

13 뒤집어서 12에서 접은 선에 맞춰 접어주세요.

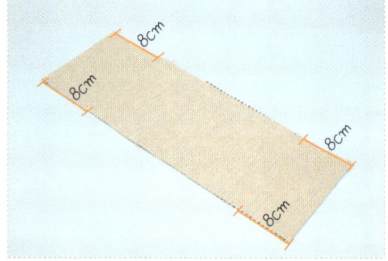

14 양 끝에서 중심으로 8cm씩 들어온 부분에 접을 부분을 표시합니다.

3. 완성하기

15 8cm 표시한 부분에 맞춰 접은 후 시침핀으로 고정하세요.

16 안감의 접은 선에 맞춰 겉판 ②와 ③도 접으세요.

17 접은 후 시침핀으로 고정합니다.

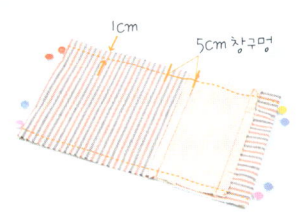

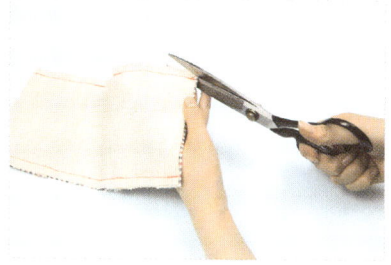

18 양쪽 면에 시접 1cm를 남기고 완성선을 그린 후 창구멍을 표시합니다. 창구멍은 위쪽에 왼쪽에서 10cm 지점에 5cm 길이로 표시하세요. 창구멍을 제외하고 완성선을 따라 박음질합니다.

19 모서리의 시접은 2mm 정도만 남기고 자릅니다.

20 창구멍으로 뒤집어주세요.

TIP

창구멍의 모서리를 깔끔하게 정리하세요

창구멍으로 뒤집은 후에는 시침핀이나 송곳으로 모서리를 살살 빼서 깔끔하게 정리하세요. 그래야만 사각형 모양이 잘 잡힙니다.

21 이런 모양이 나왔다고 놀라지 마세요. 주머니 부분만 다시 안쪽으로 뒤집어주면 제대로 된 모양이 나옵니다.

22 손으로 모양을 잘 잡아준 후 박음질 선을 따라 다림질하세요.

23 창구멍은 공그르기로 막아줍니다.
기본 기법 67쪽 참조

24 단추 달 위치를 표시하고 반대쪽도 같은 방법으로 표시합니다.

25 표시한 위치에 단추를 다세요.

26 매직 파우치가 완성되었습니다.

02. 사각 쿠션

예상 재료비 12,000원 | 완제품 예상가 22,000원 | 난이도 ★★☆☆☆ | 완성 사이즈 40×40cm

재료

□ 리넨 스트라이프
□ 코튼 플라워 프린트
□ 패딩솜
□ 지퍼 36~38cm
□ 쿠션솜 40×40cm
□ 지퍼 알

재단

❶ 앞판(리넨 스트라이프) 42×12cm

❷ 앞판(코튼 플라워) 32×42cm

❸ 뒤판(리넨 스트라이프) 42×17cm

❹ 뒤판(리넨 스트라이프) 42×30cm

❺ 패딩솜 45×45cm

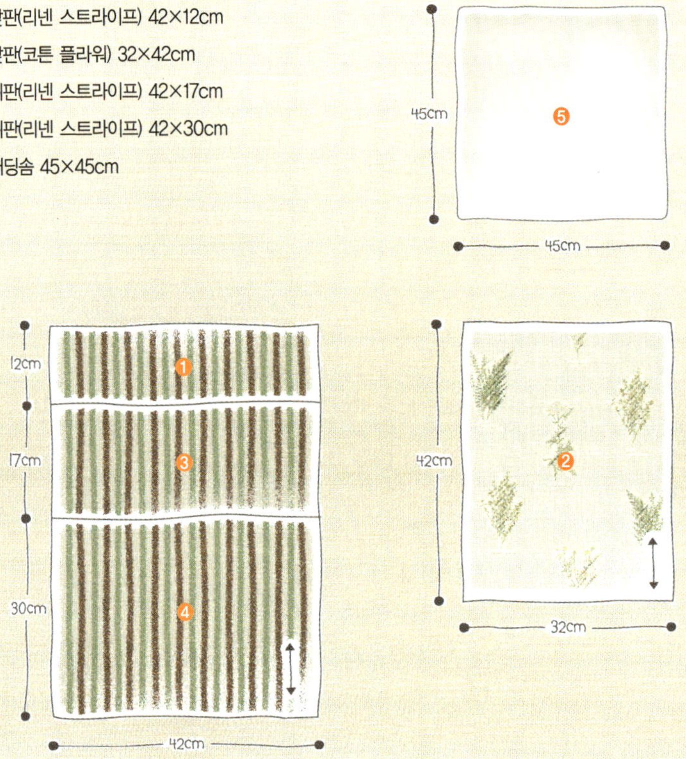

45cm ❺ 45cm / 45cm

12cm ❶
17cm ❸
30cm ❹
42cm

42cm ❷ / 32cm

1. 앞판 만들기

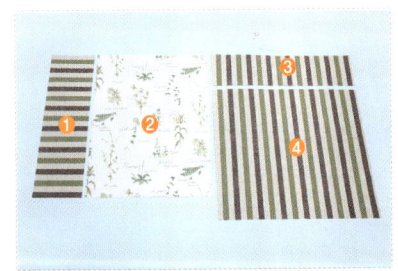

1 앞판 42×12cm ❶과 32×42cm ❷, 뒤판 42×17cm ❸과 42×30cm ❹를 준비합니다.

2 앞판 ❶과 ❷를 겉면끼리 마주 댄 후, 1cm 시접을 남기고 완성선을 따라 박음질합니다.

3 시접을 앞판 ❶ 쪽으로 넘겨서 다림질합니다.

2. 뒤판에 지퍼 달기

4 뒤판 ❸과 ❹의 지퍼가 달릴 부분에 오버로크 처리합니다. 기본 기법 43쪽 참조

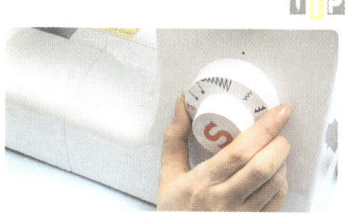

오버로크 머신이 없는 경우
오버로크 머신이 없는 경우에는 컷팅노루발로 교환하고 바늘땀을 촘촘하게 조정한 다음 지그재그 모양으로 박음질하세요.

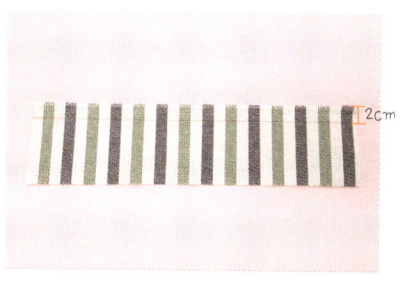

5 뒤판 ❸ 안면의 오버로크 처리한 부분에서 2cm 안쪽으로 선을 그립니다.

6 5의 선에 원단 끝을 맞춰 접은 후 위에서 아래로 누르듯이 다림질합니다.

7 뒤판 ❹ 안면의 오버로크 처리한 부분에서 5cm 안쪽으로 선을 그립니다.

8 7의 선에 원단 끝을 맞춰 접은 후 다림질합니다.

9 뒤판 ❸의 접은 면을 지퍼 레일에서 1mm 띄어서 시침핀으로 고정합니다. 지퍼 노루발로 바꾼 다음 뒤판 ❸의 접은 선에서 2mm 떨어진 부분을 박음질합니다.

10 지퍼가 연결된 곳에서 1cm 안쪽에 완성선을 그립니다.

11 뒤판 지퍼의 끝 부분을 살짝 벌려주세요.

12 지퍼 양 끝에 지퍼 알을 끼웁니다.

지퍼 알 쉽게 끼우는 법

왼손으로 지퍼 끝을 잡고 오른손으로 지퍼 알을 조끔씩 밀어주면 지퍼 알이 잘 들어갑니다.

13 10에서 그려준 1cm 완성선에 뒤판 **4**의 접은 선을 맞춘 후 시침핀으로 고정합니다. 뒤판 **3**의 지퍼 레일을 손끝으로 확인하면서 뒤판 **4**에 지퍼 레일과 가깝게 **a**를 그립니다.

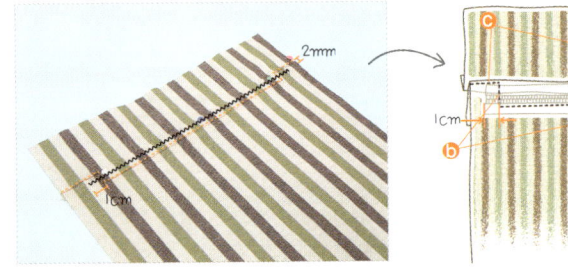

14 지퍼 양쪽으로 1cm 들어온 부분 **b**를 표시하고 뒤판 **4**의 접은 선 안쪽으로 2mm 안쪽으로 완성선 **c**를 그려 직각으로 연결합니다.

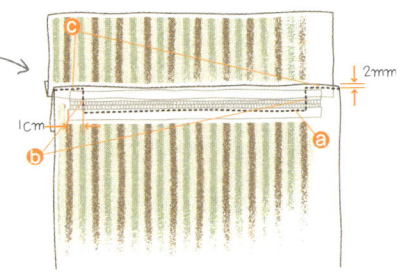

a + **b** + **c** = 완성선

15 뒤판 **4**의 완성선을 **c** → **b** → **a** → **b** → **c**의 순서대로 따라 박음질합니다. 시작할 때 2~3땀 정도 되박음질하세요.

16 지퍼 알이 빠지지 않도록 수직 완성선 **b** 부분은 되박음질하세요.

지퍼 알이 있는 부분은 바늘을 원단에 고정시키고 노루발을 들어 지퍼 알을 노루발 뒤쪽으로 옮긴 다음 박음질하세요.

17 뒤판을 완성한 모습입니다. 안면 사방에 1cm 완성선을 그리세요.

3. 앞, 뒤판 연결하여 완성하기

18 패딩솜 **⑤**의 안면에 앞판을 겉면이 위로 오게 놓습니다.

19 그 위에 뒤판을 안면이 위로 오게 놓은 후 테두리를 시침핀으로 고정합니다.

20 미싱의 노루발을 평노루발로 교체한 후 겹쳐진 세 장을 완성선 따라 박음질합니다. 시작과 끝이 연결되는 부분은 되박음질합니다.

원단을 앞뒤로 잡아당기면서 박음질하면 원단이 밀리는 것을 최소화할 수 있습니다.

21 모서리 부분은 완성선 끝까지 폴리를 돌려가며 한 땀 한 땀 박음질합니다. 한쪽 선을 박음질한 후 원단에 바늘을 꽂은 채 노루발을 들어 원단을 90도 돌린 후 박음질하세요.

22 테두리에 남겨진 패딩솜을 원단에 맞춰 자른 후 오버로크 처리합니다.

23 지퍼를 열어서 뒤집어줍니다.

24 모서리를 깔끔하게 정리한 후 솜을 넣어 채워줍니다.

25 사각 쿠션이 완성되었습니다.

03.
이국적인 프린트가 돋보이는
하와이언 가방

03. 하와이언 가방

예상 재료비 25,000원 완제품 예상가 45,000원   난이도 ★★★☆☆   완성 사이즈 43×54cm

재료

□ 리넨 플라워 프린트
□ 리넨 무지
□ 가방끈 45cm 2개
□ 가죽 라벨
□ 자석단추 1세트
□ 자투리 천

재단

❶ 몸판 겉감(리넨 플라워 프린트) 112×45cm
❷ 몸판 안감(리넨 무지) 102×45cm
❸ 안감 보더(리넨 플라워 프린트) 7×45cm
❹ 안감 보더(리넨 플라워 프린트) 7×45cm
❺ 바이어스(리넨 무지) 50×4cm

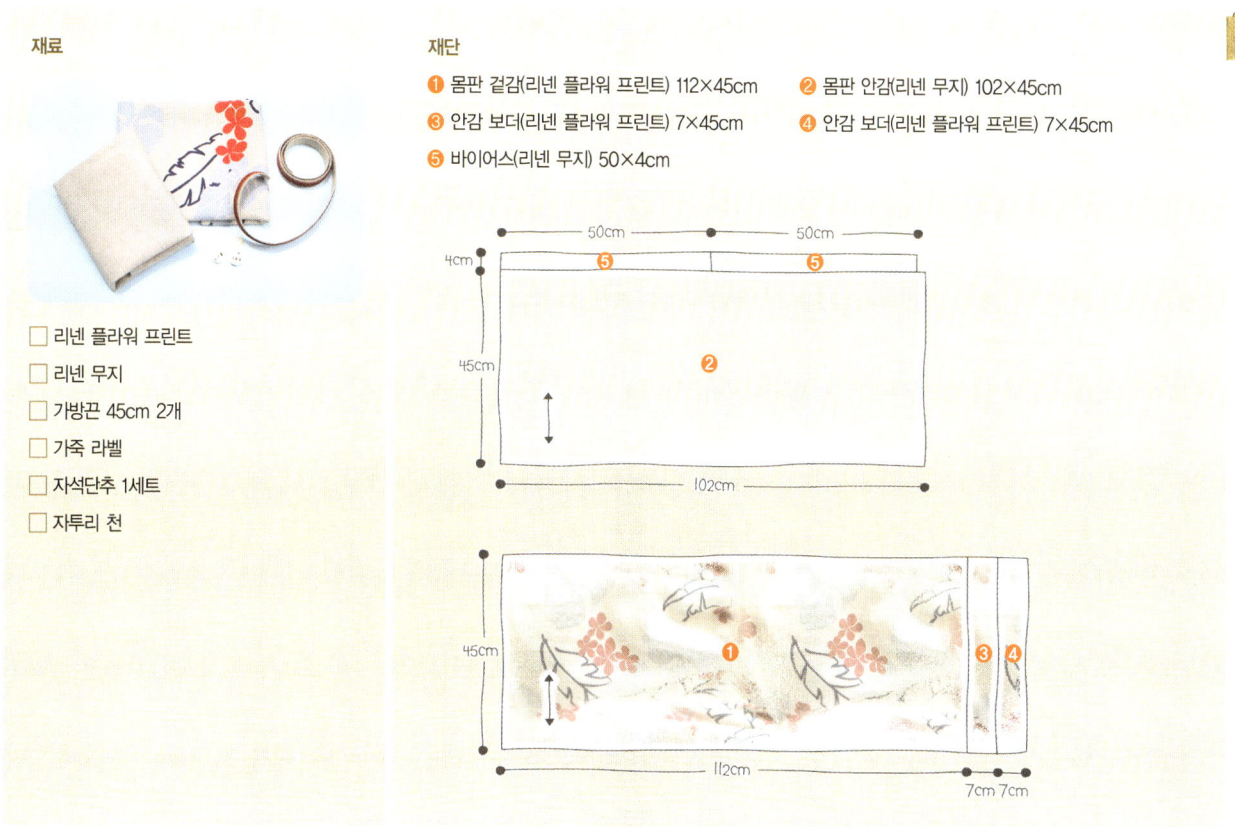

1. 안감 만들기

1 몸판 안감 102×45cm ❷와 안감 보더 7×45cm ❸을 겉면끼리 마주 댄 후, 1cm 시접을 남기고 완성선을 그려 박음질합니다.

2 몸판 안감 ❷의 반대편에도 안감 보더 7×45cm ❹를 겉면끼리 마주 닿게 올려놓은 후 **1**과 같은 방법으로 박음질합니다.

3 양쪽 모두 시접을 몸판 안감 ❷ 쪽으로 박음질 선에 맞춰 접은 후 다림질합니다.

2. 자석 단추 달기

4 보더 안감 ③의 중심에 자석단추의 위치를 표시합니다.

5 자석단추의 뒤판을 이용해 자석단추의 고리를 끼울 부분을 표시합니다.

6 표시한 부분에 쪽가위로 구멍을 냅니다.

7 자투리 천에도 자석단추의 뒤판을 이용해 자석단추의 고리를 끼울 부분을 표시합니다.

8 표시한 부분에 쪽가위로 구멍을 냅니다.

TIP

자투리 천을 보조 천으로 활용하세요
자석단추에 보조 천을 덧대면 자석단추가 달리는 부분을 좀 더 튼튼하게 만들 수 있습니다.

9 구멍에 자석단추를 끼웁니다.

10 뒤에 보조 천을 덧댑니다.

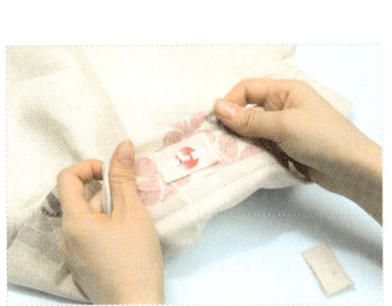

11 자석단추의 뒤판을 끼우고 고리를 양쪽으로 벌려 마무리합니다. 반대편에도 4~11과 같은 방법으로 진행하여 자석단추를 달아주세요.

3. 가방끈 달고 겉감, 안감 연결하기

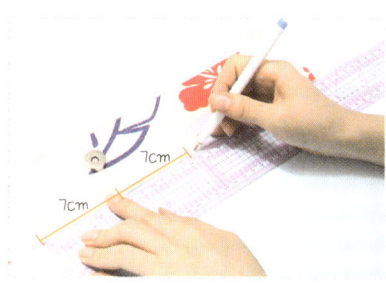

12 안감 보더 ❸, ❹에 중심점을 체크한 후, 양쪽으로 7cm 떨어진 지점에 가방끈 달 위치를 체크합니다.

13 체크한 부분의 바깥 쪽에 가방끈을 놓고 양쪽 모두 시침핀으로 고정하세요. 이때 가방끈의 겉면이 위로 오도록 합니다.

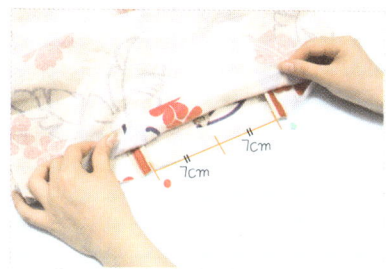

14 몸판 겉감 112×45cm ❶과 몸판 안감을 겉면끼리 마주 댑니다.

15 시접 1cm를 남기고 완성선을 그린 후 시침핀으로 고정합니다.

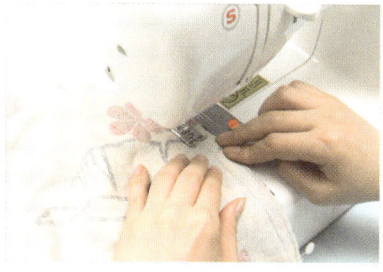

16 완성선을 따라 박음질합니다. 이때 가방끈이 있는 부분은 되박음질합니다.

17 뒤집어서 박음질 선에 맞춰 다림질합니다. 반대편도 12~17과 같은 방법으로 진행합니다.

TIP
겉감이 안쪽으로 살짝 넘어오게 다림질하세요. 그래야만 가방 윗부분이 깔끔해 보입니다.

17-1 양쪽 모두 다림질된 모습입니다.

4. 옆면과 바닥 만들기

18 겉면끼리 마주 닿도록 반으로 접은 후 양 옆을 시침핀으로 고정합니다.

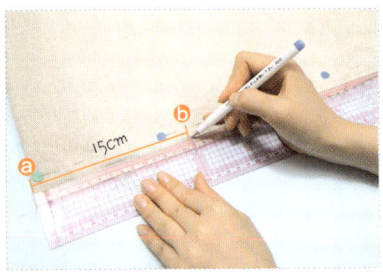

19 시침핀으로 고정한 양옆에 시접을 1cm 남 기고 완성선을 그린 후, 완성선을 따라 접 은 선에서 15cm 부분을 체크합니다.

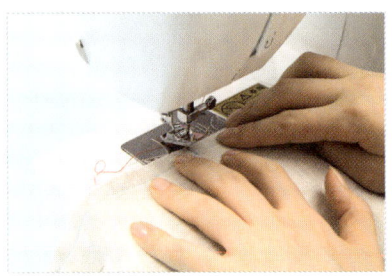

20 체크한 ⓑ 부분을 1cm 정도 되박음질로 고 정합니다.

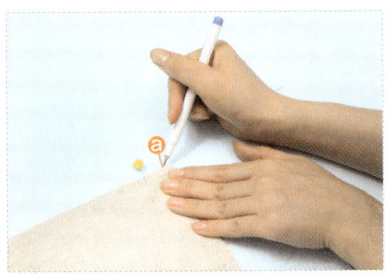

21 접은 부분 ⓐ에 체크합니다.

22 접은 부분 ⓐ를 15cm 되박음질한 부분 ⓑ 에 맞추세요. 양옆에 접히는 부분은 옆으 로 넘긴 후 아래로 내리세요.

23 양옆을 접어 시침핀으로 고정합니다.

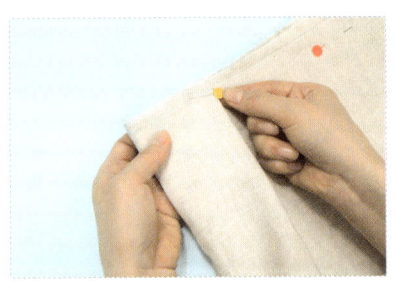

23-1 시침핀으로 고정한 모습입니다.

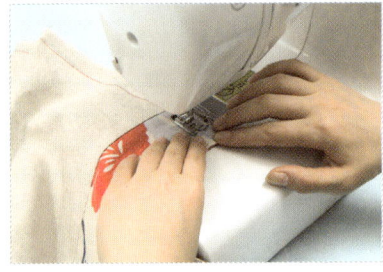

24 양옆을 완성선을 따라 박음질합니다.

24-1 박음질된 모습입니다.

5. 주름 잡기

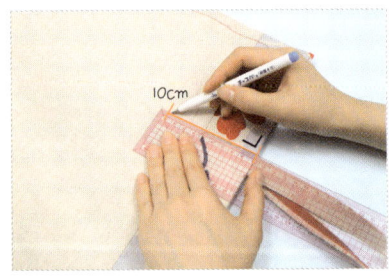

25 가방끈의 바로 옆 부분에 자를 직각으로 맞춰 놓고 10cm 선을 그리세요.

26 그린 선에서 3cm 옆으로 평행하게 선을 그리세요.

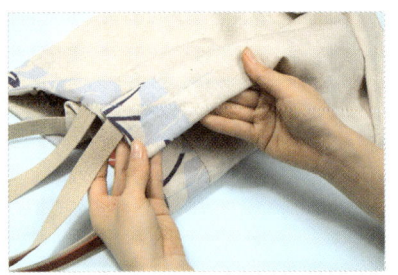

27 26에서 그린 선을 따라 접어주세요.

28 접은 부분을 시침핀으로 고정하세요.

29 25에서 그린 10cm 선을 따라 박음질합니다. 양쪽 모두 해주세요.

29-1 양쪽 모두 박음질된 모습입니다.

6. 바이어스 처리해 완성하기

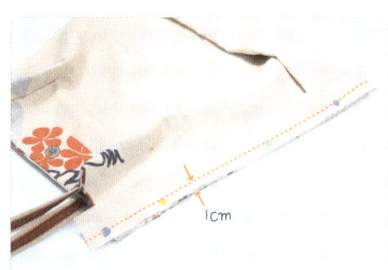

30 양옆의 가장자리에 맞춰 바이어스 50× 4cm ⑤를 대고 시침핀으로 고정한 후 1cm 완성선을 그립니다. 기본 기법 46쪽 참조

31 완성선을 따라 박음질합니다.

32 바이어스 ⑤를 반대쪽으로 넘겨 가장자리 에 맞춰 두 번 접어주세요. 접은 선 가까이 박음질합니다. 이때 양 끝의 시접도 같이 접어 서 박음질합니다.

33 주름은 중심 쪽으로 넘겨서 시침핀으로 고 정합니다.

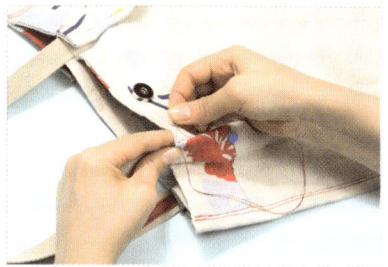

34 손바느질로 주름을 몸판에 고정합니다.

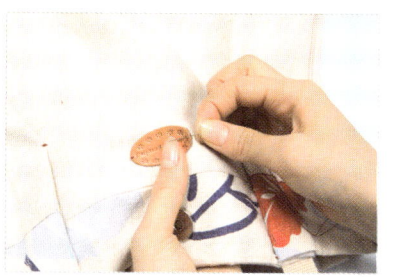

35 손바느질로 안감의 보더 아래쪽에 가죽 라 벨을 달아주세요. 기본 기법 70쪽 라벨 달기 참조

36 뒤집은 후 바닥의 모양을 잡아주세요.

37 하와이언 가방이 완성되었습니다.

04.

딱딱한 의자가 아늑해지는 법,
스툴 커버

04. 스툴 커버

DVD 작품 ▶

예상 재료비 12,000원 | 완제품 예상가 25,000원 | 난이도 ★★★☆☆ | 완성 사이즈 의자 원지름×높이 11cm

재료

- ☐ 리넨 흰색 무지
- ☐ 리넨 오트밀 무지
- ☐ 선염 스트라이프
- ☐ 미끄럼 방지 원단
- ☐ 패브릭 스티커
- ☐ 파이핑 줄

재단

1️⃣ 의자 앉는 부분(리넨 흰색 무지) [의자 원지름+5cm]×[의자 원지름+5cm]

2️⃣ 의자 앉는 부분(미끄럼 방지 원단) [의자 원지름+5cm]×[의자 원지름+5cm]

3️⃣ 보더(리넨 흰색 무지) [(의자 원지름×3.14cm)−13cm]×7cm

4️⃣ 보더(리넨 오트밀 무지) 17×7cm

5️⃣ 밑단(선염 스트라이프) [(의자 원지름×3.14cm)+40cm(주름 분량)+2cm(시접)]×15cm

6️⃣ 파이핑감(선염 스트라이프) [(의자 원지름×3.14)cm+10cm]×4cm

7️⃣ 장식 고리 단 8×2.5cm

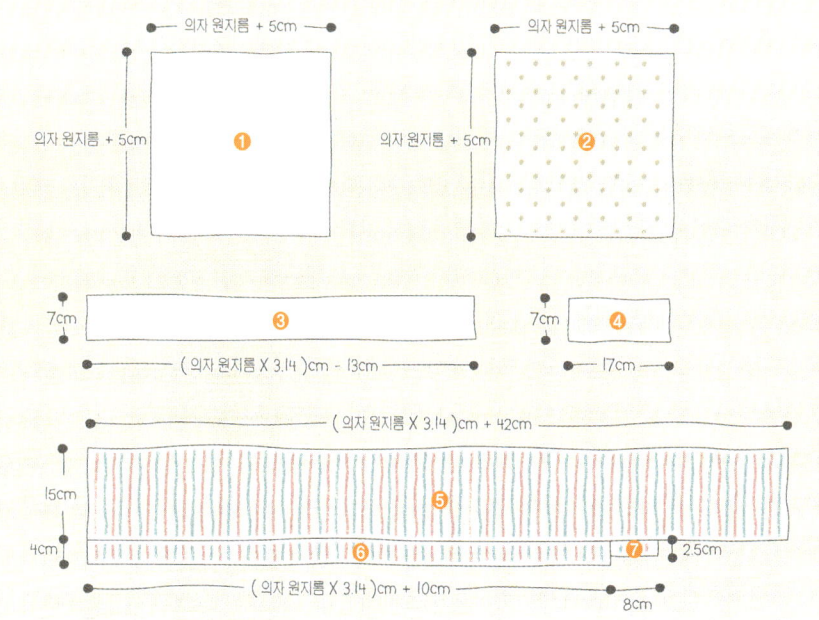

1. 보더 만들기

1 보더 17×7cm 4️⃣에 패브릭 스티커를 올리고 다림질하여 스티커의 글씨 부분을 붙이세요. 기본 기법 71쪽 참조

2 장식 고리 8×2.5cm 7️⃣로 바이어스 메이커를 이용해 장식 고리를 만드세요.

3 장식 고리를 반으로 접어 보더 4️⃣의 왼쪽 위에서 2cm 아래에 놓고 시침핀으로 고정합니다.

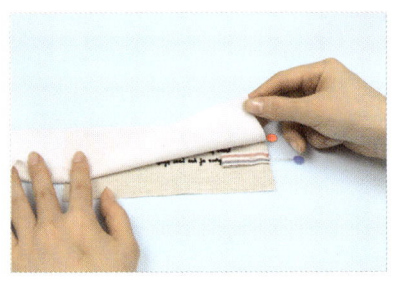

4 보더 **❸**과 **❹**를 겉면끼리 마주 댄 후 양 끝을 시침핀으로 고정합니다.

5 양쪽을 시접 1cm 남기고 박음질합니다.

6 시접을 오버로크 처리합니다.

7 시접을 보더 **❹** 쪽으로 넘겨 다림질하세요.

2. 밑단 만들기

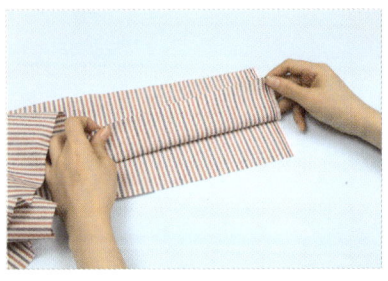

8 밑단 **❺**의 양 끝을 겉면끼리 마주 댑니다.

9 시접을 1cm 남기고 박음질합니다.

10 시접을 양쪽으로 갈라 다림질합니다.

11 원통 모양이 된 원단을 시접이 있는 안면이 마주 닿도록 반으로 접어서 다림질합니다.

3. 보더와 밑단 연결하기

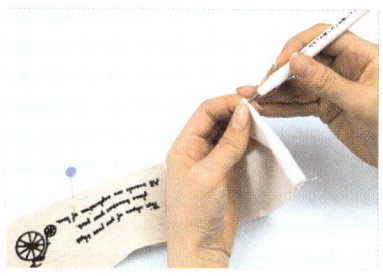

12 완성된 보더감을 4등분해서 등분점을 체크합니다.

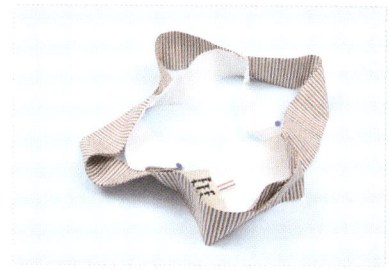

13 완성된 밑단도 4등분해서 등분점을 체크합니다. 두 원단을 겉면끼리 마주 대고 등분점끼리 시침핀으로 고정합니다.

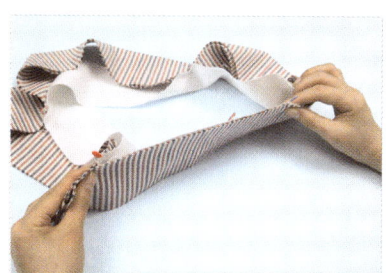

14 오른쪽 시침핀을 기준으로 남는 밑단 원단을 왼쪽 방향으로 모아 잡습니다.

15 주름분의 중심점을 체크합니다.

16 체크한 중심점과 등분점을 맞춰주세요.

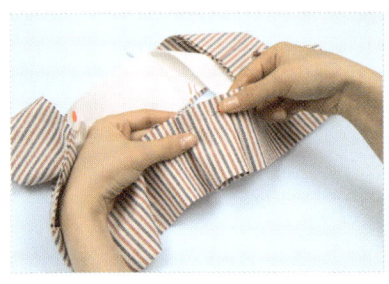

17 등분점을 기준으로 양쪽에 주름이 잡히도록 시침핀으로 고정합니다.

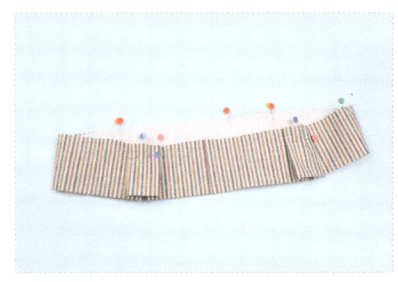

18 4등분한 등분점을 모두 14~17과 같이 주름을 잡아서 시침핀으로 고정합니다.

19 고정한 부분에 시접 1cm를 남기고 박음질한 후 오버로크 처리합니다.

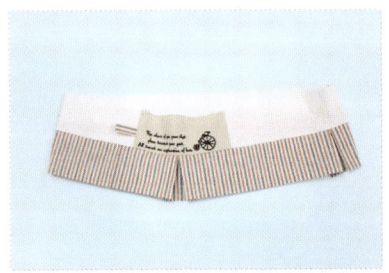

20 시접을 위쪽으로 넘겨 다림질하여 완성합니다. 밑단이 아래로 오면 됩니다.

4. 앉는 부분 만들어 완성하기

21 원지름이 스툴 원지름+2cm인 원을 의자 앉는 부분 ❶의 겉면에 그리세요.

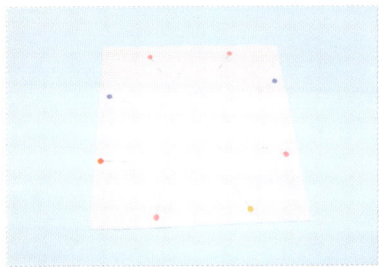

22 의자 앉는 부분 ❶과 ❷를 안면끼리 마주 댄 후 시침핀으로 고정합니다.

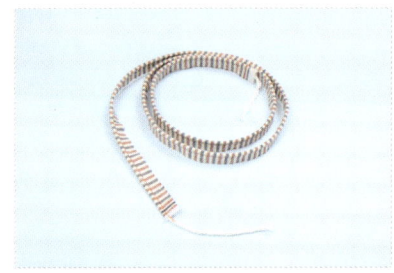

23 파이핑 노루발을 이용해 파이핑 원단을 준비합니다. 기본 기법 54쪽 참조

24 21에서 그린 원의 안쪽으로 파이핑 원단의 끝을 맞춰 시침핀으로 고정합니다.

25 파이핑 원단의 시접에 1cm 간격으로 가위집을 내면서 박음질합니다.
기본 기법 57쪽 참조

26 박음질을 끝까지 하지 말고 끝나는 부분에서 10cm 정도 전에 바늘을 꽂아놓고 파이핑 원단을 시작 부분과 3cm 겹치도록 잘라냅니다. 기본 기법 59쪽 참조

27 파이핑 원단의 박음질된 부분을 5cm 정도 뜯어주세요.

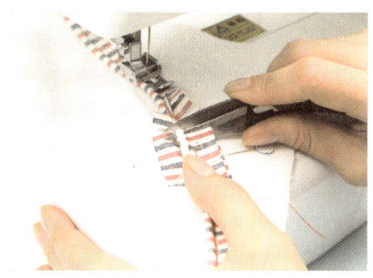

28 파이핑 줄을 시작과 끝을 맞춰서 자릅니다.

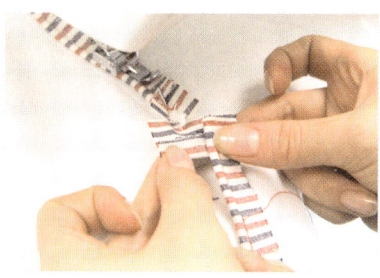

29 3cm 남는 부분의 원단은 끝을 1cm 안으로 접은 다음 시작 부분을 감싸줍니다.

30 시작과 끝 부분에서 2cm 정도 겹치게 박음질한 후 되박음질합니다.

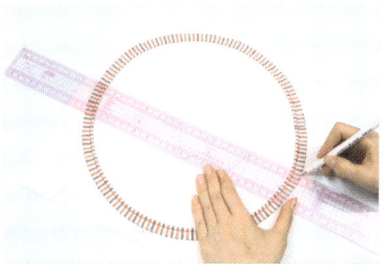

31 원 둘레를 4등분해서 등분점을 체크합니다.

32 완성된 보더 윗부분에도 4등분해서 등분점을 체크하고 원에 표시한 등분점과 맞춰 시침핀으로 고정합니다.

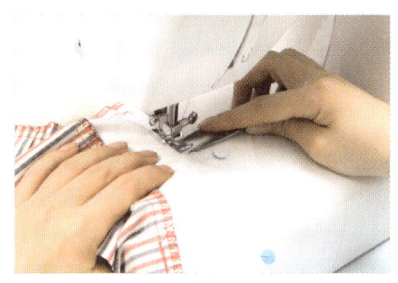

33 파이핑 노루발을 이용해 파이핑 줄에 가깝게 박음질합니다. 이때 보더감 끝 부분에 5mm 정도 가위집을 내면서 곡선을 따라 박음질하기 쉽습니다.

34 남은 시접은 파이핑 원단 끝에 맞춰 자른 후 오버로크 처리하세요.

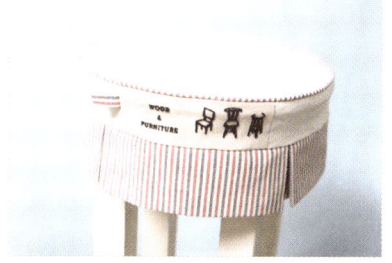

35 뒤집으면 완성됩니다.

집 안에 화사함을 더하는
실내화 & 발매트

예상 재료비 7,500원   완제품 예상가 17,000원   난이도 ★★★☆☆   완성 사이즈 26×10.5cm

재료

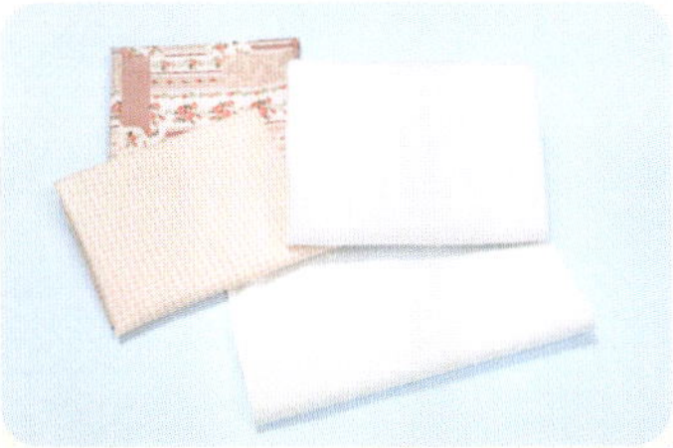

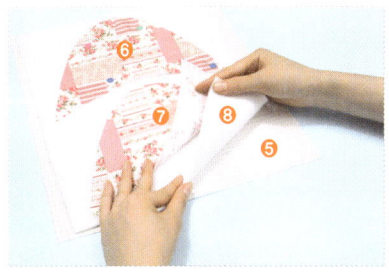

□ 코튼 프린트
□ 코튼 체크
□ 미끄럼 방지 원단
□ 4온스 퀼팅솜

재단

① 바닥(코튼 체크) 25×28cm 원단에 도안 대고 그린 후 재단

② 바닥(코튼 체크) 25×28cm 원단에 도안 대고 그린 후 재단

③ 바닥(4온스 퀼팅솜) 28×30cm

④ 바닥(미끄럼 방지 원단) 30×30cm

⑤ 발등(코튼 체크) 27×40cm

⑥ 발등(코튼 프린트) 27×40cm 원단에 도안 대고 그린 후 재단

⑦ 발등(코튼 프린트) 27×40cm 원단에 도안 대고 그린 후 재단

⑧ 발등(퀼팅솜) 27×40cm

⑨ 바이어스(코튼 체크) 210×3.5cm

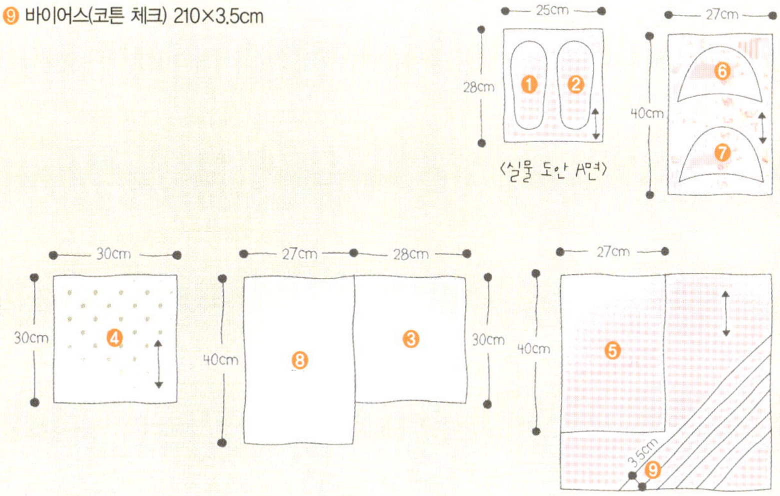

〈실물 도안 A면〉

1. 발등, 발바닥 만들기

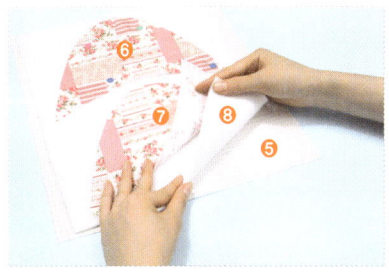

TOP

1 발등 ⑤의 안면에 발등 ⑧을 놓고 발등 ⑥, ⑦의 겉면이 위로 올라오도록 올려놓은 후 시침핀으로 고정하고 발등 ⑥, ⑦을 따라 발등 ⑤와 ⑧을 잘라냅니다.

2 발등 ⑥, ⑦의 가장자리에 가깝게 박음질합니다.

겹쳐진 원단이 밀리지 않도록 쪽가위로 눌러주며 박음질하세요.

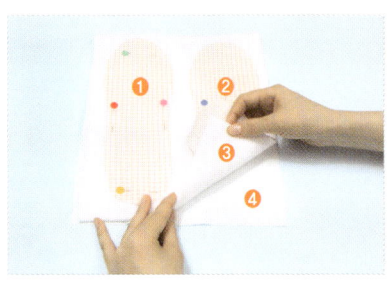
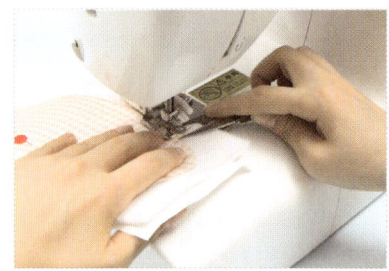
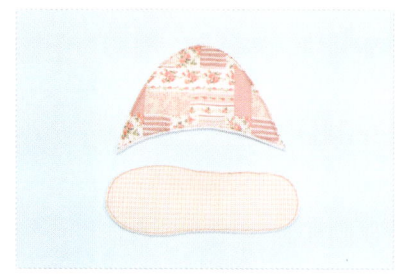

3 바닥 30×30cm ④의 안면에 바닥 28× 30cm ③을 올리고 바닥 ①, ②를 올려 시 침핀으로 고정합니다. 바닥 ①, ②를 따라 ③, ④를 잘라줍니다.

4 바닥 ①, ②의 가장자리에 가깝게 박음질합 니다. 원단이 밀리지 않도록 쪽가위로 눌러 가며 진행하세요.

5 발등과 바닥의 원단 끝에 맞춰 남은 부분을 자르세요.

2. 바이어스 처리하기

6 발등이 덮일 부분을 오버로크 처리합니다.

7 발등의 오버로크한 부분 안면에 바이어스 ⑨ 를 대고 노루발 폭으로 박음질합니다. 남는 바이어스는 자르세요. 기본 기법 49쪽 참조

8 바이어스감을 겉쪽으로 두 번 접어 시침핀으 로 고정합니다.

TIP

곡선 바이어스 울지 않게 처리하는 방법

곡선 부분을 바이어스 처리할 때는 항상 곡 선의 중심 부분을 먼저 접어서 시침핀으로 고정하고 나머지 부분도 시침핀으로 고정합 니다. 그래야만 바이어스감이 울지 않습니다.

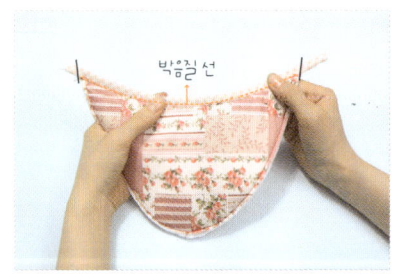

9 접은 선에 가깝게 박음질하세요. 남는 바이 어스는 발등의 시접 끝에 맞춰 잘라냅니다.

10 발등의 앞 부분과 바닥의 앞 부분에 중심 을 체크한 후 중심을 맞춰 시침핀으로 고 정합니다.

11 중심을 기준으로 양쪽을 시침핀으로 고정한 후 지그재그 모양으로 박음질합니다.

12 바이어스 **9** 를 1cm 안쪽으로 접은 후 발등과 겹치지 않는 직선에 맞춰 박음질합니다. 기본 기법 47쪽 참조

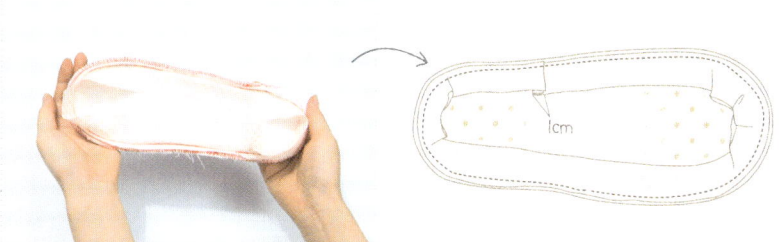

13 바이어스감의 끝 부분이 시작 부분과 1cm 겹치도록 마무리합니다.

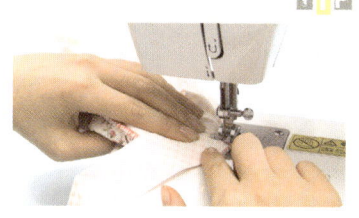

곡선 부분에 바이어스감을 박음질할 때는 주름이 잡히지 않도록 한 땀 한 땀 천천히 박음질하세요.

14 바이어스감을 뒤집어서 완성선에 맞춰 두 번 접어 시침핀으로 고정하고 박음질합니다.

15 실내화가 완성되었습니다. 다른 한쪽도 6~14와 같은 방법으로 만들어주세요.

예상 재료비 15,000원 | 완제품 예상가 35,000원 | 난이도 ★★★★★ | 완성 사이즈 50×70cm

재료

□ 코튼 프린트
□ 코튼 체크
□ 미끄럼 방지 원단
□ 4온스 퀼팅솜

재단

❶ 몸판(코튼 프린트) 60×40cm

❷ 몸판(미끄럼 방지 원단) 65×45cm

❸ 몸판(4온스 퀼팅솜) 65×45cm

❹ 장식 띠(코튼 체크) 210×2.5cm

❺ 프릴(코튼 체크) 450×8cm

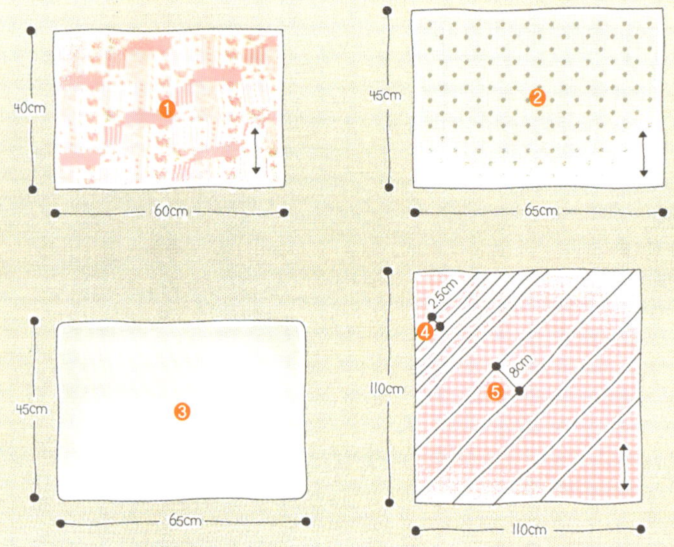

❶ 40cm × 60cm

❷ 45cm × 65cm

❸ 45cm × 65cm

❹ 2.5cm ❺ 8cm 110cm × 110cm

1. 몸판 만들기

1 몸판 65×45cm ❷ 위에 몸판 65×45cm ❸, 몸판 60×40cm ❶ 순으로 올려놓고 시침핀으로 고정한 후 가장자리를 박음질합니다.

2 몸판 ❶에 맞춰 ❷, ❸의 가장자리를 잘라주세요.

3 가장자리를 오버로크 처리합니다. 오버로크 머신이 없는 경우에는 지그재그 모양으로 박음질하세요.

2. 프릴 만들기

4 프릴 450×8cm ❺의 조각을 겉면끼리 마주 보게 직각으로 놓습니다.

5 모서리에 대각선으로 완성선을 그리세요.

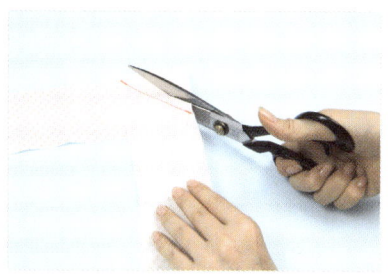

6 완성선을 따라 박음질한 후 시접을 8mm 정도 남기고 자릅니다.

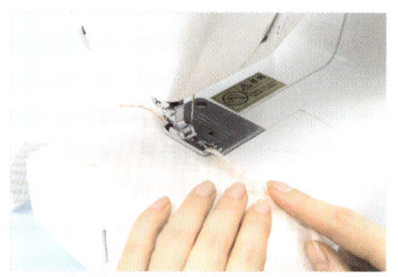

7 노루발을 말아박기 노루발로 교체하고 한쪽 면을 말아박기합니다. 이때 최대한 모서리의 끝에서부터 시작합니다. 기본 기법 61쪽 참조

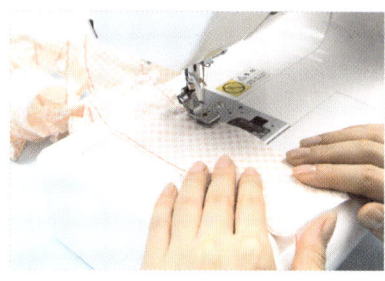

8 노루발을 주름 노루발로 교체하고 말아박기한 반대쪽에 주름을 잡아줍니다. 기본 기법 62쪽 참조

9 몸판 가장자리에서 2cm 안쪽에 선을 그리세요.

10 그린 선에 맞춰 프릴을 시침핀으로 고정합니다.

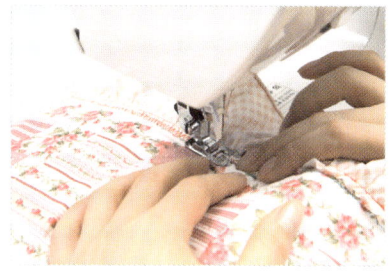

11 시작 부분에서 5~10cm 정도 지점부터 지그재그 모양으로 박음질해 프릴을 답니다. 이때 모서리 부분의 프릴은 바깥쪽이 당겨지지 않도록 주름을 여유 있게 잡아서 다세요.

12 시작 부분과 만나기 10cm 전에 박음질을 멈추고, 만나는 부분에서 양 끝을 각각 2cm 정도 남기고 자릅니다.

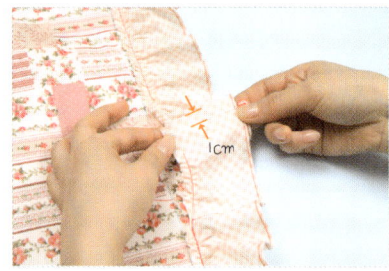

13 시작과 끝 부분을 안면끼리 마주 대고 겉면의 1cm 안쪽에 완성선을 그립니다. 완성선을 따라 박음질한 후 시접은 5mm 남기고 자르세요.

14 박음질한 부분을 겉면끼리 마주 보게 접은 후 1cm 시접을 남기고 박음질합니다. 동영상과 시접 처리 방법이 다릅니다. 둘 다 맞는 방법이므로 선택해서 작업하면 됩니다.

15 나머지 프릴 부분도 몸판에 지그재그 모양으로 박음질해서 달아주세요.

3. 장식 띠 달아 완성하기

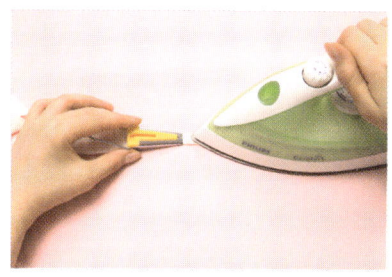

16 장식 띠 210×2.5cm **4**로 바이어스 메이커를 이용해 장식 띠를 만듭니다. 바이어스 메이커가 없으면 양 끝을 중심 쪽으로 접어서 다림질합니다. 기본 기법 71쪽 참조

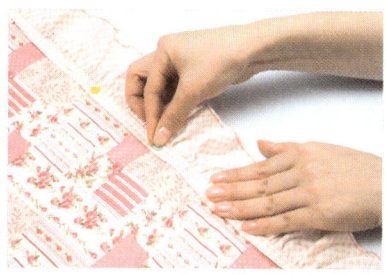

17 프릴의 시접 부분이 가려지도록 장식 띠를 대고 시침핀으로 고정한 후 박음질합니다. 프릴 쪽 가장자리부터 시작하세요.

18 모서리 부분에서는 최대한 모서리 끝에 바늘을 고정한 상태에서 노루발을 들고 90도 꺾은 후 다시 노루발을 내려 박음질합니다.

19 끝 부분은 2~3cm 정도 여유있게 잘라 1cm 안쪽으로 접은 후 박음질하세요.

20 장식 띠의 반대쪽 가장자리도 박음질합니다. 모서리는 사선이 되도록 접어 박음질합니다.

21 발매트가 완성되었습니다.

APPLICATION

다양한 디자인에 도전해 보세요

첫 작품을 만들어보았다면
다음번에는 자기만의 디자인으로 완성해보세요.
프릴을 달거나 패치워크의 분할을 달리해도 좋고,
레이스나 토션, 단추 등을 활용해 꾸며도 좋습니다.
그것이 어렵다면 색다른 패턴이나 컬러만 잘 활용해도
전혀 다른 느낌으로 디자인할 수 있어요.

PART 04

홈패션으로 집 안을 자신만의 취향으로 꾸며보세요.

나만의 디자인 감각을 살려 커튼과 침구,

소소한 소품들을 만들어보면 어떨까요.

부엌 살림에 쓰이는 사소한 물건들도

나만의 개성을 담아 만들어보고요.

내가 꾸민 집에서는 생활이 더 즐거워집니다.

생활 감각을 높여주는
리빙 소품 &
패브릭

06.
식탁에 드리워진 멋,
테이블 러너

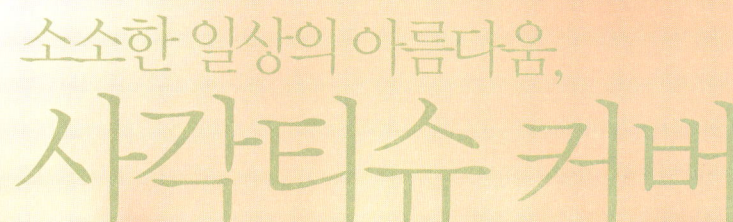

06. 테이블 러너

예상 재료비 12,000원 | 완제품 예상가 25,000원 | 난이도 ★★☆☆☆ | 완성 사이즈 150×35cm

재료

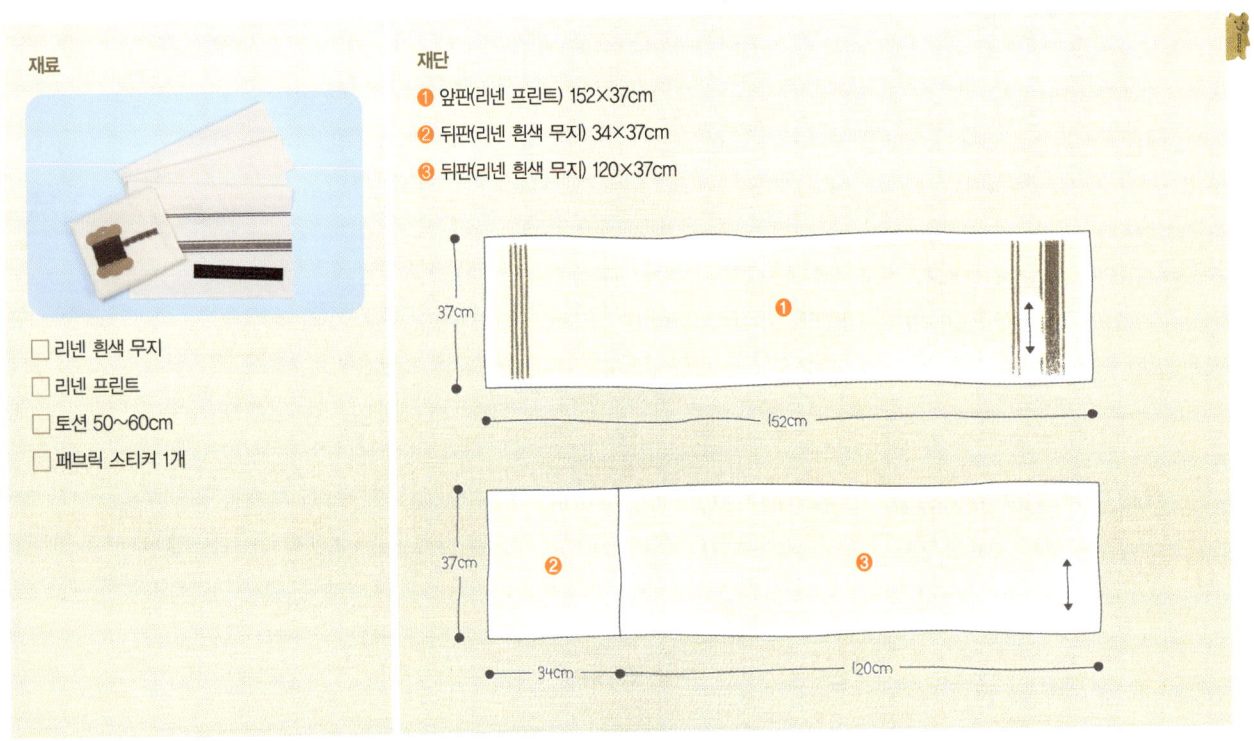

- □ 리넨 흰색 무지
- □ 리넨 프린트
- □ 토션 50~60cm
- □ 패브릭 스티커 1개

재단

❶ 앞판(리넨 프린트) 152×37cm
❷ 뒤판(리넨 흰색 무지) 34×37cm
❸ 뒤판(리넨 흰색 무지) 120×37cm

---

1. 몸판 만들기

1 앞판 152×37cm ❶의 원하는 위치에 패브릭 스티커를 붙입니다. 기본 기법 71쪽 참조

2 앞판 ❶에 패브릭 스티커와 어울리게 토션을 올려 시침핀으로 고정한 후 박음질합니다.

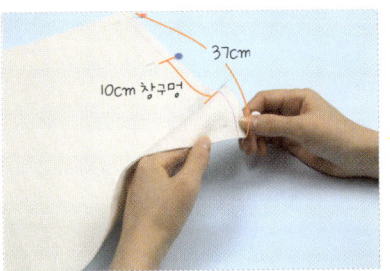

3 뒤판 34×37cm ❷와 뒤판 120×37cm ❸을 겉면끼리 마주 대고 고정한 후 1cm 안쪽에 완성선을 그립니다. 완성선 가운데에 창구멍 10cm를 표시한 후, 그 부분을 제외하고 완성선을 따라 박음질합니다.

4 뒤판 **❷**와 **❸**의 연결된 부분을 박음질 선에 맞춰 다림질하세요. 시접은 어느 쪽으로 넘겨도 상관없습니다.

2. 앞판, 뒤판 연결하기

5 앞판 **❶**과 뒤판을 겉면끼리 마주 대고 고정합니다. 사방에 시접 1cm씩 남기고 완성선을 그린 후 완성선을 따라 박음질합니다.

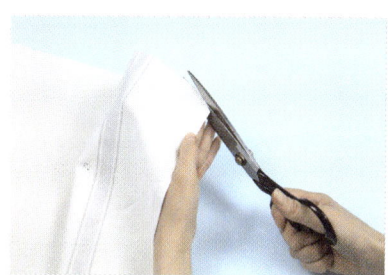

6 각 모서리의 시접은 2mm 정도만 남기고 자릅니다.

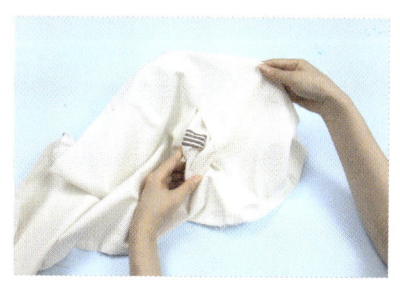

7 뒤판의 창구멍으로 뒤집은 후 박음질 선을 따라 다림질합니다.

8 창구멍은 공그르기로 막아주세요.
기본 기법 67쪽 참조

9 테이블 러너가 완성되었습니다.

07 사각티슈 커버

예상 재료비 8,500원 | 완제품 예상가 19,000원 | 난이도 ★★★☆☆ | 완성 사이즈 23.5×11.5×11.5cm

재료

- 선염 스트라이프
- 리넨 무지
- 패브릭 스티커 3개
- 2cm 폭 토션 5cm
- 1.5cm 폭 토션 8cm
- 1cm 폭 토션 50cm

재단

① 앞판(리넨 무지) 25×36cm
② 뒤판(리넨 무지) 25×36cm
③ 앞판 장식 띠(선염 스트라이프) 25×5cm 2장
④ 뒤판 장식 띠(선염 스트라이프) 6.5×25cm
⑤ 옆판(리넨 무지) 26×13cm
⑥ 옆판(리넨 무지) 26×13cm
⑦ 옆판 장식 띠(선염 스트라이프) 2.5×15cm 2장
⑧ 파이핑감(선염 스트라이프) 40×3.5cm 2장
⑨ 바이어스(선염 스트라이프) 75×4cm

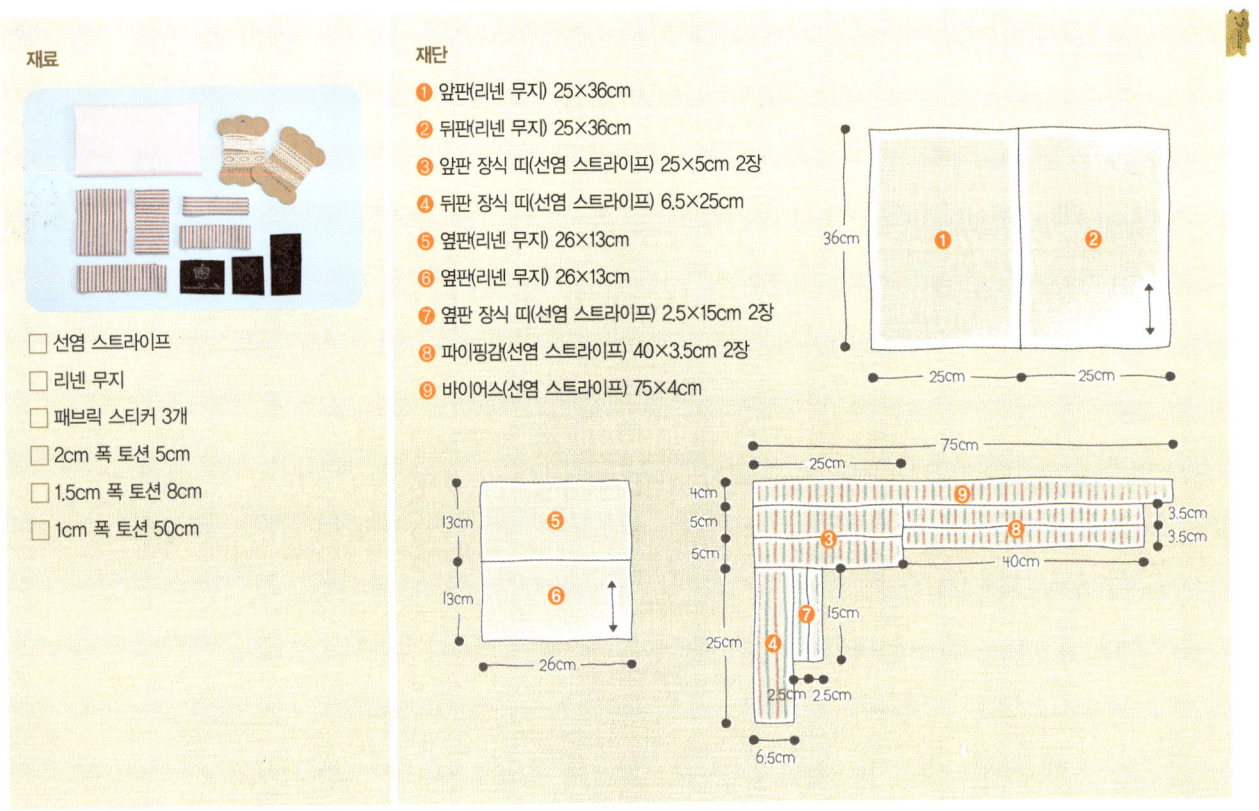

1. 앞, 뒤판 만들기

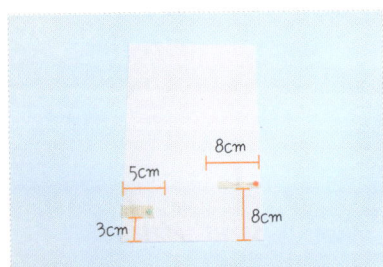

1 앞판 25×36cm ①의 왼쪽 가장자리 밑에서 3cm 위치에 5cm의 토션을, 오른쪽 가장자리 밑에서 8cm 위치에 8cm의 토션을 놓고 토션의 위아래, 양 끝을 박음질합니다.

2 앞판 장식 띠 25×5cm ③ 두 장을 양 끝에서 1cm씩 안쪽으로 접은 후 다림질합니다.

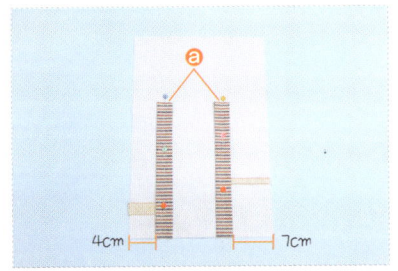

3 앞판 ①에 앞판 장식 띠 ③을 토션 끝과 1cm 겹치도록 놓고 시침핀으로 고정합니다.

4 3의 ⓐ 부분을 1cm 안쪽으로 접어주세요.

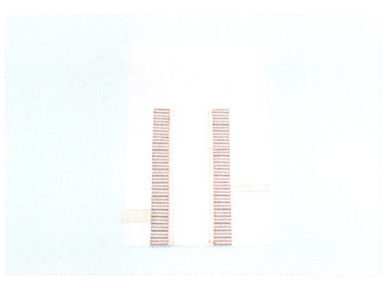

5 앞판 장식 띠 ❸ 양쪽 접은 선 끝에 가깝게 박음질하고, 각각의 옆에 토션 25cm를 놓은 후 박음질합니다.

6 원하는 위치에 패브릭 스티커를 다림질하여 붙입니다. 기본 기법 71쪽 참조

7 뒤판 장식 띠 6.5×25cm ❹의 한쪽 끝을 1cm 접어서 다림질합니다.

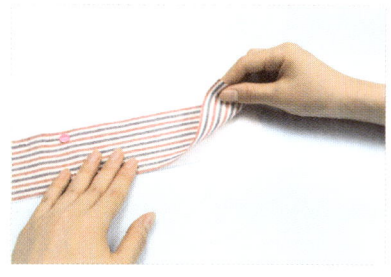

8 뒤판 25×36cm ❷의 겉면에 뒤판 장식 띠 ❹를 올려놓은 후 밑단을 맞춰 시침핀으로 고정하고 ❹의 접은 선에 가깝게 박음질합니다.

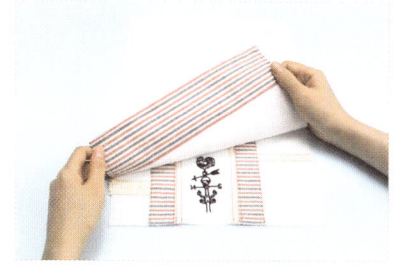

9 완성된 앞판 위에 장식 면이 있는 부분이 마주 보게 하여 뒤판을 올려놓은 후, 가로로 중심선을 그립니다.

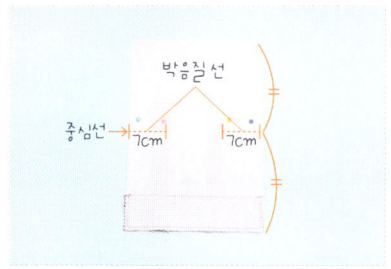

10 중심선을 따라 양 끝에서 7cm씩 안쪽으로 표시하고 선을 따라 박음질합니다.

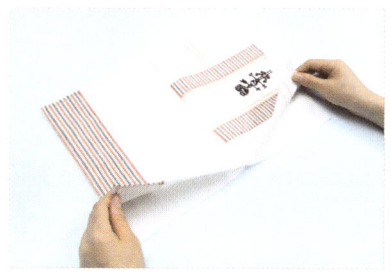

11 장식한 면이 위로 오게 연결되었는지 확인한 후 박음질 선을 따라 다림질합니다.

12 완성한 11의 테두리를 가장자리에 가깝게 박음질합니다.

2. 옆판 만들기

13 옆판 장식 띠 2.5×15cm ❼의 양 끝을 중심으로 향하게 접은 후 다림질합니다. 2장 모두 접어주세요.

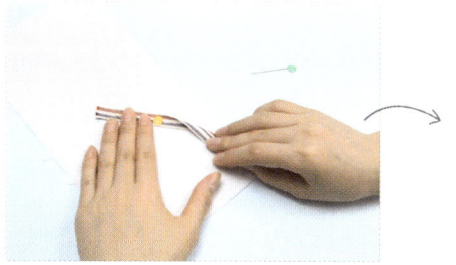

14 옆판 26×13cm ❺에 중심선을 그리고 그림과 같이 장식 띠의 위치를 표시한 후 옆판 장식 띠 2.5×15cm ❼을 놓고 시침핀으로 고정합니다.

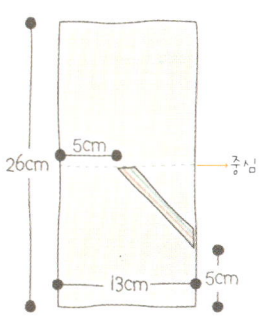

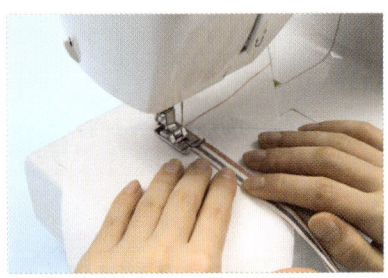

15 옆판 장식 띠 **⑦**의 양옆을 박음질한 후, 남는 부분은 완성선에 맞춰 자르세요.

16 옆판의 원하는 위치에 패브릭 스티커를 다림질하여 붙입니다.

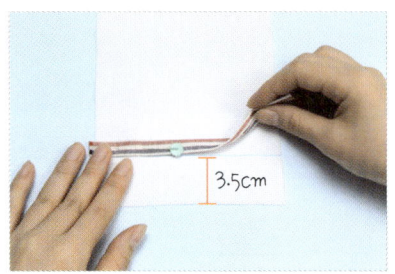

17 옆판 26×13cm **⑥**의 겉면에 아래에서 3.5cm 평행하게 선을 그립니다. 그린 선 위에 남은 옆판 장식 띠 **⑦**을 올려 시침핀으로 고정합니다.

18 옆판 **⑥**에도 원하는 위치에 패브릭 스티커를 붙입니다.

19 완성된 옆판 두 장을 반으로 접어 다림질합니다.

20 접은 면을 제외한 나머지 세 면을 가장자리에 가깝게 박음질하세요.

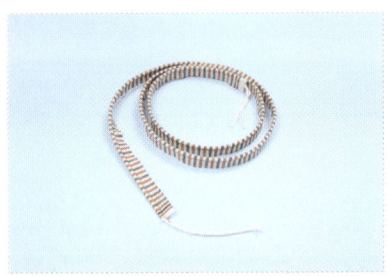

21 파이핑 노루발을 이용해 파이핑 원단을 만듭니다. 기본 기법 54쪽 참조

22 밑면을 제외한 옆판 세 면의 가장자리에 파이핑 원단을 놓아가며 박음질합니다. 기본 기법 58쪽 참조

23 모서리에는 세 번 정도 가위집을 준 후, 파이핑 원단을 직각으로 꺾어서 계속 박음질합니다.

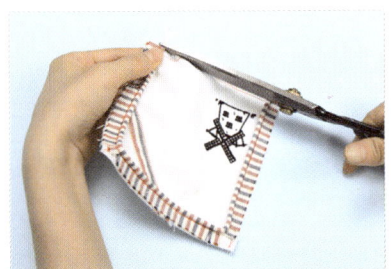

24 파이핑 줄을 잡아당겨 파이핑 원단 끝에서 1cm 정도 안쪽으로 들어가도록 네 군데 모두 자릅니다.

25 옆판 두 개의 윗부분에 중심을 체크합니다.

3. 연결 후 바이어스 달기

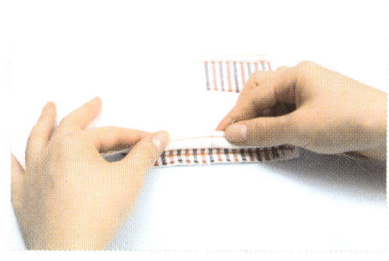

26 옆판의 윗부분 중심과 앞, 뒤판의 중심(박음질 한 부분)을 겉면끼리 마주 대고 시침핀으로 고정합니다.

27 중심을 기준으로 양 끝도 맞춰 시침핀으로 모두 고정하세요.

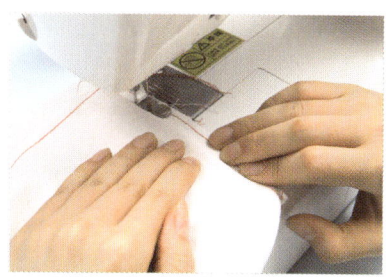

28 옆판을 아래로 놓고 파이핑 가까이 박음질 합니다.

29 모서리는 파이핑 줄이 꺾이는 부분에 맞춰 가위집을 넣어가며 직각으로 꺾어서 박음질하세요.

30 가장자리를 오버로크 처리합니다.

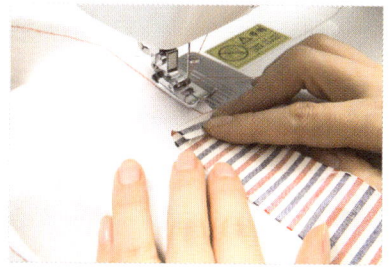

31 바이어스 75×4cm **❾**의 시작 부분을 1cm 안쪽으로 접어줍니다. 그런 다음 오른쪽 가장자리에서 1cm 안쪽으로 박음질합니다.
기본 기법 44, 47, 48쪽 참조

32 박음질이 끝나는 부분에서는 바이어스 **❾**의 끝을 시작 부분과 1cm 정도 겹치게 자른 후 마저 박음질합니다.

33 바이어스 **❾**를 겉쪽으로 넘겨 박음질 선에 맞춰 두 번 접어 시침핀으로 고정합니다. 접은 선 끝에 가깝게 박음질합니다.

34 뒤집으면 사각티슈 커버가 완성됩니다.

특별한 날 식탁을 빛내 줄,
테이블 세트

08-1. 컵 덮개

예상 재료비 5,000원　완제품 예상가 9,000원　난이도 ★★☆☆☆　완성 사이즈 원지름 8cm, 높이 4cm

재료

- ☐ 리넨 프린트
- ☐ 리넨 무지
- ☐ 토션 15cm
- ☐ 싸개단추 1개

재단

1 겉감(리넨 무지) 원단에 도안 대고 그린 후 재단

2 겉감(리넨 프린트) 원단에 도안 대고 그린 후 재단

3 겉감(리넨 프린트) 원단에 도안 대고 그린 후 재단

4 안감(리넨 무지) 원단에 도안 대고 그린 후 재단

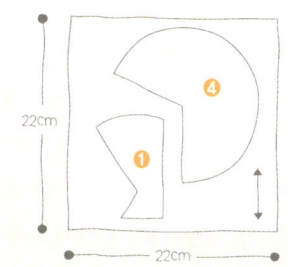
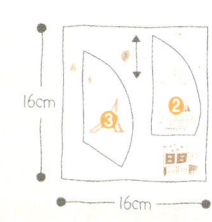

1. 몸판 만들기

1 도안대로 재단한 겉감 1과 2, 3, 안감 4 를 준비합니다.

2 겉감 1과 2를 직선 면에 맞춰 겉면끼리 마주 대고 고정합니다. 직선 면 안쪽에 1cm 완성선을 그린 후 완성선을 따라 박음질합니다.

3 시접을 겉감 2 쪽으로 넘겨 다림질합니다.

4 겉감 1과 2가 연결된 선에 토션을 올려놓고 시침핀으로 고정한 후 박음질합니다.

5 완성된 4와 겉감 3을 직선 면에 맞춰 겉면끼리 마주 대고 시침핀으로 고정합니다.

6 직선 면 안쪽에 1cm 완성선을 그린 후 선을 따라 박음질합니다. 시접을 겉감 3 쪽으로 넘겨 다림질합니다.

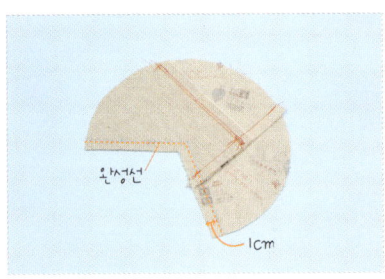

7 겉감 **❶**과 **❷**, **❸**이 연결된 모습입니다. 각진 부분 안쪽에 1cm 완성선을 그리고 겉면끼리 마주 닿게 반으로 접습니다.

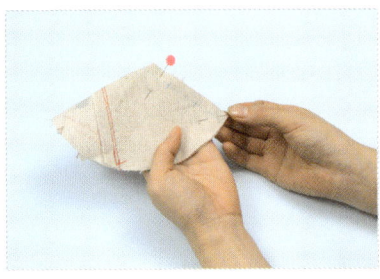

8 완성선에 맞춰 시침핀으로 고정한 후 박음질 합니다.

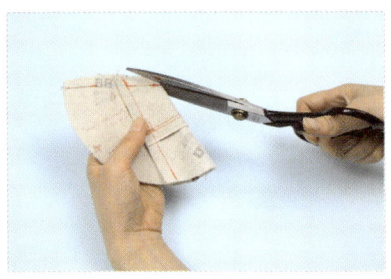

9 꼭지 부분의 시접을 바짝 잘라낸 후, 시접을 양쪽으로 벌려 다림질하세요.

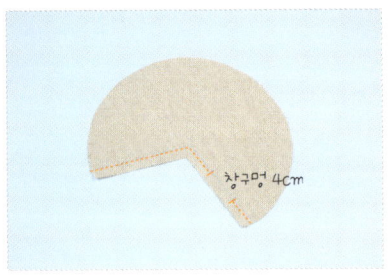

10 안감 **❹**의 각진 부분 안쪽에 1cm 완성선을 그리고, 한쪽 선 가운데에 창구멍을 표시합니다.

11 겉면끼리 마주 닿게 반으로 접은 후 완성선을 따라 박음질합니다. 단, 창구멍은 제외하고 박음질하세요.

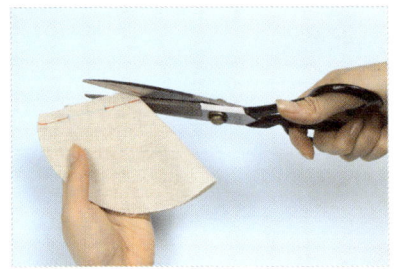

12 꼭지 부분의 시접을 바짝 자른 후, 시접을 양쪽으로 벌려 다림질합니다.

2. 안감, 겉감 연결하기

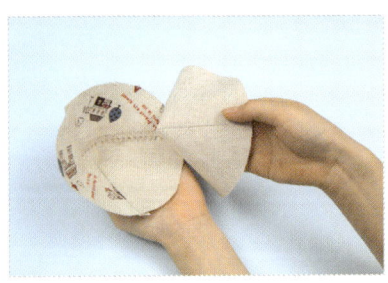

13 완성된 겉감과 안감을 겉면끼리 마주 댑니다. 이때 시접이 겹치지 않도록 하세요.

14 원 모양의 테두리 끝을 맞춰 시침핀으로 고정합니다.

15 시접 끝이 노루발의 끝에 오도록 맞춘 후 노루발 폭으로 박음질합니다.

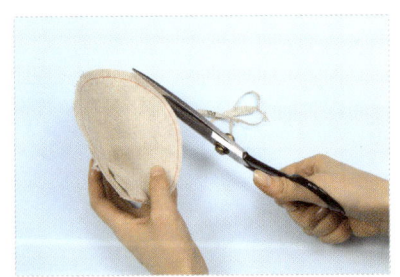

16 가장자리의 시접을 2mm 정도 남기고 자르세요.

17 창구멍으로 뒤집은 후 박음질 선에 맞춰 다림질합니다.

18 창구멍은 공그르기 막아주세요.
기본 기법 67쪽 참조

'19 겉면이 겉으로 나오게 뒤집은 후, 꼭지에 싸개단추를 다세요. 기본 기법 70쪽 참조

20 컵 덮개가 완성되었습니다.

08⁻², 컵 매트

예상 재료비 3,000원 | 완제품 예상가 6,000원 | 난이도 ★☆☆☆☆ | 완성 사이즈 12×12cm

재료

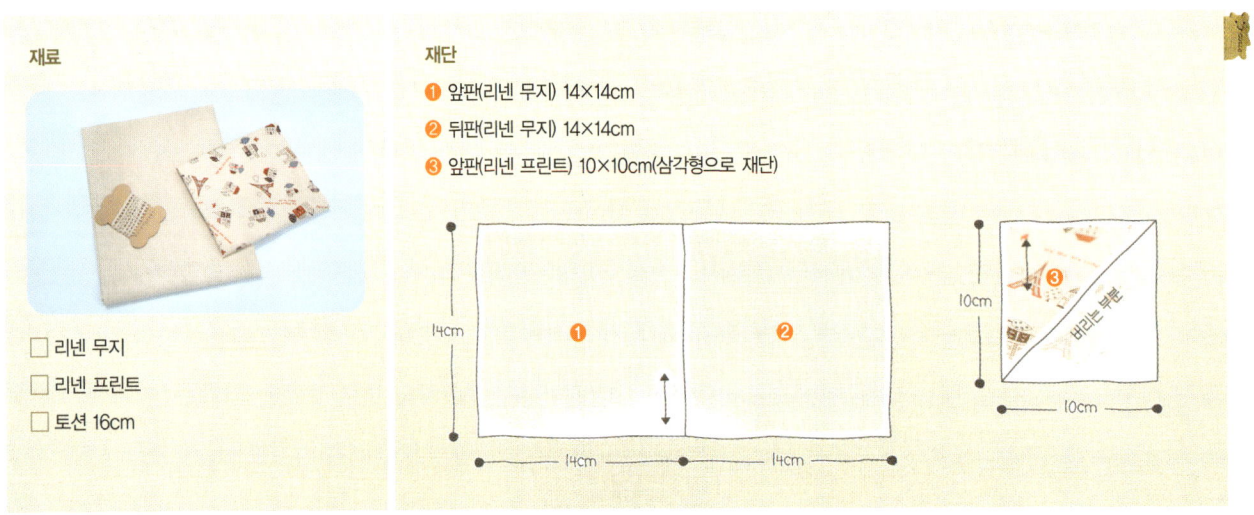

□ 리넨 무지
□ 리넨 프린트
□ 토션 16cm

재단

❶ 앞판(리넨 무지) 14×14cm

❷ 뒤판(리넨 무지) 14×14cm

❸ 앞판(리넨 프린트) 10×10cm(삼각형으로 재단)

1. 앞판 만들기

1 앞판 14×14cm ❶과 뒤판 14×14cm ❷, 앞판 10×10cm(삼각형으로 재단) ❸을 준비합니다.

2 앞판 ❶과 ❸의 한쪽 모서리를 맞춘 후 ❸의 크기를 ❶에 체크합니다.

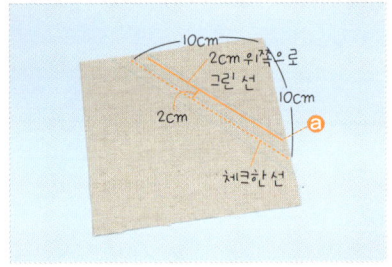

3 체크한 부분에서 2cm 위쪽에 선 ⓐ를 그립니다.

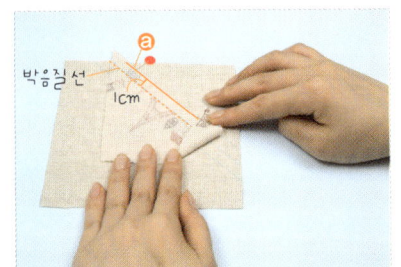

4 앞판 ❶과 ❸을 겉면끼리 마주 대고 그린 선 ⓐ에 맞춰 ❸을 고정합니다. ❸의 시접 끝에서 1cm 안쪽으로 완성선을 그리고 완성선을 따라 박음질합니다.

5 앞판 ❸을 겉쪽으로 넘겨서 다림질한 후, 토션을 시침핀으로 고정하여 박음질합니다.

2. 완성하기

6 뒤판 **②**의 안면에 1cm 완성선을 그린 후, 앞판과 겉면끼리 마주 대고 시침핀으로 고정합니다. 한쪽 면에 창구멍 5cm를 표시한 후 그 부분을 제외하고 박음질합니다.

창구멍은 연결 부분과 겹치지 않게
창구멍은 시접이나 연결 부분이 없는 쪽에 내야 합니다. 그래야만 창구멍을 막을 때 시접이 걸리지 않아 보다 쉽게 작업할 수 있습니다.

7 모서리의 시접을 바짝 자른 후 창구멍으로 뒤집어줍니다.

8 모서리를 잘 가다듬어 다림질한 후 창구멍은 공그르기로 막아주세요. 기본 기법 67쪽 참조

9 컵 매트가 완성되었습니다.

08-3. 식탁 매트

예상 재료비 8,000원 | **완제품 예상가** 15,000원 | **난이도** ★☆☆☆☆ | **완성 사이즈** 40×30cm

재료

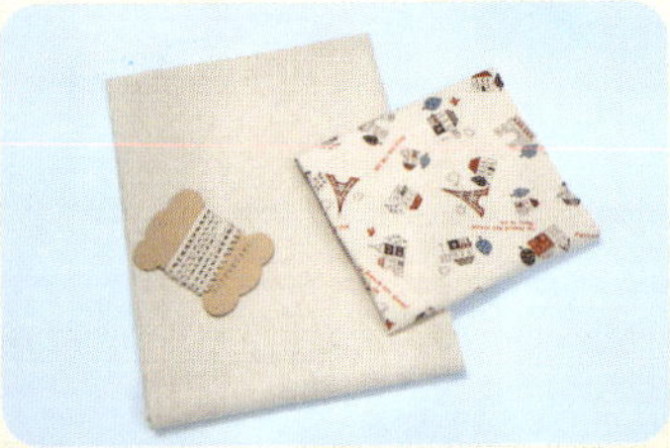

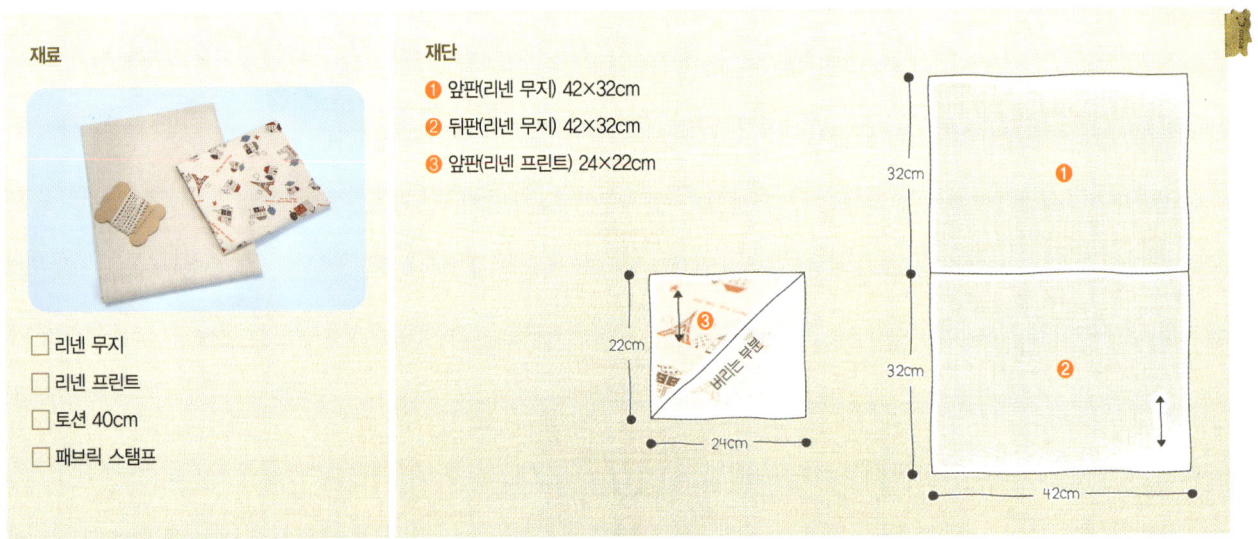

- ☐ 리넨 무지
- ☐ 리넨 프린트
- ☐ 토션 40cm
- ☐ 패브릭 스탬프

재단

❶ 앞판(리넨 무지) 42×32cm
❷ 뒤판(리넨 무지) 42×32cm
❸ 앞판(리넨 프린트) 24×22cm

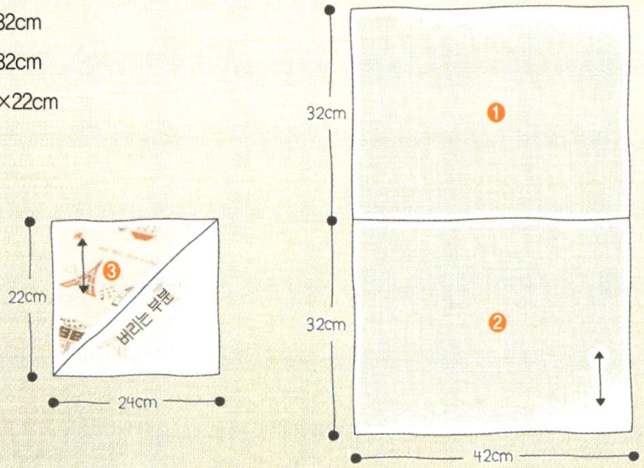

1. 앞판 만들기

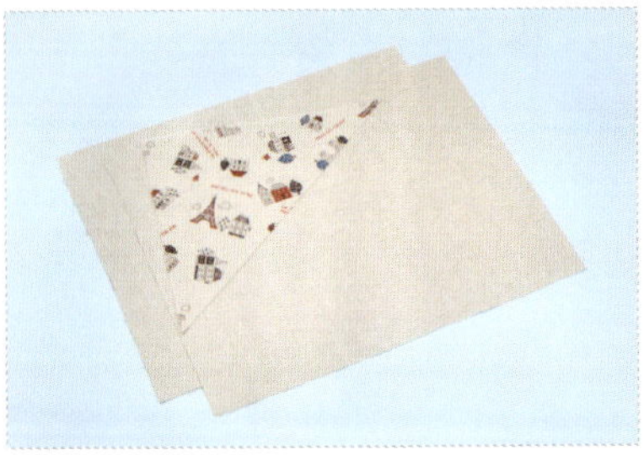

1 앞판 42×32cm ❶과 뒤판 42×32cm ❷, 앞판 24×22cm(삼각형으로 재단) ❸을 준비합니다.

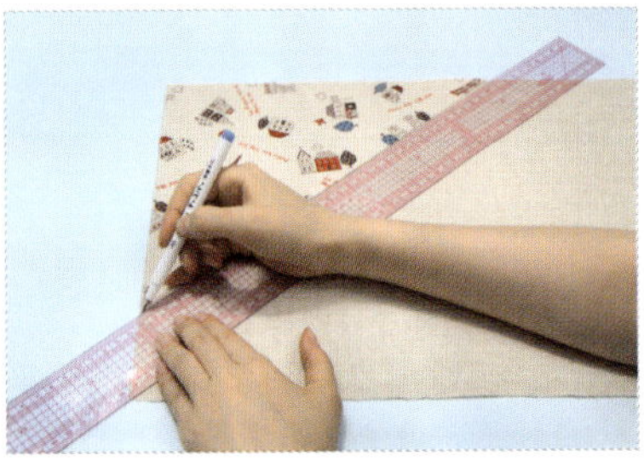

2 앞판 ❶과 ❸의 한쪽 모서리를 맞춘 후 ❸의 크기를 ❶에 체크합니다.

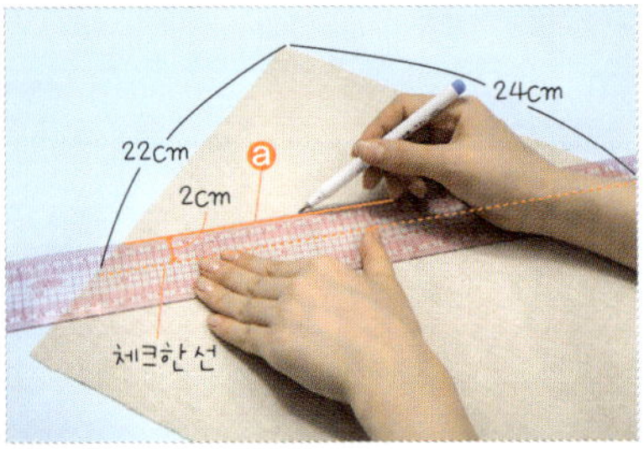

3 체크한 부분에서 2cm 위쪽에 선 ⓐ를 그립니다.

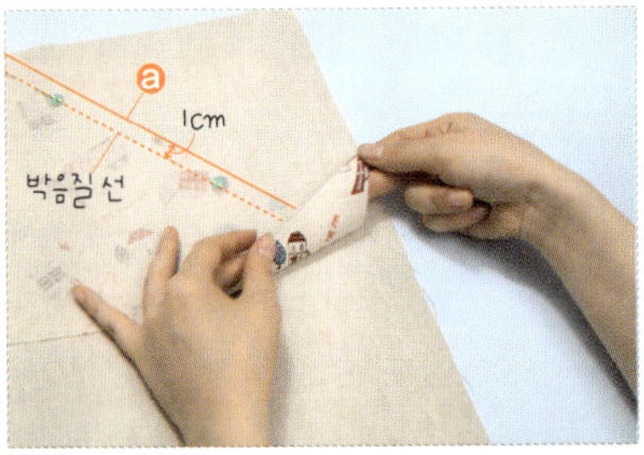

4 앞판 ❶과 ❸를 겉면끼리 마주 대고 그린 선에 맞춰 ❸을 고정합니다. 앞판 ❸의 시접 끝에서 1cm 안쪽에 완성선을 그린 후 박음질합니다.

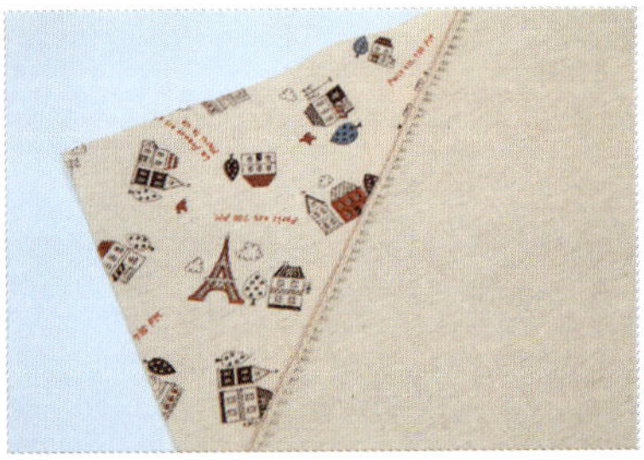

5 앞판 ❸을 겉이 보이게 넘겨서 다림질한 후, 연결 부분에 토션을 시침핀으로 고정하여 박음질합니다.

2. 완성하기

6 앞판과 뒤판 **②**를 겉면끼리 마주 대고 1cm 안쪽에 완성선을 그립니다. 창구멍 5cm를 남기고 완성선을 따라 박음질합니다.

7 모서리 시접을 바짝 자른 후 창구멍으로 뒤집어주세요.

8 모서리를 잘 가다듬어 다림질한 후 창구멍은 공그르기로 막아주세요. 기본 기법 67쪽 참조

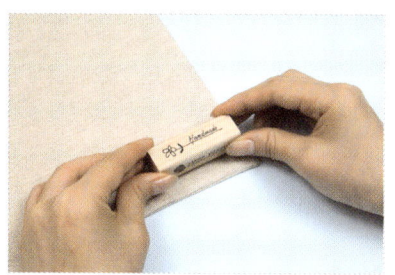

9 패브릭 스탬프를 이용하여 장식하세요.

10 식탁 매트가 완성되었습니다.

09.

요리하고 싶어지는

주방 장갑 &
앞치마

예상 재료비 4,000원 | 완제품 예상가 9,000원 | 난이도 ★★★☆☆ | 완성 사이즈 23×15cm

재료

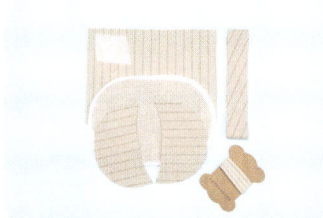

- ☐ 리넨 스트라이프
- ☐ 리넨 무지
- ☐ 4온스 퀼팅솜
- ☐ 장식 테이프 8cm
- ☐ 패브릭 스티커 1개

재단

❶ 바닥(리넨 스트라이프) 25×17cm

❷ 손등 덮개(리넨 스트라이프) 25×17cm 원단에 도안 대고 그린 후 재단

❸ 손등 덮개(리넨 스트라이프) 25×17cm 원단에 도안 대고 그린 후 재단

❹ 바닥(리넨 무지) 25×17cm 원단에 도안 대고 그린 후 재단

❺ 손등 덮개(리넨 무지) 25×17cm 원단에 도안 대고 그린 후 재단

❻ 손등 덮개(리넨 무지) 25×17cm 원단에 도안 대고 그린 후 재단

❼ 바이어스(리넨 스트라이프) 65×3.5cm

❽ 바닥(퀼팅솜) 25×17cm 원단에 도안 대고 그린 후 사방 1cm 시접 남기고 재단

〈실물 도안 A면〉

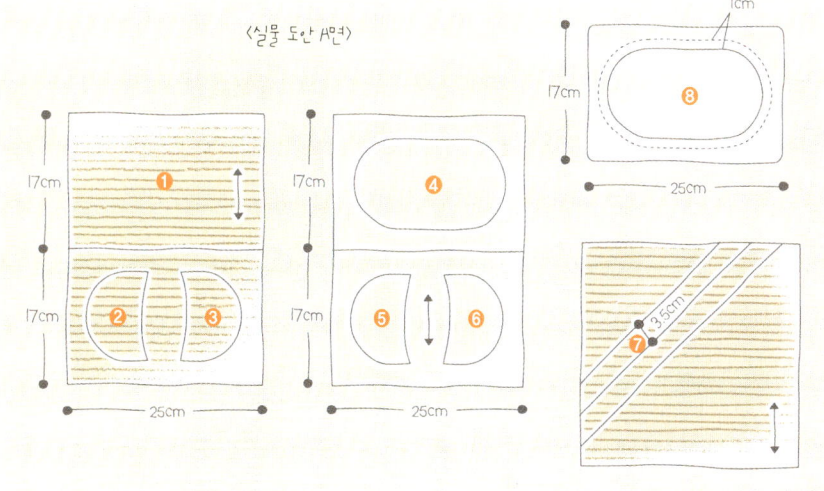

1. 몸판 만들기

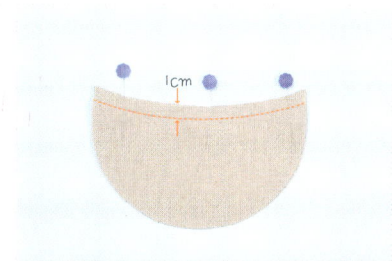

1 손등 덮개 ❷와 ❺, ❸과 ❻을 겉면끼리 마주 대고 1cm 완성선을 그린 후, 완성선을 따라 박음질하세요.

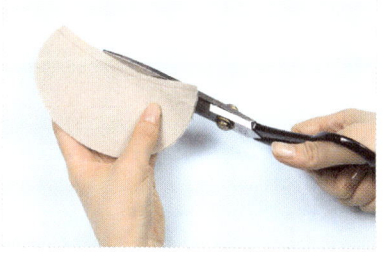

2 시접을 2mm 정도 남기고 자르세요.

3 뒤집어서 박음질 선을 따라 다림질한 후, 패브릭 스티커를 다림질하여 붙이세요.
기본 기법 71쪽 참조

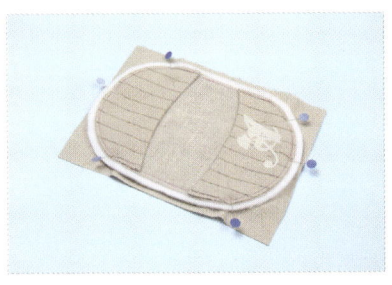

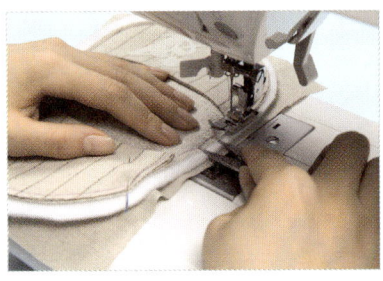

4 바닥 ❶ → 퀼팅솜 ❽ → 바닥 ❹ → 손등
덮개 ❷, ❸의 순서대로 올려놓고 시침핀으
로 고정합니다. 이때 ❶을 원단의 안면이 위로
향하게 하고, 바닥 ❹, 손등 덮개 ❷, ❸은 겉면
이 위로 향하게 놓습니다.

5 바닥 ❹의 테두리에서 2mm 안쪽으로 박음
질한 후, 시접을 바닥 ❹의 테두리에 맞춰
자릅니다.

6 한쪽 가장자리 중심에 장식 테이프를 고정한
후 사방을 지그재그 모양으로 박음질합니다.

2. 바이어스 처리하여 완성하기

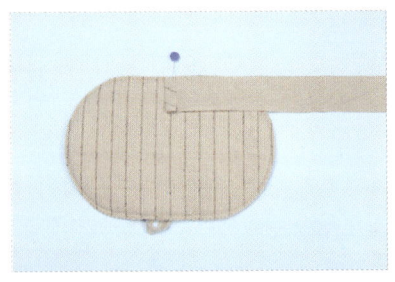

T I P

시침핀으로 바이어스를 고정한 후 진행하면
보다 수월합니다.

7 몸판 바닥 위에 바이어스 ❼을 1cm 정도 안
쪽으로 접어놓고 시침핀으로 고정한 후, 노
루발 폭으로 박음질하여 바이어스 처리합니다.
기본 기법 47쪽 참조

8 세로로 중심선을 그린 후 중심선을 따라 박
음질합니다.

9 박음질 선을 따라 접은 후, 접은 선에서
1cm 아랫부분을 살짝 감침질하세요. 이렇게
하면 주방 장갑이 접힌 상태로 유지됩니다.

10 주방 장갑이 완성되었습니다.

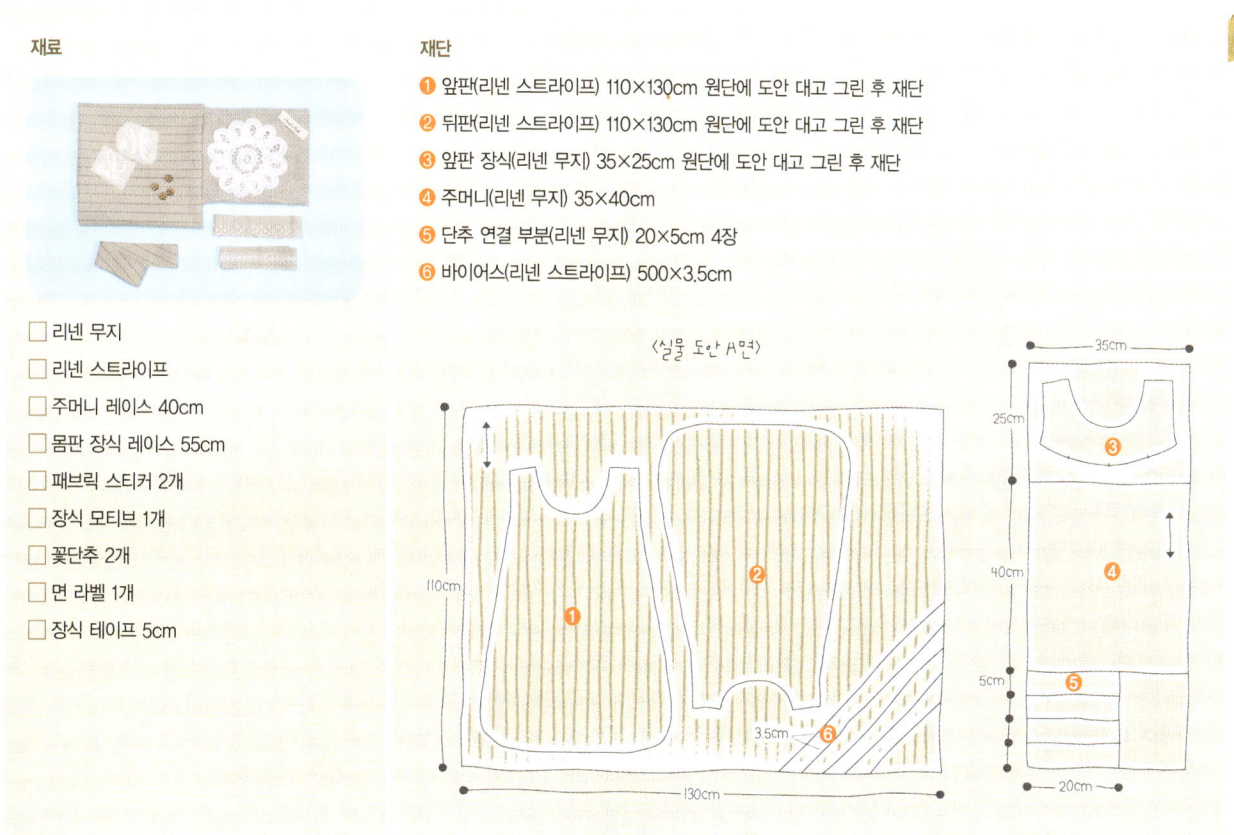

09-2. 앞치마

예상 재료비 23,000원   완제품 예상가 38,000원   난이도 ★★★☆☆   완성 사이즈 56×82cm

재료

- ☐ 리넨 무지
- ☐ 리넨 스트라이프
- ☐ 주머니 레이스 40cm
- ☐ 몸판 장식 레이스 55cm
- ☐ 패브릭 스티커 2개
- ☐ 장식 모티브 1개
- ☐ 꽃단추 2개
- ☐ 면 라벨 1개
- ☐ 장식 테이프 5cm

재단

❶ 앞판(리넨 스트라이프) 110×130cm 원단에 도안 대고 그린 후 재단

❷ 뒤판(리넨 스트라이프) 110×130cm 원단에 도안 대고 그린 후 재단

❸ 앞판 장식(리넨 무지) 35×25cm 원단에 도안 대고 그린 후 재단

❹ 주머니(리넨 무지) 35×40cm

❺ 단추 연결 부분(리넨 무지) 20×5cm 4장

❻ 바이어스(리넨 스트라이프) 500×3.5cm

〈실물 도안 A면〉

1. 앞판, 뒤판 만들기

1 앞판 장식 ❸의 겉면에 몸판 장식 레이스 겉면이 위로 오게 올려놓고 3cm 맞주름을 잡아 시침핀으로 고정합니다.

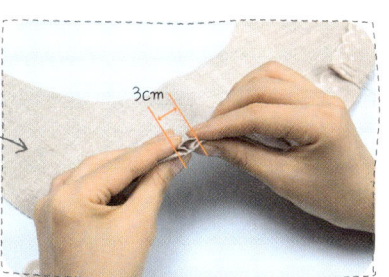

1-1 맞주름을 잡은 모양입니다.

2 노루발 폭으로 박음질합니다.

3 박음질 선을 따라 다림질한 후, 원하는 위치에 패브릭 스티커를 다림질하여 붙입니다. 남은 레이스는 자르세요.

4 앞판 ❶에 맞춰 완성된 3을 고정한 후 테두리를 따라 2~3mm 안쪽으로 박음질합니다.

5 뒤판 ❷의 아랫부분에도 패브릭 스티커를 다림질하여 붙이세요.

2. 주머니 만들기

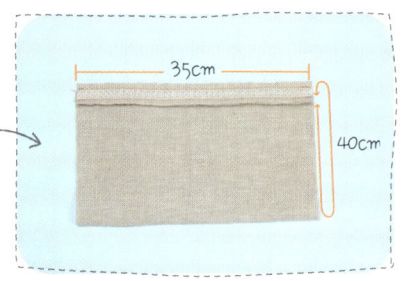

6 주머니 35×40cm ❹의 겉면과 주머니 레이스의 겉면을 마주 댄 후 시접 1cm를 남기고 박음질합니다.

7 주머니 ❹의 다른 한쪽과 레이스의 나머지 한쪽도 겉면끼리 마주 댄 후 시접 1cm를 남기고 박음질합니다.

7-1 연결하면 원기둥 모양이 됩니다.

8 7의 주머니를 뒤집어서 레이스 위치를 사진과 같이 놓고 다림질합니다.

9 다시 뒤집은 후 사진처럼 장식 고리를 놓고 시침핀으로 고정합니다.

10 양쪽에 시접 1cm를 남기고 박음질합니다. 이때 한쪽에는 창구멍 8cm를 제외하고 박음질합니다.

10-1 양쪽을 박음질하면 이런 모양이 됩니다.

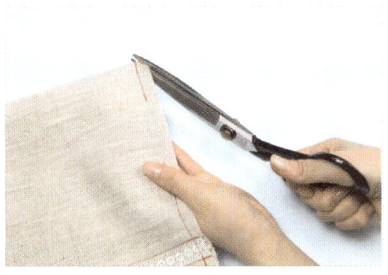

11 모서리의 시접은 2mm 정도만 남기고 자릅니다.

12 창구멍으로 뒤집어 박음질 선을 따라 다림질합니다.

13 원하는 위치에 장식 모티브를 올려놓고 고정한 후, 장식 모티브 테두리에 가깝게 박음질합니다.

14 앞판에 주머니 달 위치를 표시하고, 표시한 부분에 맞춰 주머니를 놓고 시침핀으로 고정합니다. 실물 도안 A면 참조

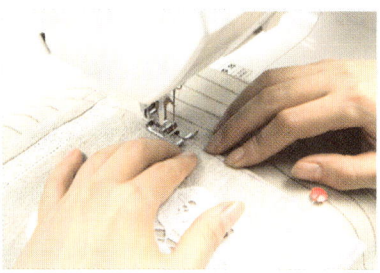

15 주머니의 윗면을 제외하고, 나머지 세 면을 가장자리에 가깝게 박음질합니다.

16 주머니를 나누는 세로 선을 체크한 후, 선을 따라 박음질합니다.

3. 앞뒤 연결감 만들기

17 단추 연결 부분 20×5cm ❺ 1장을 겉면끼리 마주 닿게 반으로 접은 후, 양쪽에 시접 1cm를 남기고 박음질합니다.

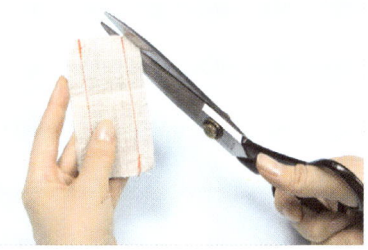

18 모서리의 시접은 2mm 정도만 남기고 대각선으로 자릅니다.

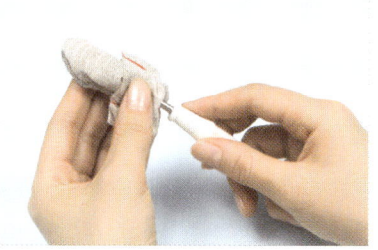

19 송곳 등을 이용하여 뒤집은 후 박음질 선을 따라 다림질합니다. 같은 방법으로 진행하여 모두 4개를 준비하세요.

TIP

20 단추 연결 부분 ❺ 중 2개에는 단춧구멍 위치를 표시하고 구멍을 만드세요. 나머지 2개에는 한쪽 끝 적당한 위치에 꽃단추를 답니다. 기본 기법 63, 68쪽 참조

단춧구멍을 만들 때는 앞치마 몸판과 연결될 부분을 뺀 나머지를 세 등분하여 구멍을 냅니다.

4. 완성하기

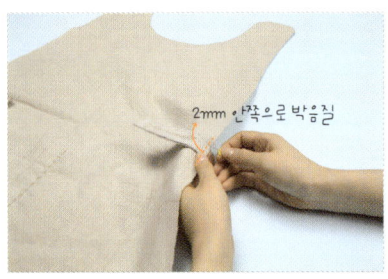

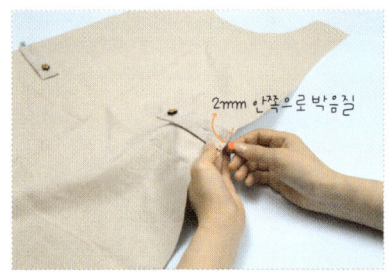

21 앞판 ❶의 안면 옆선 가운데(실물 도안 A 면 참조)에 구멍이 있는 앞뒤 연결감을 고정하고 가장자리에서 2mm 안쪽으로 박음질합니다.

22 뒤판 ❷의 안면 옆선 가운데에 단추가 달린 앞뒤 연결감을 고정하고 가장자리에서 2mm 안쪽으로 박음질합니다.

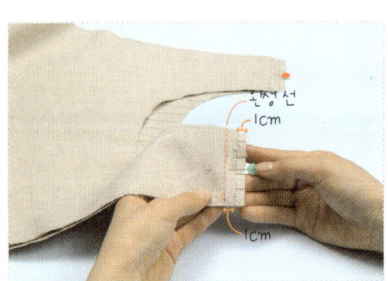

23 앞판 ❶과 뒤판 ❷의 어깨 부분을 겉면끼리 마주 댄 후, 뒤판 ❷의 어깨 끝에서 1cm 안쪽에 앞판 ❶의 어깨 끝을 맞춘 후 시침 핀으로 고정합니다.

24 앞판 ❶의 어깨선에서 1cm 안쪽에 완성선을 그린 후 완성선을 따라 박음질합니다.

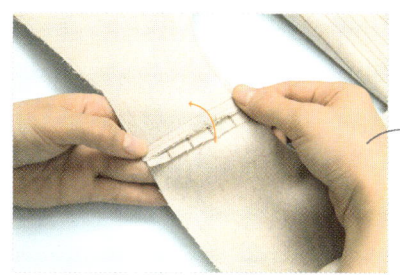

25 뒤판 ❷의 어깨에 남은 시접으로 앞판 ❶ 의 시접을 감싸서 접은 후 앞판 ❶ 쪽으로 넘깁니다.

25-1 이런 모양이 됩니다.

26 접은 선에 가깝게 박음질합니다.

27 바이어스 500×3.5cm ❻을 끝에서 1cm 안쪽으로 접은 후, 몸판 둘레, 목 둘레를 바이어스 처리합니다.
기본 기법 47~49쪽 참조

28 바이어스 처리한 부분을 잘 펴서 다림질합니다.

29 앞뒤 열결 부분을 겉쪽으로 접어서 공그르기로 고정합니다. 기본 기법 67쪽 참조

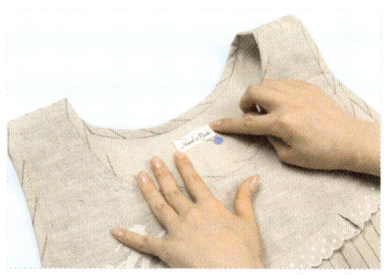

30 뒤판 안쪽에 라벨을 답니다.
기본 기법 70쪽 참조

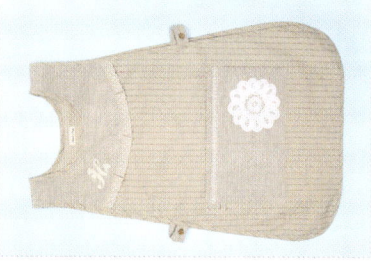

31 앞치마가 완성되었습니다.

10.

수납 감각을 살려주는

사각 바구니

10. 사각 바구니

www.diytp.com에서 동영상 강의를 볼 수 있습니다.

예상 재료비 7,000원   완제품 예상가 15,000원   난이도 ★★★☆☆   완성 사이즈 23×10×8cm

재료

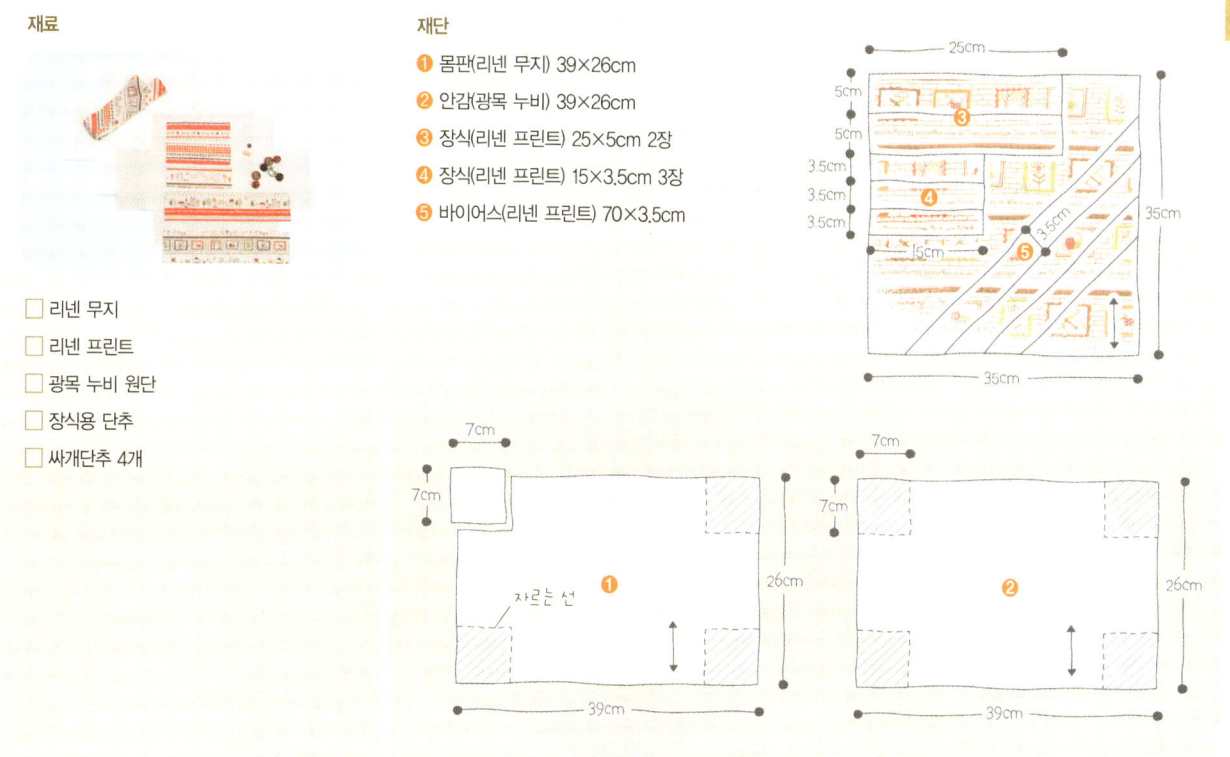

- ☐ 리넨 무지
- ☐ 리넨 프린트
- ☐ 광목 누비 원단
- ☐ 장식용 단추
- ☐ 싸개단추 4개

재단

❶ 몸판(리넨 무지) 39×26cm

❷ 안감(광목 누비) 39×26cm

❸ 장식(리넨 프린트) 25×5cm 2장

❹ 장식(리넨 프린트) 15×3.5cm 3장

❺ 바이어스(리넨 프린트) 70×3.5cm

---

1. 겉감 만들기

1 장식 25×5cm ❸ 두 장과 장식 15×3.5cm ❹ 세 장을 위아래 5mm씩 안쪽으로 접어서 다림질합니다.

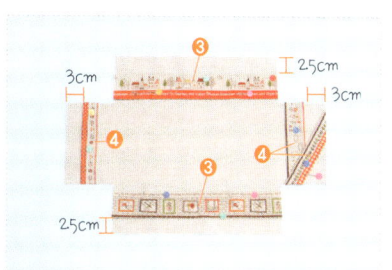

2 몸판 39×26cm ❶의 위아래의 가로 면 2.5cm 부분과 세로 면 3cm 부분에 원단 끝과 평행하게 선을 그립니다. 사진처럼 몸판 위에 장식 ❸ 두 장, 장식 ❹ 세 장을 올려 시침핀으로 고정한 후 가장자리에 맞게 잘라줍니다.

3 고정된 장식 ❸ 두 장, 장식 ❹ 세 장의 위아래를 가장자리에 가깝게 박음질합니다. 모두 박음질하세요.

4 모서리의 끝을 맞춰 시침핀으로 고정하세요.

5 네 곳을 모두 고정하면 이런 모양이 됩니다.

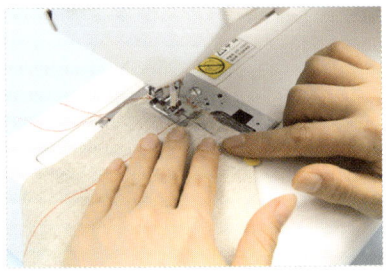

6 네 모서리 끝에서 1cm 안쪽으로 완성선을 그린 후 완성선을 따라 박음질하세요.

7 뒤집은 후 원하는 위치에 단추를 달아 장식합니다. 기본 기법 68쪽 참조

2. 안감 만들어 겉감과 연결하기

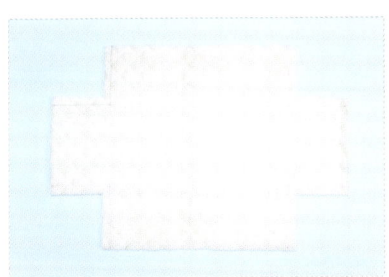

8 안감 39×26cm **2**의 안면에 1cm 안쪽으로 완성선을 그려준 후 네 모서리 끝을 맞춰 시침핀으로 고정하세요.

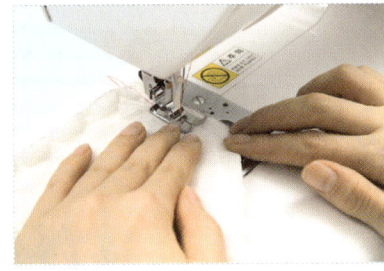

9 완성선을 따라 박음질합니다.

10 올이 풀리지 않도록 시접을 지그재그 모양으로 박음질하세요.

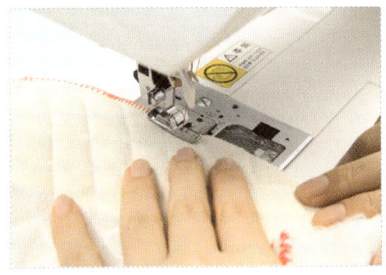

11 윗부분도 지그재그 모양으로 박음질합니다.

12 겉감의 안에 완성된 안감을 안면이 마주 닿도록 넣습니다. 이때 모서리 부분의 시접 은 양쪽으로 엇갈리게 잡아줍니다.

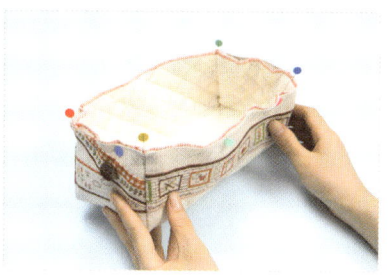

13 안감과 겉감의 모양을 잘 맞춘 후 윗부분 을 시침핀으로 고정합니다.

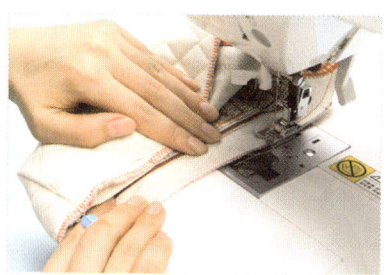

14 겉감 끝에 맞춰 박음질해서 겉감과 안감을 고정합니다.

3. 바이어스 달아 완성하기

15 바이어스 70×3.5cm ❺의 시작 부분을 1cm 안쪽으로 접어서 안감 시접 끝에 맞춰 시침핀으로 고정합니다. 기본 기법 47쪽 참조

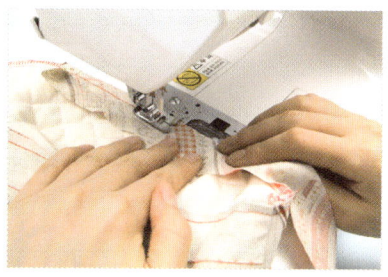

16 바이어스감과 원단의 끝을 맞춰 노루발 폭 으로 박음질합니다. 기본 기법 44쪽 참조

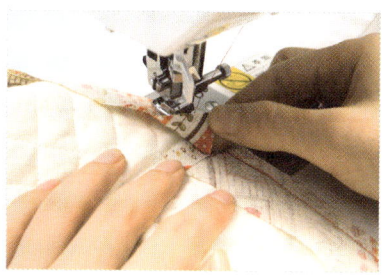

17 남은 바이어스를 시작 부분과 1cm 겹치도 록 자른 후 계속해서 노루발 폭으로 박음질 합니다. 기본 기법 48쪽 참조

18 시작 부분에 겹쳐진 바이어스 부분이 벌어 지지 않게 잘 모아주세요.

19 같은 간격으로 두 번 접어서 시침핀으로 고정합니다.

20 바이어스를 접은 선에 가깝게 박음질하면 바이어스 처리가 완성됩니다.

21 각 모서리 위에 싸개단추를 달아주세요. 이 렇게 하면 모서리 각이 잘 잡힙니다.
기본 기법 70쪽 참조

22 사각 바구니가 완성되었습니다.

정리정돈 마법사,
주방 수납 주머니

주방 수납 주머니

예상 재료비 20,000원 완제품 예상가 40,000원 난이도 ★★★☆☆ 완성 사이즈 35×50cm

재료

- ☐ 리넨 무지
- ☐ 리넨 프린트
- ☐ 광목 누비 원단
- ☐ 1.5cm 폭 면 끈 20cm
- ☐ 5mm 폭 토션 65cm
- ☐ 1.5cm 폭 토션 40cm
- ☐ 1cm 폭 토션 20cm
- ☐ 스티커 여러 개

재단

- ❶ 몸판(리넨 무지) 35×50cm
- ❷ 몸판(광목 누비) 35×50cm
- ❸ 윗주머니 겉감(리넨 무지) 30×50cm
- ❹ 윗주머니 안감(리넨 무지) 30×50cm
- ❺ 윗주머니 장식(리넨 프린트) 20×23cm
- ❻ 윗주머니 장식(리넨 프린트) 15×21.5cm
- ❼ 아랫주머니 겉감(리넨 무지) 15.5×47cm
- ❽ 아랫주머니 안감(리넨 무지) 19.5×47cm
- ❾ 아랫주머니 장식(리넨 프린트) 15.5×13cm
- ❿ 아랫주머니 장식(리넨 프린트) 15.5×9cm
- ⓫ 바이어스(리넨 무지) 180×8cm

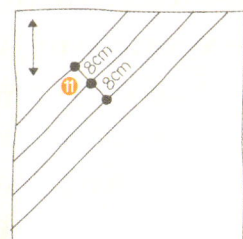

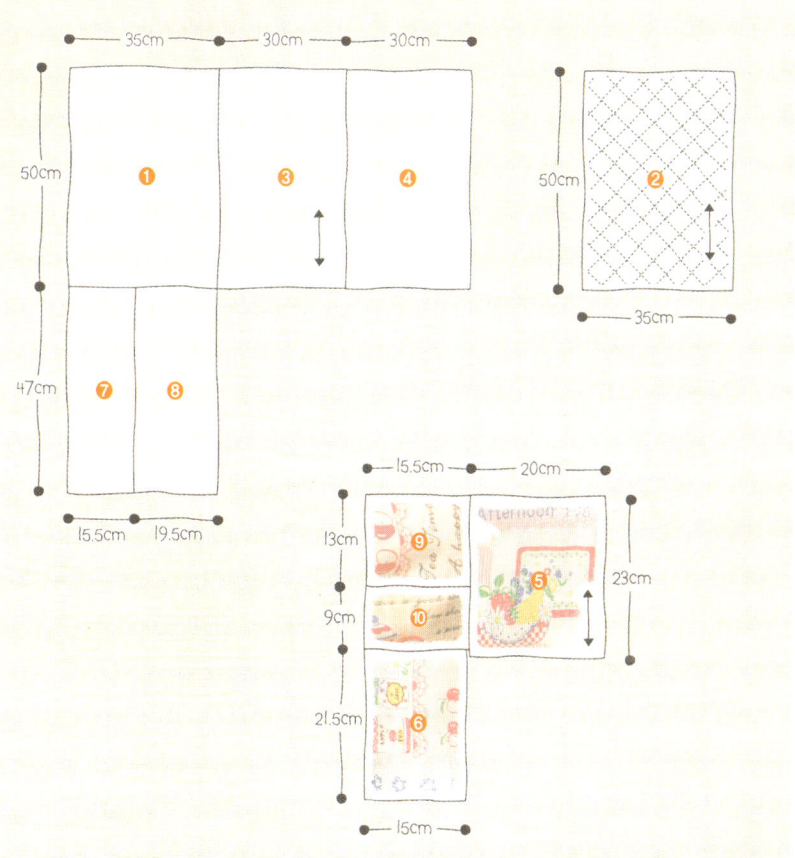

1. 아랫주머니 만들기

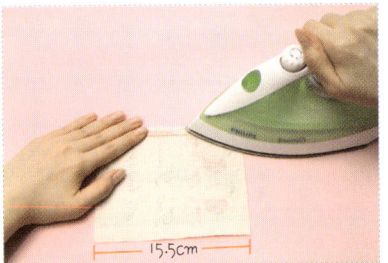

1 아랫주머니 장식 15.5×13cm **9**와 15.5×
9cm **10**의 세로 양 끝을 1cm씩 안쪽으로 접
어서 다림질합니다.

2 아랫주머니 겉감 15.5×47cm **7**의 원하는 위
치에 아랫주머니 장식 **9**와 **10**을 놓고 시침
핀으로 고정한 후, 접은 선을 따라 가장자리 가
깝게 박음질합니다.

3 아랫주머니 장식 **9**와 **10** 양쪽에 5mm 폭 토
션을 놓고 시침핀으로 고정한 후 박음질합니다.

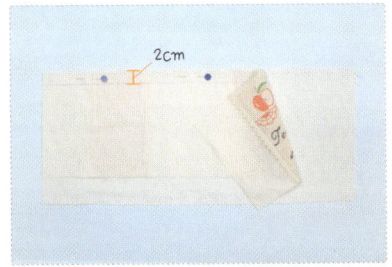

4 완성된 아랫주머니 겉감과 아랫주머니 안감
19.5×47cm **8**을 겉면끼리 마주 댄 후, 위
에서 2cm 아래에 선을 그리고 박음질합니다.

5 아랫주머니 안감 **❽**을 위로 올려 다림질합니다.

6 아랫주머니 안감 **❽**을 다시 아랫주머니 겉감 **❼**의 시접 끝에 맞춰 접은 후 다림질합니다.

2. 몸판과 주머니 연결하기

7 몸판 35×50cm **❷** 위에 몸판 35×50cm **❶**을 올려놓고 아랫중심을 체크합니다. 아랫주머니 부분도 아랫중심을 체크한 후 몸판 **❶** 위에 올려놓고 중심끼리 맞춥니다.

8 주머니 윗부분은 사진처럼 박음질 선을 그린 후 선을 따라 박음질합니다.

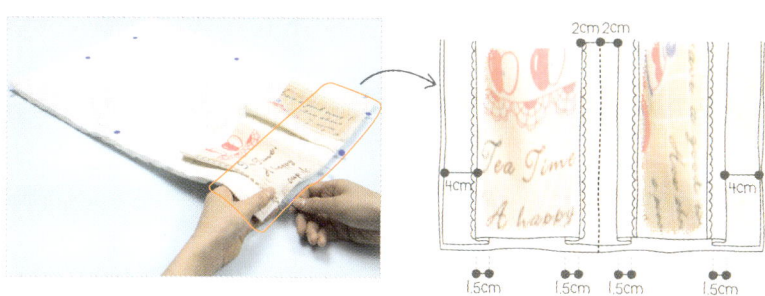

9 아랫주머니의 남는 부분은 그림처럼 주름을 잡아 시침핀으로 고정한 후, 1cm 안쪽으로 완성선을 그려 박음질합니다.

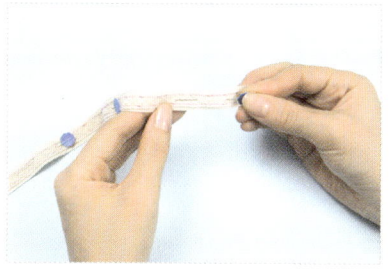

10 면 끈의 중앙에 1cm 폭 토션 20cm를 시침핀으로 고정한 후, 토션의 가장자리를 박음질합니다.

11 면 끈을 반으로 잘라 10cm 길이로 두 개를 만듭니다.

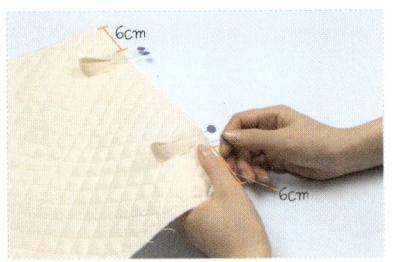

12 10cm 면 끈을 고리 모양으로 만들어 몸판 윗부분 양 끝에서 6cm 안쪽에, 시침핀으로 고정하고 끝 쪽으로 박음질합니다.

13 바이어스 180×8cm ⑪의 시작 부분을 1cm 안쪽으로 접어주세요. 그런 다음 안쪽에 2cm 선을 그린 후 선을 따라 박음질합니다.

14 선을 따라 박음질하다가 몸판의 끝에서 2cm 전에 실을 끊고 바이어스감을 모서리에 맞춰 직각으로 접어주세요. 기본 기법 50쪽 참조

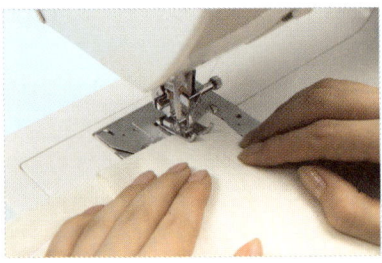

15 직각으로 돌려 다시 2cm 선을 따라 박음질합니다.

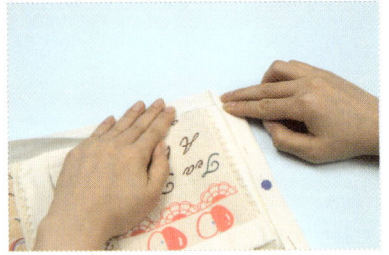

16 바이어스감을 겉면 방향으로 넘겨 바이어스감의 끝과 몸판의 시접 끝을 맞춰 접어줍니다. 한쪽 면을 박음질 선에 맞춰 한 번 더 접은 후 시침핀으로 고정합니다.

17 나머지 한쪽 면도 모서리에서 대각선으로 만나도록 접은 후 시침핀으로 고정합니다. 기본 기법 50쪽 참조

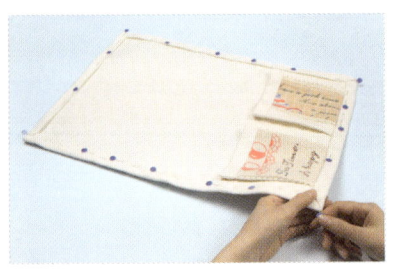

18 16~17을 반복해서 몸판 둘레의 바이어스감을 모두 접은 후 시침핀으로 고정합니다.

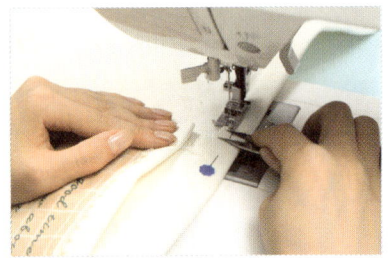

19 접은 선에 가깝게 박음질합니다. 기본 기법 50쪽 참조

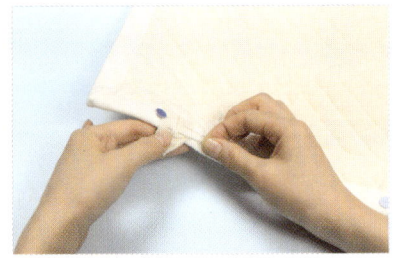

20 고리는 위로 올려 접어서 움직이지 않도록 공그르기로 고정합니다. 기본 기법 67쪽 참조

3. 윗주머니 만들기

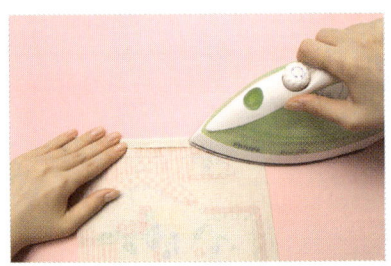

21 윗주머니 장식 20×23cm ⑤의 아랫부분과 ⑥의 위아랫부분을 1cm씩 안쪽으로 접어서 다림질합니다.

22 윗주머니 겉감 30×50cm ③에 윗주머니 장식 ⑤를 왼쪽 윗모서리에, ⑥을 오른쪽 아래에서 9cm 위에 올려놓고 시침핀으로 고정합니다. 접은 선을 따라 가장자리에 가깝게 박음질합니다.

23 윗주머니 장식 ⑤의 오른쪽, ⑥의 왼쪽에 1.5cm 폭 토션을 각각의 시접과 1cm 겹치도록 올려놓고 시침핀으로 고정한 후 박음질합니다.

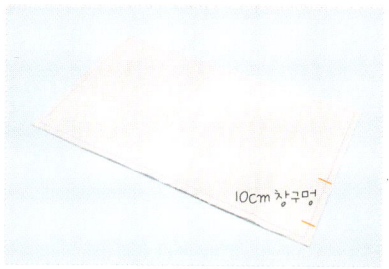

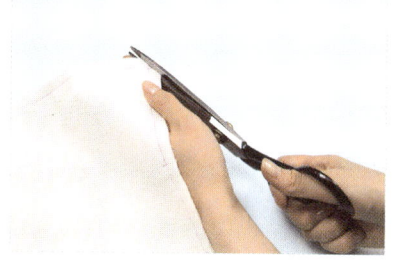

24 완성된 **23** 위에 겉면끼리 마주 닿게 윗주머니 안감 **4**를 올려놓고 1cm 시접을 체크한 후 박음질합니다. 단, 창구멍은 제외하고 박음질하세요.

25 모서리의 시접을 꼭지점에 2mm 정도만 남기고 자른 후, 뒤집어서 다림질합니다.

26 원하는 위치에 스티커를 붙이고 겉면에 중심선을 그려줍니다.

4. 몸판과 주머니 연결하기

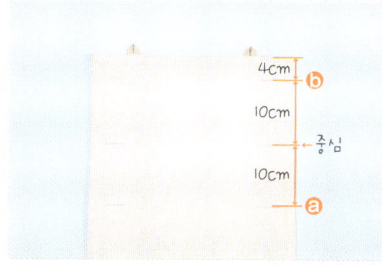

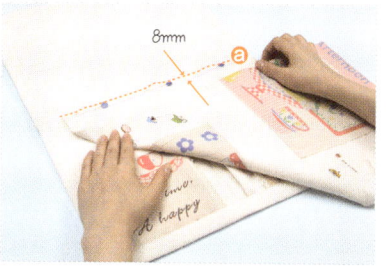

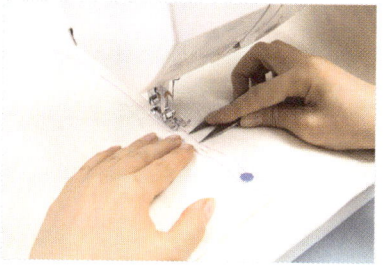

27 완성된 몸판 겉면에 윗주머니 달 위치를 표시합니다.

28 완성된 **26**의 안면 아랫부분에 접은 선 끝에서 2mm 안쪽으로 완성선을 그리고, 8mm 떨어뜨려 한 번 더 그린 후 선 **a**에 맞춰 시침핀으로 고정합니다.

29 **28**에서 그린 선 **a**을 따라 박음질합니다.

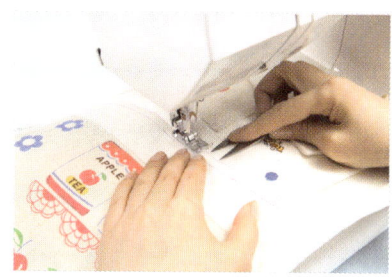

30 주머니의 중심과 몸판에 체크해 놓은 중심을 맞춰 시침핀으로 고정하고 주머니에 그린 중심선을 따라 박음질하고 8mm 아래쪽에 한 번 더 선을 그린 후 선을 따라 박음질합니다.

31 주머니감의 윗부분은 **b**에 맞춰 끝에서 2mm 안쪽에 완성선을 그리고, 8mm 아래쪽에 한 번 더 선을 그린 후 선을 따라 박음질합니다.

32 주방 수납 주머니가 완성되었습니다.

12.

품격을 더해주는
전자레인지 커버

12. 전자레인지 커버

예상 재료비 22,000원 | 완제품 예상가 45,000원 | 난이도 ★★★☆☆ | 완성 사이즈 86×47cm

재료

- ☐ 리넨 프린트
- ☐ 리넨 체크
- ☐ 리넨 무지
- ☐ 접착심지
- ☐ 광목 누비 원단
- ☐ 토션 125cm
- ☐ 라벨 테이프
- ☐ 스티커 여러 개

재단

① 윗판(광목 누빔) 86×25cm
② 윗판(리넨 무지) 86×25cm
③ 장식(리넨 프린트) 17×25cm
④ 장식(리넨 프린트) 24×12cm
⑤ 주머니 겉감(리넨 체크) 15×25cm
⑥ 주머니 겉감(리넨 체크) 15×25cm
⑦ 주머니 안감(리넨 무지) 17×25cm
⑧ 주머니 안감(리넨 무지) 17×25cm
⑨ 앞 덮개(리넨 무지) 45×30cm
⑩ 앞 덮개(리넨 무지) 45×12cm
⑪ 앞 덮개 패치(리넨 프린트) 23×10cm
⑫ 앞 덮개 패치(리넨 체크) 13×10cm
⑬ 앞 덮개 패치(리넨 체크) 13×10cm
⑭ 바이어스(리넨 무지) 230×3.5cm
⑮ 접착심지 15×25cm
⑯ 접착심지 15×25cm

1. 주머니 만들기

1 주머니 겉감 15×25cm **⑤**의 안면과 접착심지 15×25cm **⑮**의 풀기 있는 부분(반짝이는 부분)을 마주 대고 다림질합니다.

2 뒤집어서 한 번 더 다림질하여 접착심지를 완전히 붙입니다.

3 2와 주머니 안감 17×25cm **⑦**을 겉면끼리 마주 대고 한쪽 끝을 맞추세요.

4 맞춘 면에 1cm 시접을 남기고 완성선을 그린 후 시침핀으로 고정합니다.

5 완성선을 따라 박음질합니다.

6 박음질 선을 따라 주머니 안감 **⑦**을 위쪽으로 넘겨 다림질하세요.

7 겉감의 시접 끝에 맞춰 안감을 안쪽으로 접어 다림질합니다. 이렇게 하면 겉감과 안감의 크기가 똑같아집니다.

8 주머니 겉감과 안감의 연결 부분 아래에 토션을 올려놓고 시침핀으로 고정합니다.

9 토션의 양쪽을 박음질합니다. 주머니 겉감 15×25cm ❻, 접착심지 15×25cm ⑯, 주머니 안감 17×25cm ❽을 가지고 1∼9와 같은 방법으로 주머니 한 개를 더 만듭니다.

2. 몸판 만들기

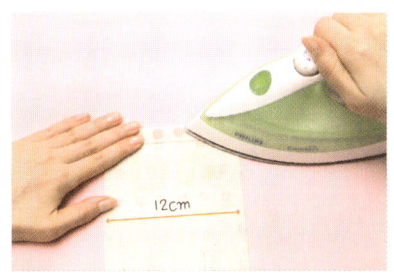

10 장식 24×12cm ❹의 오른쪽을 1cm 접어 다림질합니다.

11 윗판 86×25cm ❶ 안면에 윗판 86×25cm ❷를 올린 후, 장식 ❹를 ❶ 아래의 중심에서 왼쪽으로 2cm 옆으로 놓고 시침핀으로 고정합니다.

12 장식 ❹의 접은 선에서 1mm 안쪽으로 박음질합니다.

13 장식 ❹의 윗면에 토션을 놓고 시침핀으로 고정합니다.

올이 풀리지 않도록 토션 오른쪽 끝을 1cm 정도 접으세요.

14 토션의 양 끝을 박음질합니다.

15 라벨 테이프에 원하는 모양의 스티커를 올려놓고 다림질합니다.

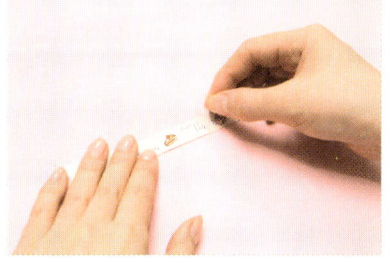

16 잠시 후 비닐 테이프를 떼세요.

17 완성한 장식 띠와 장식 17×25cm ❸의 위치를 잡아 시침핀으로 고정한 후 장식 띠의 위아래를 박음질합니다.

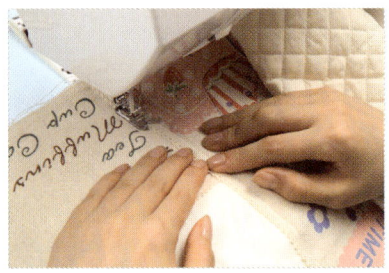

18 장식 ❸의 오른쪽 원단 끝이 보이지 않도록 토션을 시침핀으로 고정한 후 양쪽을 박음질합니다.

19 장식 ❸의 왼쪽 원단 끝이 보이지 않도록 토션을 시침핀으로 고정한 후 토션의 양쪽을 박음질합니다.

3. 앞 덮개 만들기

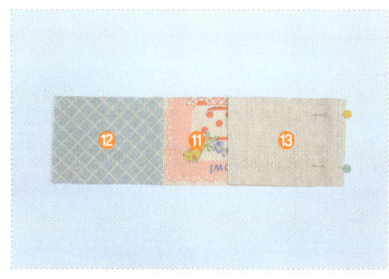

20 앞 덮개 패치 ⓫, ⓬를 겉면끼리 마주 대고 1cm 안쪽으로 완성선을 그린 후 시침핀으로 고정합니다.

21 완성선을 따라 박음질한 후, 시접을 앞 덮개 패치 ⓬ 쪽으로 넘겨 다림질하세요.

22 앞 덮개 패치 ⓫, ⓭을 겉면끼리 마주 대고 20~21과 같은 방법으로 연결합니다.

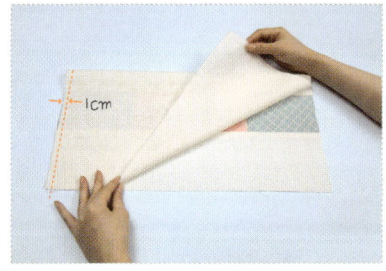

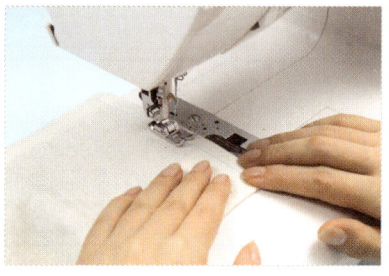

23 앞 덮개 ❾를 완성된 22의 아래쪽에, 앞 덮개 ❿을 위쪽에 각각 놓고 시접을 1cm 남기고 박음질합니다. 각각의 시접은 앞 덮개 ❾, ❿ 쪽으로 넘겨 다림질합니다.

24 완성된 23을 겉면끼리 마주 닿게 반으로 접은 후, 양옆에 1cm 안쪽으로 완성선을 그리세요.

25 완성선을 따라 박음질한 후 뒤집어주세요.

TIP

시접을 잘 겹쳐서 잡고 뒤집으면 보다 쉽고 깔끔하게 마무리됩니다.

26 뒤집은 앞 덮개의 접은 선과 박음질 선을 다림질합니다.

4. 완성하기

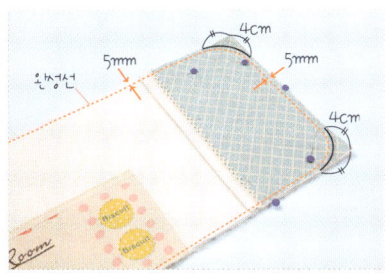

27 몸판 양쪽 끝에 완성된 주머니를 시침핀으로 고정한 후, 몸판 전체에 5mm 안쪽으로 완성선을 그립니다. 이때 모서리 부분은 반지름 4cm의 곡선이 되도록 그립니다.

28 완성선을 따라 박음질합니다. 곡선의 시접은 박음질 선에서 5mm 정도만 남기고 곡선을 따라 자릅니다.

29 몸판의 아랫부분, 앞 덮개의 윗부분에 중심을 표시하세요.

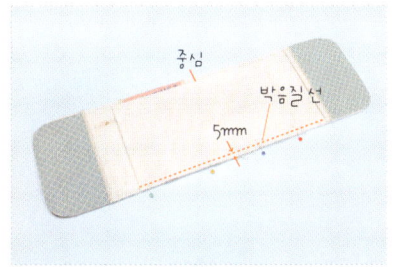

30 중심을 맞춰 겉면끼리 마주 닿게 놓은 후, 시침핀으로 고정합니다.

31 앞 덮개의 시접 끝에서 5mm 안쪽으로 박음질하세요.

32 올이 풀리지 않도록 몸판 전체를 지그재그 모양으로 박음질하세요.

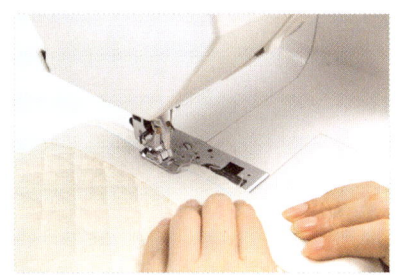

33 몸판의 뒷면에 바이어스 **14** 를 올려놓고 시작 부분을 1cm 안쪽으로 접은 후 바이어스 처리를 시작합니다. 기본 기법 44, 47쪽 참조

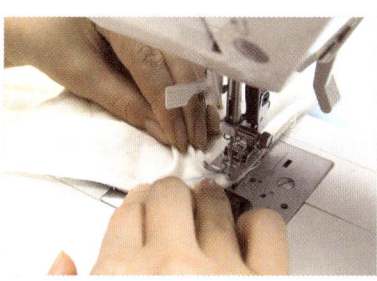

34 곡선 부분은 주름이 잡히지 않도록 바이어스감을 곡선의 중심 쪽으로 잡아 주거나 시침핀으로 고정한 후 박음질합니다.

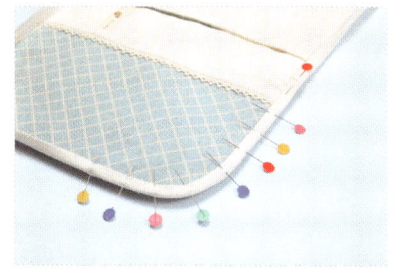

35 몸판의 겉면이 위로 오도록 뒤집은 후, 바이어스감 역시 겉쪽으로 넘겨 박음질 선에 맞춰 접어 시침핀으로 고정합니다.

36 바이어스의 접은 선에 가깝게 박음질합니다.

37 전자레인지 커버가 완성되었습니다.

13.
창 너머 햇살이 넘나들게,
봉커튼

봉커튼

예상 재료비 90,000원　완제품 예상가 180,000원　난이도 ★★★★☆　완성 사이즈 180×180cm 2장

재료

☐ 선염 화이트 무지 원단
☐ 선염 스트라이프 원단
☐ 선염 블루 무지 원단

재단

❶ 몸판(선염 화이트 무지) 112×137cm 1장
❸ 몸판(선염 스트라이프) 142×17cm 1장
❺ 몸판(선염 블루 무지) 192×41cm 1장
❼ 커튼 날개 몸판(선염 블루 무지) 192×38cm 1장

❷ 몸판(선염 스트라이프) 17×152cm 2장
❹ 몸판(선염 블루 무지) 27×152cm 2장
❻ 고리(선염 스트라이프) 12×15cm 10장
❽ 커튼 날개 장식(선염 스트라이프) 192×7cm 1장

작업 순서

1. 디자인 및 완성 도면 그리기

– 완성하고자 하는 가로 세로의 길이를 체크합니다.

– 몸판을 패치워크 할 때는 원하는 디자인으로 도면을 그립니다.

2. 시접 계산하기

– 완성한 도면을 보고 완성하고자 하는 사이즈에 연결 부분의 시접 분량을 더해서 재단합니다. 예를 들어, 몸판 ❷를 재단할 때 완성하고자 하는 가로 세로는 15×150cm입니다. 가로 15cm에 몸판 ❶과 연결할 시접 1cm와 몸판 ❹와 연결할 시접 1cm를 더해서 17cm, 세로 150cm에 날개감 ❼과 연결 시접 1cm, 몸판 ❺와 연결할 시접 1cm를 더해서 152cm로 재단하면 됩니다. 몸판 ❹와 ❺, 커튼 날개 몸판 ❼은 가장자리에 들어가는 패치이므로 가장자리 시접 분량을 계산할 때는 일반적으로 3~5cm 간격으로 두 번 접어서 마무리해야 하므로 시접량은 6~10cm 정도가 되도록 재단합니다.

3. 재단 및 원단 소요량 계산하기

– 원단을 먼저 선택한 후 재단 도면을 그리는 것이 좋습니다. 원단은 종류에 따라 폭이 다르므로 필요한 수량(마 수)을 계산하기 위해서는 어떤 원단으로 작업할지 먼저 결정해야 합니다.

1. 완성 도면

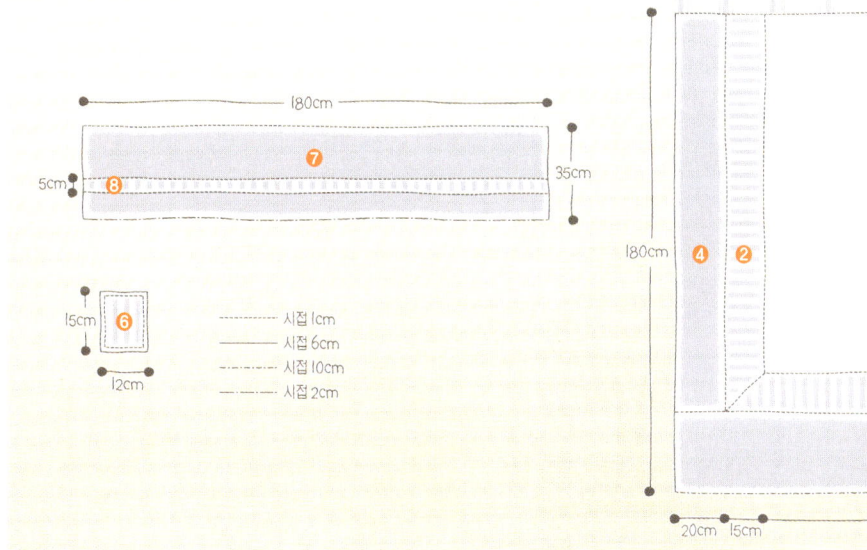

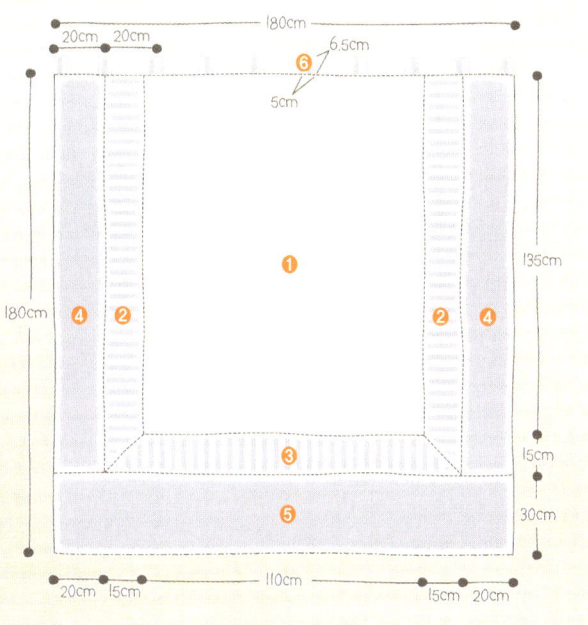

2. 시접 계산하기(커튼 2장)

❶ **몸판(선염 화이트 무지)** 가로 110cm + 시접 2cm = 112cm | 세로 135cm + 시접 2cm = 137cm → 112 × 137cm 2장

❷ **몸판(선염 스트라이프)** 가로 15cm + 시접 2cm = 17cm | 세로 150cm + 시접 2cm = 152cm → 17 × 152cm 4장

❸ **몸판(선염 스트라이프)** 가로 140cm + 시접 2cm = 142cm   세로 15cm + 시접 2cm = 17cm → 142 × 17cm 2장

❹ **몸판(선염 블루 무지)** 가로 20cm + 시접 7cm = 27cm | 세로 150cm + 시접 2cm = 152cm → 27 × 152cm 4장

❺ **몸판(선염 블루 무지)** 가로 180cm + 시접 12cm = 192cm | 세로 30cm + 시접 11cm = 41cm → 192 × 41cm 2장

❻ **고리(선염 스트라이프)** 가로 (5×2)cm + 시접 2cm = 12cm | 세로 (6.5×2)cm + 시접 2cm = 15cm → 12 × 15cm 20장

❼ **커튼 날개 몸판(선염 블루 무지)** 가로 180cm + 시접 12cm = 192cm | 세로 35cm + 시접 3cm = 38cm → 192 × 38cm 2장

❽ **커튼 날개 장식(선염 스트라이프)** 가로 180cm + 시접 12cm = 192cm | 세로 5cm + 시접 2cm = 7cm → 192 × 7cm 2장

3. 재단 및 원단 소요량 계산하기

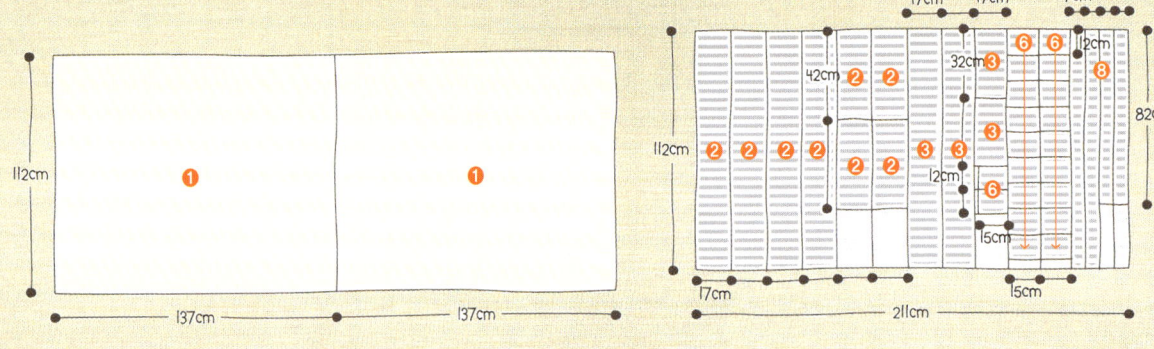

(137 + 137) ÷ 90 = 3. …… → 4마

(153 + 30 + 28) ÷ 90 = 2. …… → 3마

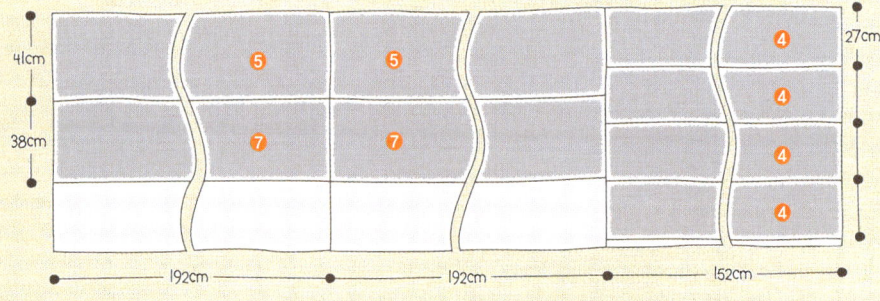

(192 + 192 + 152) ÷ 90 = 5. …… → 6마

> **TIP**
> 길게 재단해야 하는 몸판 ❷의 경우 17×152cm를 원단 한 장으로 재단할 수 없습니다. 그러므로 17×112cm, 17×42cm 두 장으로 재단해서 17cm 부분에 시접을 1cm 남기고 연결하여 17×152cm 원단으로 만듭니다. 1마 = 90cm

1. 커튼 날개 만들기

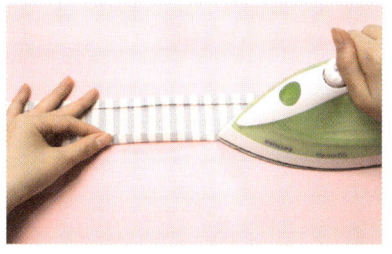

1 커튼 날개 장식 192×7cm **8**의 양 끝을 1cm씩 안쪽으로 접어서 다림질합니다.

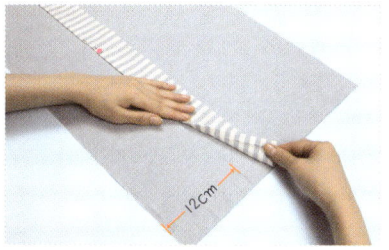

2 커튼 날개 몸판 192×38cm **7**의 겉면에 아래에서 12cm 위쪽으로 선을 긋습니다. 선에 맞춰 1의 커튼 날개 장식 **8**을 올려놓은 후, 시침핀으로 고정합니다.

3 커튼 날개 장식 **8**의 긴 면을 양 끝에서 1mm 안쪽으로 박음질합니다.

4 커튼 날개 몸판 **7**의 안면에 끝에서 6cm, 9cm 위치에 각각 선을 긋습니다.

5 6cm 선 **b**에 맞춰 접은 후 다림질합니다. 접은 선을 다시 9cm 선 **a**에 맞춰 접어 다림질합니다.

6 5의 접은 선을 시침핀으로 고정한 후, 접은 선 쪽에서 1mm 안쪽으로 박음질합니다.

7 커튼 날개 몸판 **7**의 아랫부분에 2cm 선을 그린 다음, 다시 1cm 선을 그립니다.

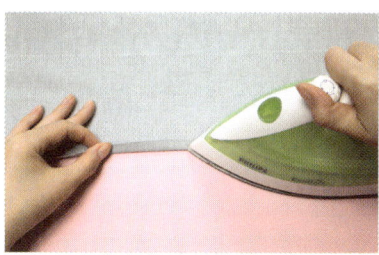

8 선을 따라 1cm 접어서 다림질하고, 다시 1cm 접어서 다림질합니다.

9 안쪽 접은 선 끝에 맞춰 박음질하세요.

2. 몸판 만들기

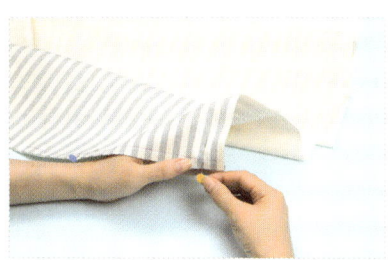

10 몸판 112×137cm **1**과 몸판 17×152cm **2**를 겉면끼리 마주 보게 놓은 다음 1cm 선을 그리고 시침핀으로 고정합니다.

11 선을 따라 1cm 안쪽으로 박음질합니다. 시접은 몸판 **2** 방향으로 넘겨주세요.

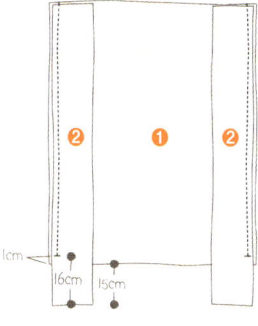

몸판 양옆을 모두 **10~11**의 과정대로 하면 위를 기준으로 몸판 **2**의 아랫부분이 16cm 남게 됩니다.

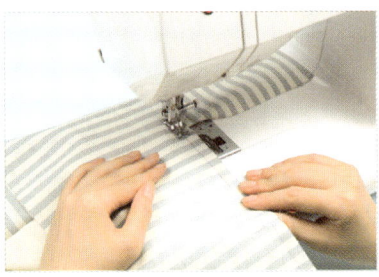
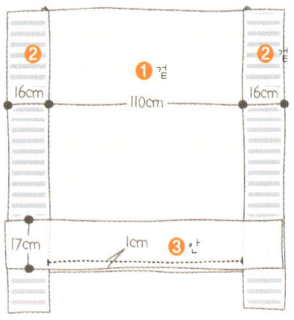

12 11과 몸판 142×17cm **3**을 겉면끼리 마주 닿게 하여 아랫선을 맞추세요.

13 몸판 **2**와 연결된 부분까지만 1cm 안쪽으로 박음질하세요.

중심을 기준으로 맞대어 양쪽으로 16cm씩 남게 합니다. 몸판 **1**, **2**의 겉면, **3**의 안면이 위로 향한 그림입니다.

14 13의 상태에서 박음질 선 끝에서 몸판 **3**의 모서리까지 대각선을 그리세요.

15 그 상태에서 몸판 **2**와 **3**을 포갠 후, 14에서 그린 선을 따라 박음질합니다.

16 시접은 1cm 정도 남기고 자른 후 벌리세요. 그런 다음 오버로크 처리하고 다림질하세요.

17 16을 겉으로 뒤집은 모습입니다. 반대쪽 시접도 14~16과 같은 방법으로 진행하면 됩니다.

18 윗면을 기준으로 몸판 **2**의 옆쪽에 **4**를 겉면끼리 마주 대고 1cm 안쪽으로 박음질한 후, 오버로크 처리합니다.

19 양쪽을 모두 박음질하여 연결하고 시접은 **4** 쪽으로 넘겨서 다림질합니다.

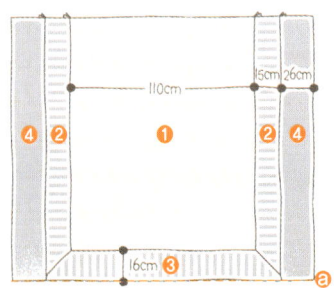

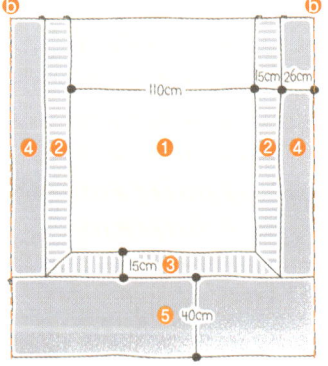

19 -1 몸판 **1**, **2**, **3**, **4**의 겉면이 위로 향한 그림입니다.

20 19-1의 **a**와 몸판 192×41cm **5**를 겉면끼리 마주 대고 1cm 안쪽으로 박음질한 후 오버로크 처리합니다. 시접은 몸판 **5** 쪽으로 넘겨 다림질하세요.

몸판이 완성된 그림입니다.

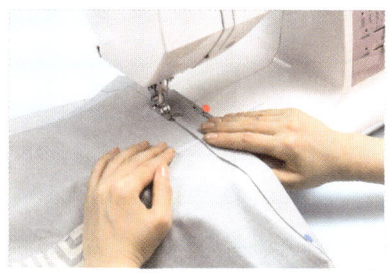

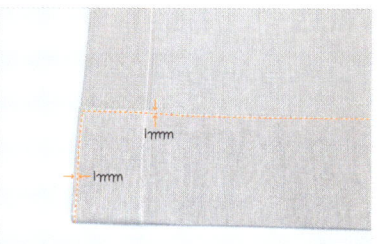

21 ⓑ의 양옆을 3cm씩 두 번 접어 다림질한 후 시침핀으로 고정합니다. 그런 다음 접은 선의 1mm 안쪽을 박음질합니다.
커튼 날개 만들기의 4~6 참조

22 몸판 ❺의 아랫선도 5cm씩 두 번 접어 다림질한 후 시침핀으로 고정합니다. 그런 다음 1mm 안쪽을 박음질합니다. 이때 옆의 5cm 부분도 박음질합니다.

3. 고리 달기

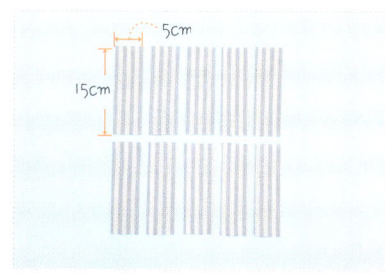

23 고리 12×15cm ❻을 겉과 겉끼리 마주 닿게 반으로 접어 1cm 안쪽으로 박음질합니다.

24 시접을 벌려서 뒤집은 후, 박음질 선이 중심에 오게 하여 다림질합니다.

25 같은 방법으로 고리감 10개를 준비합니다.

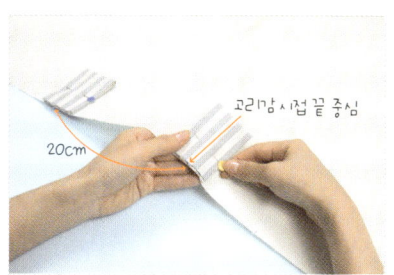

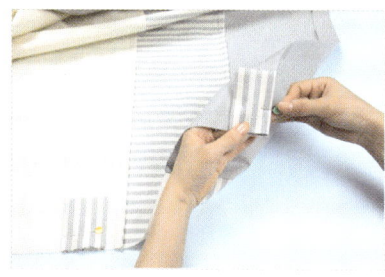

26 몸판의 안면 윗부분에 20cm 간격으로 표시하고 고리감을 반으로 접어 고리감의 시접 끝 중심을 몸판에 표시한 점에 맞춰 시침핀으로 고정합니다.

27 양 끝의 고리는 몸판의 옆면 끝에 맞춰서 고정합니다.

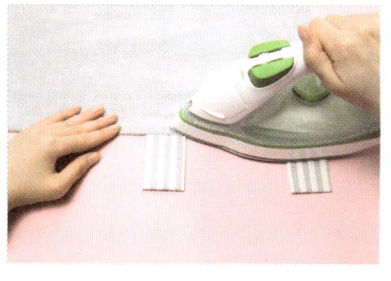

28 날개감 겉면과 고리가 달린 몸판의 안면을 마주 대고 시침핀으로 고정합니다. 시접 1cm를 남기고 박음질한 후 오버로크 처리합니다.

29 박음질된 부분을 뒤집어서 박음질 선을 따라 다림질하면 완성됩니다. 같은 방법으로 다른 한 장도 완성합니다.

14.

내추럴 스타일 침실 공간을 연출하는

침구 세트

16. 베개 커버

예상 재료비 7,000원 | 완제품 예상가 20,000원 | 난이도 ★★★☆☆ | 완성 사이즈 50×70cm

재료

☐ 선염 스트라이프 2종
☐ 선염 블루 무지
☐ 지퍼 알
☐ 패딩솜
☐ 지퍼 45cm
☐ 베개 솜
☐ 장식용 모티브

재단

❶ 앞판(선염 5cm 스트라이프) 52×52cm
❸ 날개 장식(선염 1cm 스트라이프) 47×15cm
❺ 뒤판(선염 5cm 스트라이프) 52×17cm
❼ 패딩솜 55×55cm

❷ 날개(선염 블루 무지) 47×102cm
❹ 앞판(선염 블루 무지) 22×102cm
❻ 뒤판(선염 5cm 스트라이프) 52×40cm

1. 완성 도면

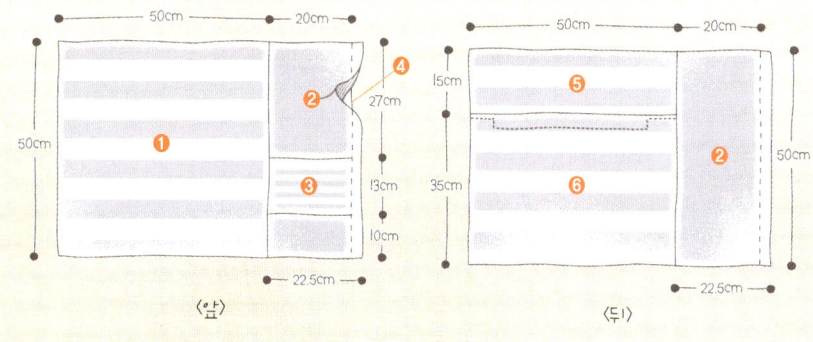

〈앞〉　　　　　〈뒤〉

2. 시접 계산하기

❶ 앞판(선염 5cm 스트라이프) 가로 50cm + 시접 2cm = 52cm | 세로 50cm + 시접 2cm = 52cm → 52×52cm

❷ 날개 몸판(선염 블루 무지) 가로 (22.5×2)cm + 시접 2cm = 47cm | 세로 100cm + 시접 2cm = 52cm → 47×102cm

❸ 날개 장식(선염 1cm 스트라이프) 가로 (22.5×2)cm + 시접 2cm = 47cm | 세로 13cm + 시접 2cm = 15cm → 47×15cm

❹ 앞판(선염 블루 무지) 가로 20cm + 시접 2cm = 22cm | 세로 100cm + 시접 2cm = 102cm → 22×102cm

❺ 뒤판(선염 5cm 스트라이프) 가로 50cm + 시접 2cm = 52cm | 세로 15cm + 시접 2cm = 17cm → 52×17cm

❻ 뒤판(선염 5cm 스트라이프) 가로 50cm + 시접 2cm = 52cm | 세로 35cm + 시접 5cm = 40cm → 52×40cm

❼ 패딩솜 가로 50cm + 여유분 5cm = 55cm | 세로 50cm + 여유분 5cm = 55cm → 55×55cm

TIP

베개 커버의 시접은 뒤판에 지퍼가 들어가는 부분을 제외한 나머지는 모두 1cm로 계산합니다.

침대 규격 사이즈

		싱글	더블	퀸
매트리스	가로	100cm	130cm	150cm
	세로	200cm	200cm	200cm
이불	가로	160cm	180cm	200cm
	세로	210cm	220cm	230cm
베개	가로	60cm		70cm
	세로	40cm		50cm

• 킹과 슈퍼싱글의 매트리스는 규격화된 사이즈가 없으므로 가지고 있는 매트리스를 자로 재서 재단하면 됩니다.

• 침대의 높이는 침대마다 약간씩 차이가 있을 수 있으므로 반드시 체크한 후 재단해야 합니다.

• 원단을 구매할 때는 봉커튼의 재단하기와 시접 계산하기를 참조하세요. 또 완성하고자 하는 디자인을 결정한 후 재단 도면을 그리고 소요량을 체크한 후 여유 있게 구입하는 게 좋습니다.

3. 재단 및 원단 소요량 계산하기

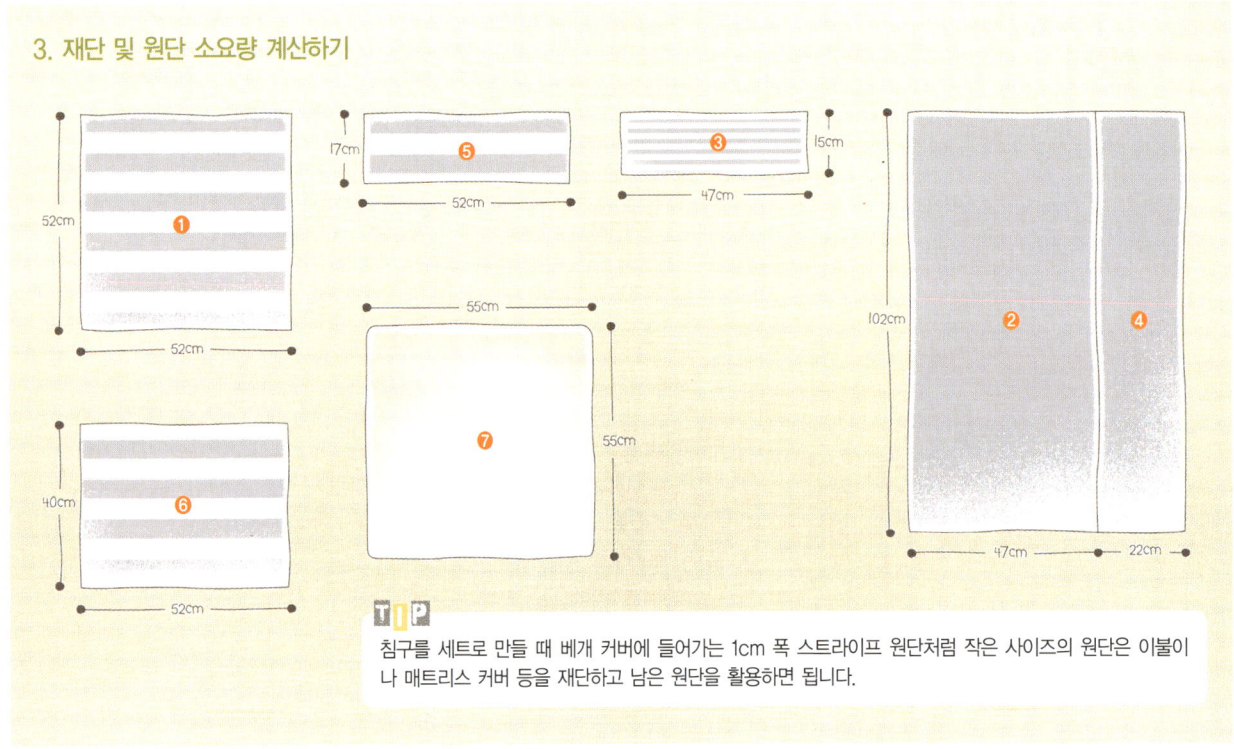

TIP
침구를 세트로 만들 때 베개 커버에 들어가는 1cm 폭 스트라이프 원단처럼 작은 사이즈의 원단은 이불이나 매트리스 커버 등을 재단하고 남은 원단을 활용하면 됩니다.

1. 날개 만들기

1 날개 장식 47×15cm ③의 양 끝을 1cm씩 안쪽으로 접어서 다림질합니다.

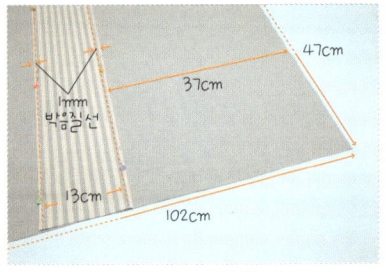

2 날개 몸판 47×102cm ②의 끝에서 37cm 아래에 선을 긋고 선에 맞춰 날개 장식 ③을 시침핀으로 고정합니다.

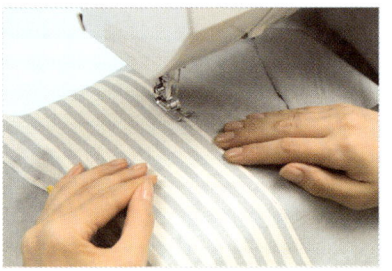

3 날개 장식 ③의 양 끝 접은 선에서 1mm 안쪽으로 박음질합니다.

4 날개 장식 ③의 적당한 위치에 모티브를 답니다.

5 날개 ②를 길게 접어 1cm 안쪽에 완성선을 그린 후, 완성선을 따라 박음질합니다.

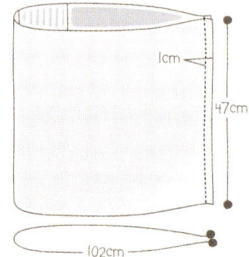

5-1 시접은 양쪽으로 벌려 다림질합니다.

6 5에서 박음질한 부분을 맞춰 반으로 접어주세요.

7 시접 끝을 맞춰서 핀으로 고정합니다.

8 앞판 22×102cm **④**의 짧은 쪽을 오버로크 처리합니다.

9 오버로크 처리한 쪽을 겉면이 마주 닿게 반으로 접은 후, 1cm 안쪽에 완성선을 그리고 시침핀으로 고정합니다.

10 완성선을 따라 박음질한 후 시접은 양쪽으로 벌려 다림질합니다.

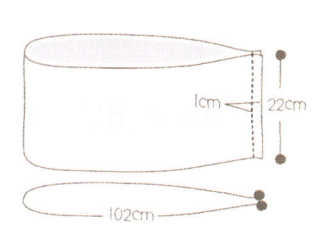

11 7의 안폭에 10의 겉이 마주 닿도록 넣어 시시접 끝을 맞춰 시침핀으로 고정합니다.

이때 시접 부분이 두꺼워질 수 있으므로 시접이 겹치지 않도록 하세요.

12 노루발 끝에 시접 끝을 맞춰 박음질한 후 오버로크 처리합니다.

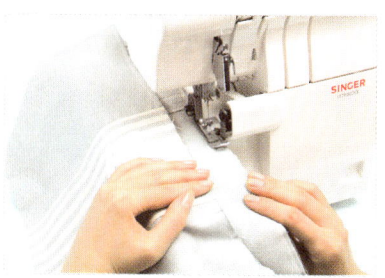

2. 뒤판 만들기

13 뒤판 52×17cm **⑤**와 52×40cm **⑥**의 지퍼 달 부분에 각각 오버로크 처리합니다.

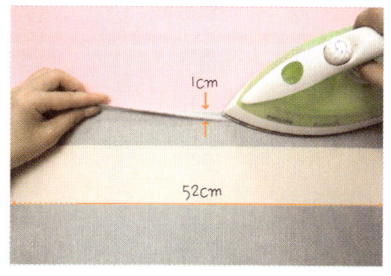

14 뒤판 **⑤**에 2cm 선을 그린 후 원단 끝에 맞춰 다림질합니다.

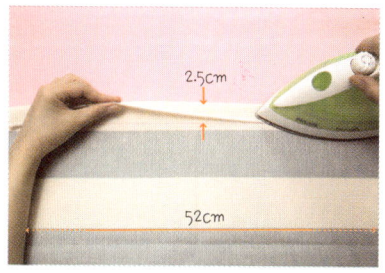

15 뒤판 **⑥**에 5cm 선을 그린 후 원단 끝에 맞춰 다림질합니다.

16 지퍼의 중심과 뒤판 **⑤**의 다림질한 면의 중심을 맞춰 시침핀으로 고정합니다.

17 지퍼 노루발을 이용해 접은 선에서 2mm 안쪽으로 박음질합니다.

18 지퍼 알을 끼웁니다.

19 뒤판 **⑤**의 접은 선과 **⑥**의 접은 선을 1cm 겹쳐서 시침핀으로 고정하고 완성선을 그린 후, 완성선을 따라 박음질합니다.
82쪽 사각 쿠션 뒤판 만들기 14번 그림 참조

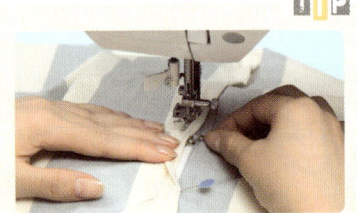

TIP
바늘을 원단에 고정한 상태에서 노루발을 들고 지퍼 고리를 위로 올립니다.

20 테두리를 오버로크 처리합니다.

3. 앞판 만들기

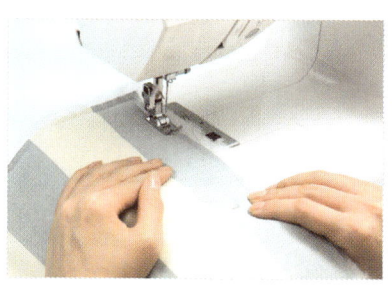

21 패딩솜 위에 앞판 52×52cm **1**을 올리고 끝 쪽으로 박음질한 후 오버로크 처리합니다.

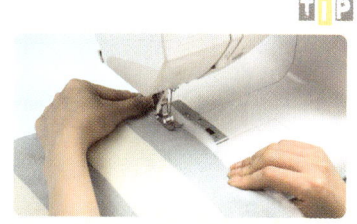

원단이 밀리지 않도록 위아래로 당기면서 박음질합니다.

22 앞판과 뒤판을 겉면끼리 마주 댄 후 시접을 1cm 남기고 ㄷ자 모양으로 완성선을 그립니다.

23 완성선을 따라 박음질합니다.

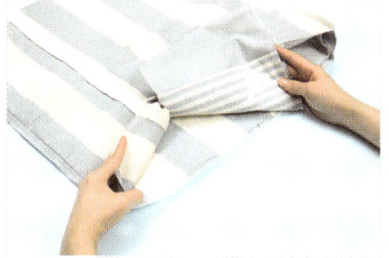

24 이때 날개의 모티브를 단 부분이 앞판의 겉면과 마주 닿도록하고 몸판에 날개를 넣습니다.

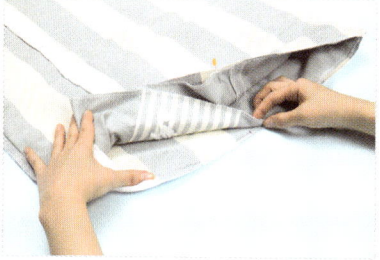

25 모티브를 원하는 위치에 맞춰서 시침핀으로 고정합니다.

26 시접을 1cm 남기고 박음질합니다.

27 앞판 **4**만 빼주세요.

28 몸판의 박음질 선에 맞춰 접어서 시침핀으로 고정합니다.

29 앞판 **4**의 끝에서 1cm 완성선을 그린 후, 완성선을 따라 박음질합니다.

30 박음질한 부분을 오버로크 처리합니다.

31 베개 커버가 완성되었습니다.

14-2. 이불 커버

예상 재료비 80,000원 | 완제품 예상가 130,000원 | 난이도 ★★★★☆ | 완성 사이즈 200×230cm

재료

☐ 선염 화이트 무지
☐ 선염 블루 무지
☐ 선염 5cm 스트라이프
☐ 선염 1cm 스트라이프
☐ 파이핑 줄
☐ 지퍼 190cm
☐ 지퍼 알
☐ 모티브

재단

① 앞판 중앙(선염 5cm 스트라이프) 102×234cm　**②** 앞판 왼쪽(선염 5cm 스트라이프) 63×234cm

③ 앞판 오른쪽(선염 블루 무지) 43×234cm　**④** 앞판 장식(선염 1cm 스트라이프) 43×32cm

⑤ 앞판 장식(선염 화이트 무지) 43×12cm　**⑥** 뒤판 왼쪽(선염 블루 무지) 103×235cm

⑦ 뒤판 오른쪽(선염 블루 무지) 103×235cm　**⑧** 파이핑(선염 블루 무지) 870×4cm

1. 완성 도면

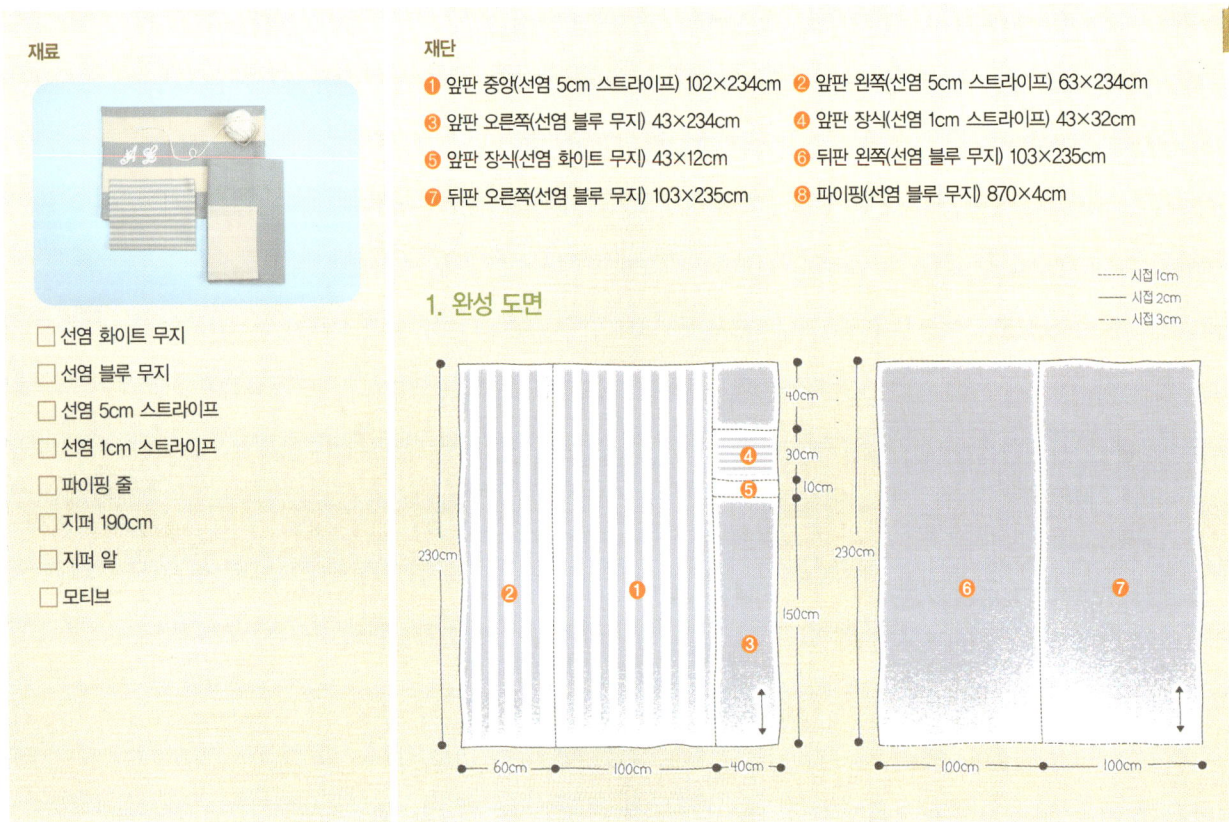

2. 시접 계산하기

① **앞판 중앙** 가로 100cm + 시접 2cm = 102cm ┃ 세로 230cm + 시접 4cm = 234cm → 102×234cm

② **앞판 왼쪽** 가로 60cm + 시접 3cm = 63cm ┃ 세로 230cm + 시접 4cm = 234cm → 63×234cm

③ **앞판 오른쪽** 가로 40cm + 시접 3cm = 43cm ┃ 세로 230cm + 시접 4cm = 234cm → 43×234cm

④ **앞판 장식** 가로 40cm + 시접 3cm = 43cm ┃ 세로 30cm + 시접 2cm = 32cm → 43×32cm

⑤ **앞판 장식** 가로 40cm + 시접 3cm = 43cm ┃ 세로 10cm + 시접 2cm = 12cm → 43×12cm

⑥ **뒤판 왼쪽** 가로 100cm + 시접 3cm = 103cm ┃ 세로 230cm + 시접 5cm = 235cm → 103×235cm

⑦ **뒤판 오른쪽** 가로 100cm + 시접 3cm = 103cm ┃ 세로 230cm + 시접 5cm = 235cm → 103×235cm

⑧ **파이핑감** 가로 {(가로 200cm + 세로 230cm) × 2 = 860cm} + 여유분 10cm = 870cm → 870×4cm

- 110cm 폭의 원단을 이용해 푸서(폭) 방향으로 재단할 경우, 870÷110=7. …… 이므로 소수점 이하는 한 줄로 계산해서 8줄로 재단

- 150cm 폭의 원단을 이용해 푸서(폭) 방향으로 재단할 경우, 870÷150=5. …… 이므로 소수점 이하는 한 줄로 계산해서 6줄로 재단

3. 재단 및 원단 소요량 계산하기

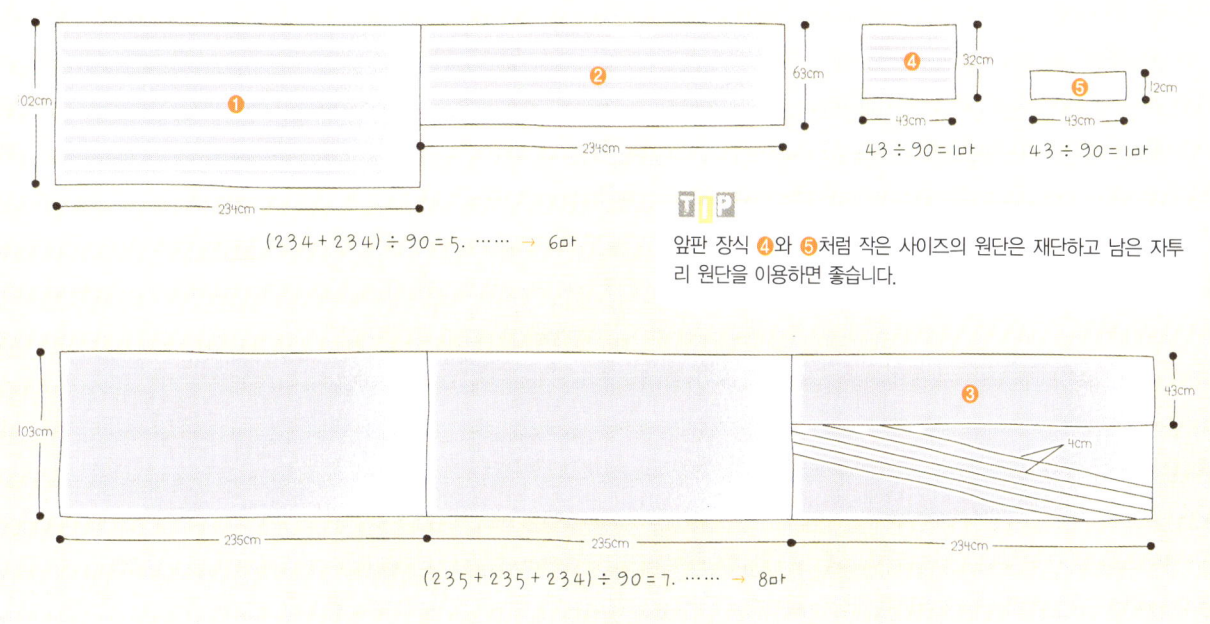

$(234 + 234) \div 90 = 5. \cdots \rightarrow$ 6마

$43 \div 90 = 1$마 $43 \div 90 = 1$마

TIP

앞판 장식 ④와 ⑤처럼 작은 사이즈의 원단은 재단하고 남은 자투리 원단을 이용하면 좋습니다.

$(235 + 235 + 234) \div 90 = 7. \cdots \rightarrow$ 8마

1. 앞판 만들기

1 앞판 장식 43×12cm ⑤에 모티브를 원하는 위치에 시침핀으로 고정합니다.

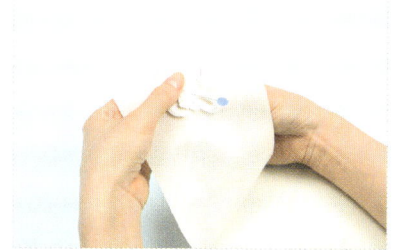

2 모티브의 테두리를 손바느질로 고정합니다.

3 앞판 장식 ⑤의 안면에 1cm 안쪽으로 완성선을 그립니다.

4 앞판 장식 43×32cm ④와 43×12cm ⑤를 겉면끼리 마주 대고 3에서 ⑤의 안쪽에 그린 완성선을 따라 박음질합니다.

5 시접을 앞판 장식 ④ 쪽으로 넘겨서 다림질합니다.

6 앞판 장식 ⑤의 안면에 끝에서 2cm 안쪽으로 선을 그립니다.

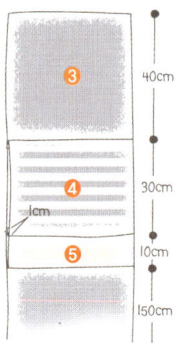

7 앞판 장식 **4**의 안면에 끝에서 2cm 안쪽으로 선을 그립니다.

8 표시 선에 원단 끝을 맞춰 접어서 다림질합니다.

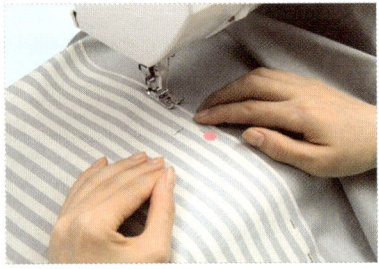

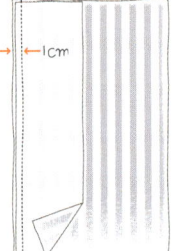

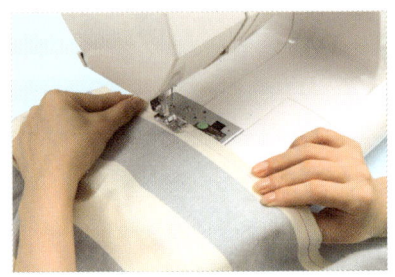

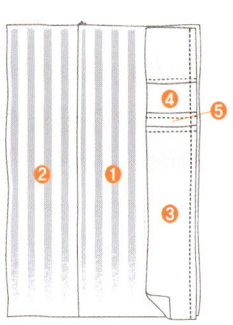

9 8을 앞판 오른쪽 43×234cm **3**에 시침핀으로 고정합니다.

10 접은 선 끝에서 1mm 안쪽으로 박음질합니다.

11 앞판 중앙 102×234cm **1**과 앞판 왼쪽 63×234cm **2**를 겉면끼리 마주 대고 시침핀으로 고정합니다.

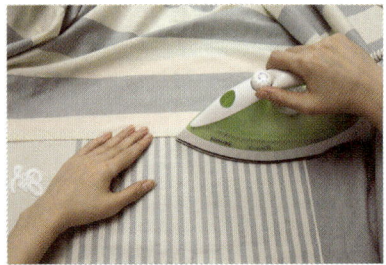

12 시접을 1cm 남기고 박음질하고 오버로크 처리한 후 시접을 앞판 중앙 **1**로 넘겨서 다림질합니다.

13 앞판 중앙 **1**의 겉면 오른쪽에 앞판 오른쪽 **3**의 겉면을 마주 대로 시침핀으로 고정합니다.

14 시접을 1cm 남기고 박음질합니다.

15 박음질한 부분을 오버로크 처리합니다.

16 시접을 앞판 중앙 **1**로 넘겨서 다림질합니다.

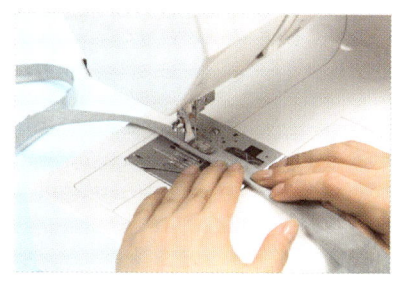

17 파이핑 원단을 만듭니다.
기본 기법 54쪽 참조

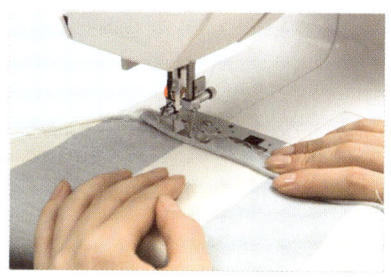

18 앞판 전체를 파이핑 처리합니다.
기본 기법 58, 59쪽 참조

19 파이핑 처리된 앞판 테두리를 오버로크 처리합니다.

2. 뒤판 만들기

20 뒤판 왼쪽 103×235cm **6**과 뒤판 오른쪽 103×235cm **7**을 겉면끼리 마주 대고 시침핀으로 고정합니다.

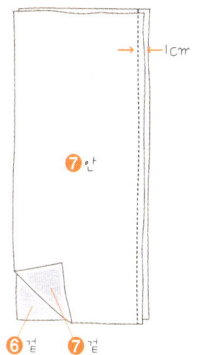

21 시접을 1cm 남기고 박음질합니다.

22 박음질한 부분을 오버로크 처리한 후 뒤판 오른쪽 **7**로 넘겨서 다림질합니다.

23 뒤판 테두리를 오버로크 처리합니다.

3. 지퍼 달기

24 지퍼를 양쪽으로 벌립니다.

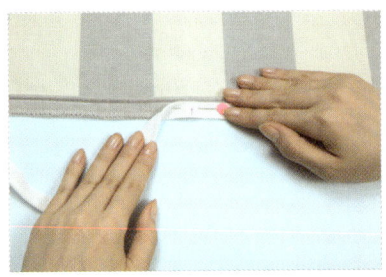

25 앞판 겉의 아랫부분 중심과 지퍼의 중심을 맞춰 시침핀으로 고정합니다. 이때 지퍼의 겉과 파이핑이 마주 닿도록 합니다.

26 지퍼 노루발을 이용해 지퍼 가까이 박음질 합니다.

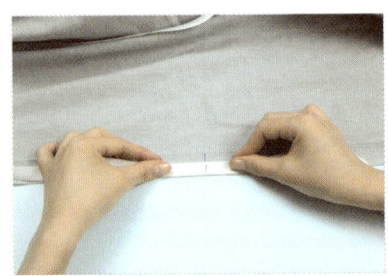

27 뒤판 겉면의 중심과 반대쪽 지퍼 겉면의 중심을 맞춰 시침핀으로 고정합니다.

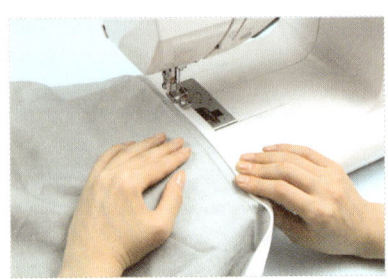

28 지퍼 노루발을 이용해 지퍼 가까이 박음질 합니다.

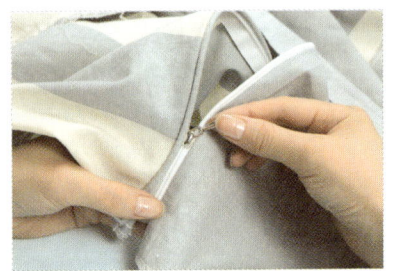

29 지퍼 알을 끼워 앞판과 뒤판을 연결합니다.

4. 완성하기

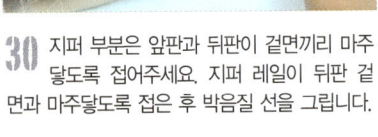

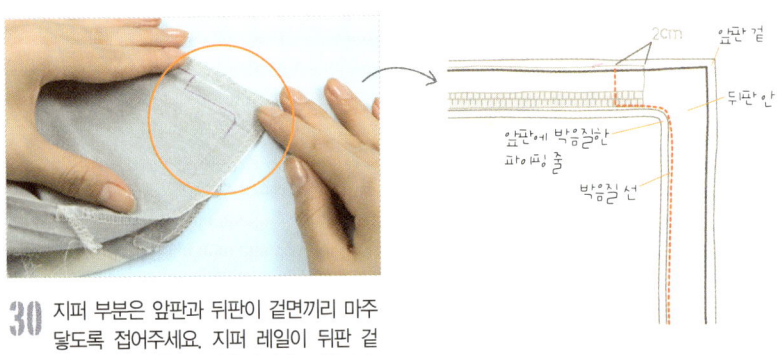

30 지퍼 부분은 앞판과 뒤판이 겉면끼리 마주 닿도록 접어주세요. 지퍼 레일이 뒤판 겉면과 마주닿도록 접은 후 박음질 선을 그립니다.

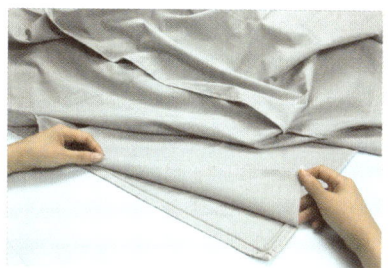

31 나머지 부분도 겉면끼리 마주 댑니다.

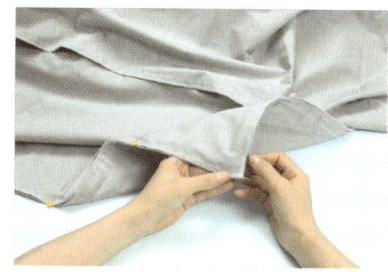

32 앞판과 뒤판의 전체 테두리 길이를 맞춰 가며 시침핀으로 고정합니다.

33 테두리를 파이핑 가까이 박음질하고 지퍼 부분은 박음질 선을 따라 박음질합니다.

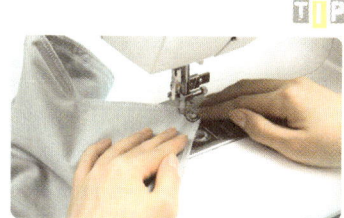

모서리 부분은 파이핑 가까이 한 땀 한 땀 박음질합니다.

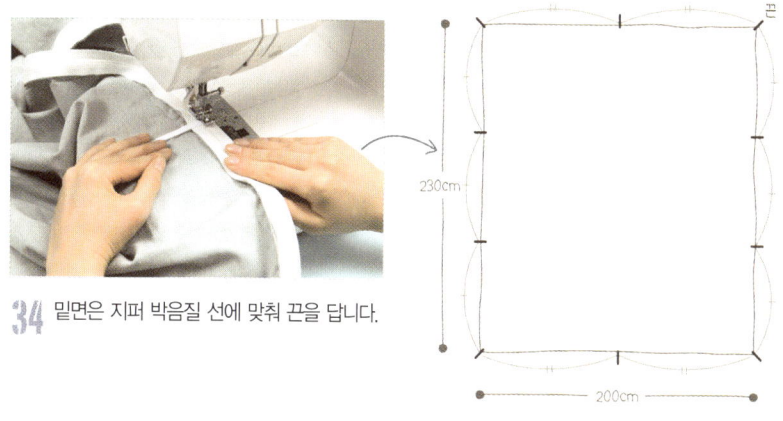

34 밑면은 지퍼 박음질 선에 맞춰 끈을 답니다.

끈 다는 위치

35 옆면, 윗면은 파이핑 가까이 끈을 답니다.

36 지퍼를 벌려 뒤집으면 완성됩니다.

14⁻³. 매트리스 커버

예상 재료비 95,000원 | 완제품 예상가 150,000원 | 난이도 ★★★★★ | 완성 사이즈 150×200×45cm

재료

- ☐ 선염 블루 무지 누비
- ☐ 선염 5cm 스트라이프
- ☐ 선염 블루 무지
- ☐ 고무줄 3.5×50cm 4개
- ☐ 파이핑 줄

TIP
ⓐ 부분은 침대 높이에 따라 조정할 수 있습니다.

재단

❶ 베드 몸판(선염 블루 무지 누비) 153×203cm
❷ 베드 스커트(선염 블루 무지) 834×33cm
❸ 베드 스커트(선염 블루 무지) 834×18cm
❹ 베드 스커트 장식(선염 5cm 스트라이프) 834×8cm
❺ 베드 헤드(선염 블루 무지) 194×24cm
❻ 파이핑(선염 블루 무지) 710×4cm

1. 완성 도면

----- 시접 1cm
——— 시접 1.5cm
—·—· 시접 2cm

35cm　20cm　❺
35cm
150cm
65cm
3cm
❹
200cm　❶
70cm
❻
30cm　15cm　65cm
ⓐ
❷
75cm　75cm
❸

2. 시접 계산하기

❶ **베드 몸판** 가로 150cm + 시접 3cm = 153cm | 세로 200cm + 시접 3cm = 203cm → 153×203cm

❷ **베드 스커트** 가로 200 + 150 + 200cm(3면 침대 둘레) + 280cm(주름 분량 : 7×40cm) + 시접 4cm = 834cm | 세로 30cm + 시접 2.5 + 0.5(여유분) = 33cm → 834×33cm

❸ **베드 스커트** 가로 200 + 150 + 200cm(3면 침대 둘레) + 280cm(주름 분량 : 7×40cm) + 시접 4cm = 834cm | 세로 15cm + 시접 3cm = 18cm → 834×18cm

❹ **베드 스커트 장식** 가로 200 + 150 + 200cm(3면 침대 둘레) + 280cm(주름 분량 : 7×40cm) + 시접 4cm = 834cm | 세로 6cm(3×2cm) + 시접 2cm = 8cm → 834×8cm

❺ **베드 헤드** : 가로 150 + 40cm + 시접 4cm = 194cm | 세로 20cm(매트리스 높이) + 시접 3.5 + 0.5cm(여유분) = 24cm → 194×24cm

❻ **파이핑** : 가로 {(150 + 200)×2}cm + 여유분 10cm = 710cm | 세로 1cm(파이핑 둘레) + 시접 3cm = 4cm → 710×4cm

3. 재단 및 원단 소요량 계산하기

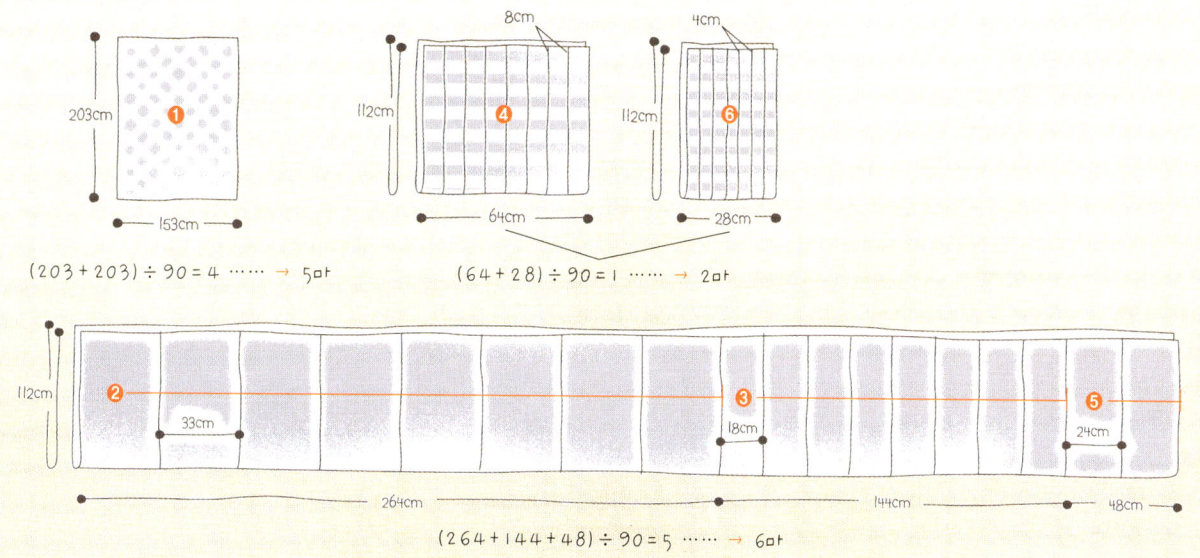

$(203 + 203) \div 90 = 4 \ \cdots\cdots \ \rightarrow \ 5마$

$(64 + 28) \div 90 = 1 \ \cdots\cdots \ \rightarrow \ 2마$

$(264 + 144 + 48) \div 90 = 5 \ \cdots\cdots \ \rightarrow \ 6마$

긴 줄 재단법

- 110cm 폭 원단에 재단할 경우, 834 ÷ 110cm = 7. …… 이므로 소수점 이하는 한 줄로 계산해서 8줄로 재단
- 150cm 폭 원단에 재단할 경우, 834 ÷ 150cm = 5.5 …… 이므로 소수점 이하는 한 줄로 계산해서 6줄로 재단

* 위의 재단한 원단을 아래와 같이 연결하면 됩니다.

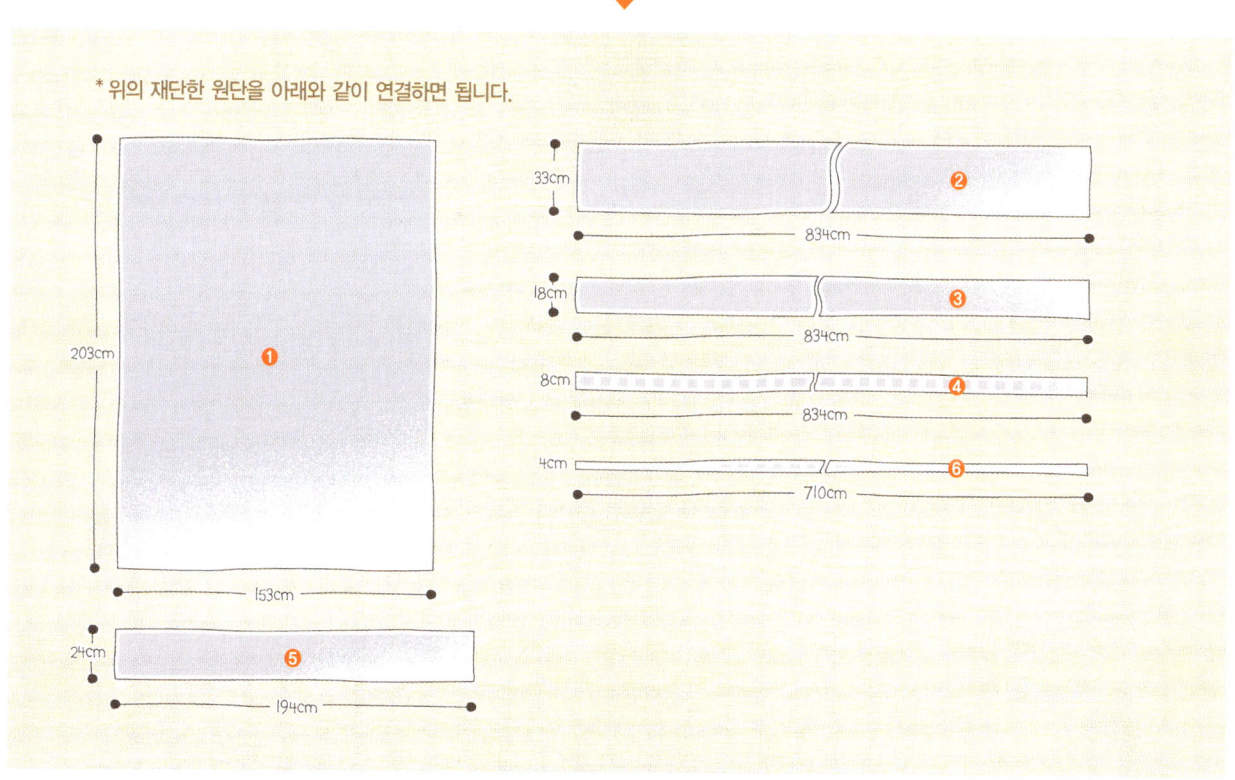

1. 파이핑 처리하기

1 파이핑감 710×4cm **6**의 조각들을 겉면끼리 마주 대고 시침핀으로 고정합니다.

2 끝에서 1cm 안쪽으로 박음질해서 길게 연결한 후 시접을 양쪽으로 벌려 다림질합니다.

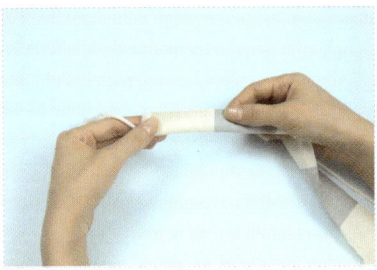

3 파이핑감 **6**의 중심에 파이핑 줄을 놓고 파이핑 양 끝이 서로 닿도록 맞춘 후 시침핀으로 고정합니다.

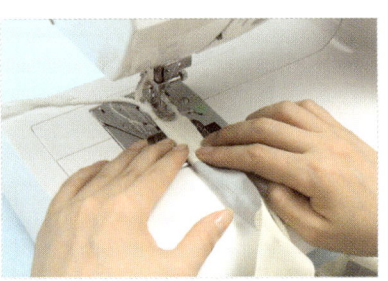

4 파이핑 노루발을 이용해 박음질합니다.
기본 기법 56쪽 참조

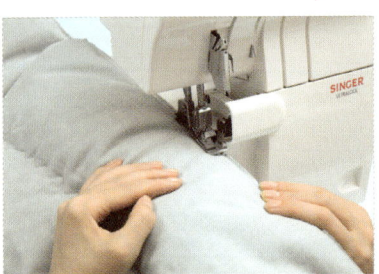

5 베드 몸판 153×203cm **1**의 테두리를 오버로크 처리합니다.

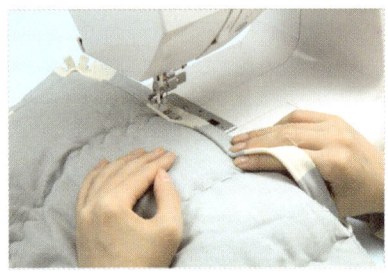

6 완성한 **5**의 테두리에 파이핑 원단을 박음질합니다.

TIP

모서리 부분에서는 파이핑에 가위집을 내야 직각 모양이 잘 잡힙니다. 기본 기법 58쪽 참조

2. 베드 스커트 만들기

7 베드 스커트 장식 834×8cm **④**를 겉면끼리 마주 대고 1cm 안쪽으로 박음질한 후, 길게 연결합니다.

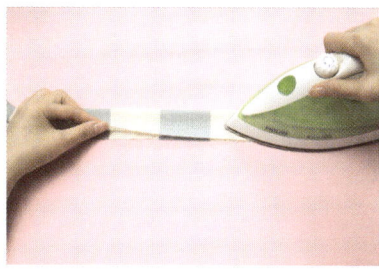

8 시접은 벌려서 다림질하고, 다시 반으로 길게 접어서 다림질합니다.

9 베드 스커트 834×18cm **③**의 조각들을 겉면끼리 마주 대고 1cm 안쪽으로 박음질합니다.

10 연결한 **③**의 시접을 벌려서 다림질합니다.

11 베드 스커트 834×33cm **②**를 겉면끼리 마주 대고 1cm 안쪽으로 박음질합니다.

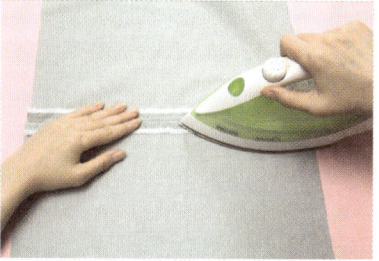

12 연결한 **②**의 시접을 벌려서 다림질합니다.

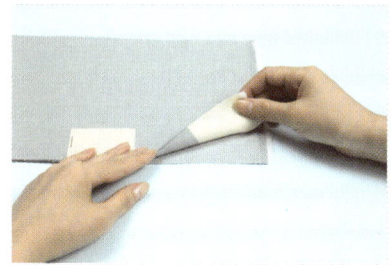

13 베드 스커트 **③**과 베드스커트 장식 **④**의 끝을 맞춥니다.

14 그 위에 다시 베드 스커트 **②**의 끝을 맞춰 시침핀으로 고정합니다.

15 고정한 면의 1cm 안쪽으로 박음질하고 오버로크 처리합니다.

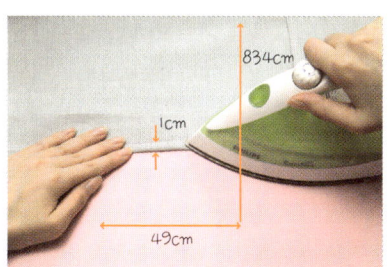

16 양옆을 1cm 접어서 다림질합니다.

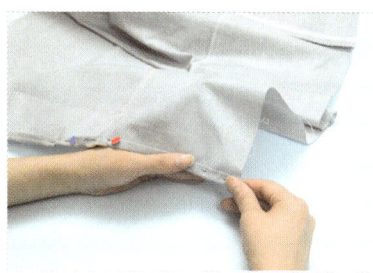

17 다시 1cm 접에서 시침핀으로 고정한 후 박음질합니다. 아랫부분도 같은 방법으로 박음질합니다.

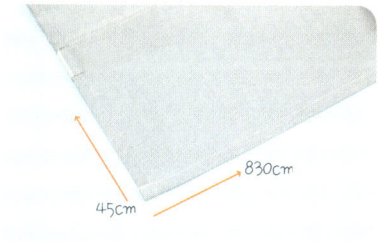

17-1 16~17을 박음질하면 모서리가 이런 모양이 됩니다.

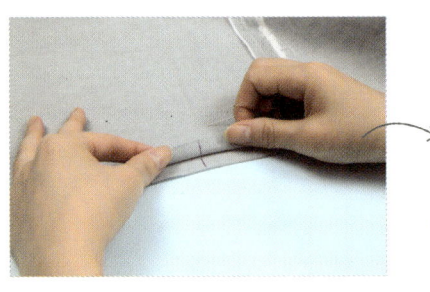

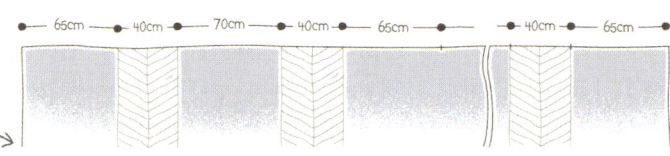

완성 도면을 참고해서 완성된 **17**의 겉면 위쪽에 주름 분량을 표시합니다.

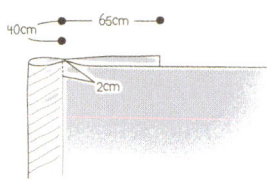

주름 분량을 표시한 후 주름 분량에 맞춰 겉면끼리 박음질합니다.

18 윗부분에 주름 분량을 표시한 후 겉과 겉끼리 점을 맞춰 고정합니다.

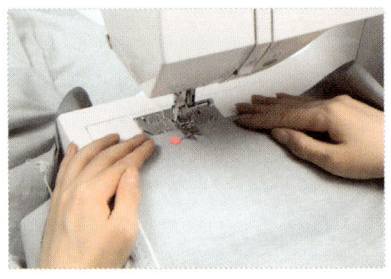

19 주름 분량이 표시된 부분을 세로로 2cm 박음질해서 주름을 잡아줍니다.

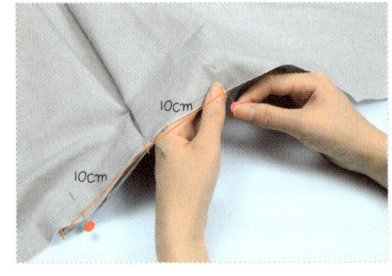

20 주름 분량의 중심과 박음질한 부분을 맞춰서 시침핀으로 고정합니다.

21 5mm 안쪽으로 박음질합니다.

3. 몸판에 베드 스커트 연결하기

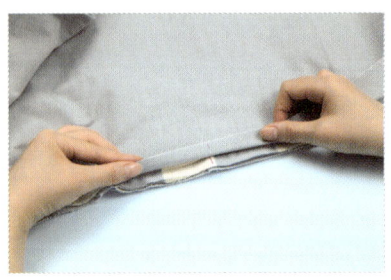

22 완성 도면을 참고해서 몸판 윗부분을 제외한 세 면을 주름 잡은 부분과 등분점끼리 맞춘 다음 시침핀으로 고정합니다.

23 파이핑 노루발을 이용해 파이핑에 가깝게 박음질합니다.

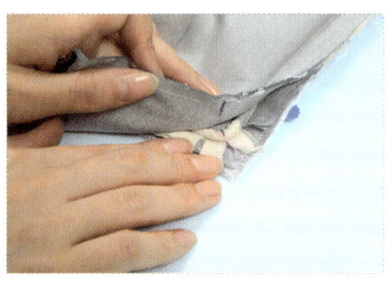

24 모서리 부분은 파이핑 원단의 시접이 접히지 않도록 잘 펴주세요.

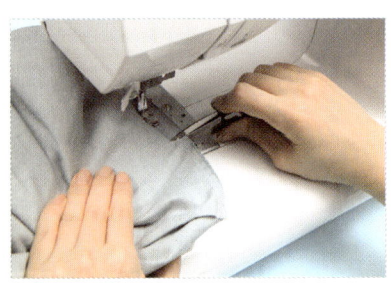

25 파이핑 원단이 꺾이는 부분에 맞춰 베드 스커트에 가위집을 내고 박음질합니다.

모서리에 가위집을 내면 각이 잡힙니다.

26 직각으로 꺾이는 부분은 곡선에 맞춰가며 파이핑 가까이 박음질합니다.

4. 베드 헤드 만들어 몸판에 연결하기

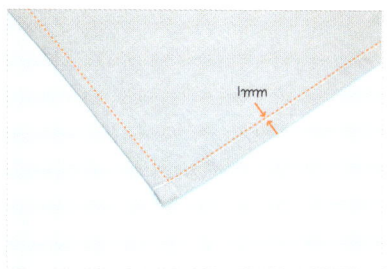

27 베드 헤드 194×24cm ❺의 부분을 제외한 세 면을 1cm씩 두 번 접은 후 접은 선에서 1mm 안쪽으로 박음질합니다.

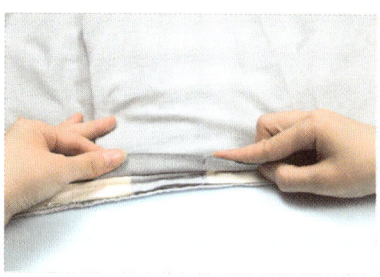

28 완성된 몸판의 윗중심부터 겉면끼리 마주 댑니다.

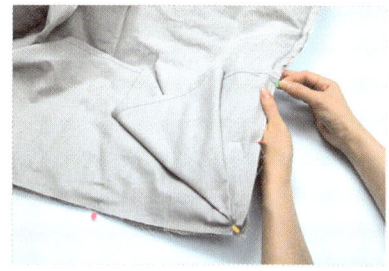

29 양 끝으로 맞춰가며 시침핀으로 고정합니다.

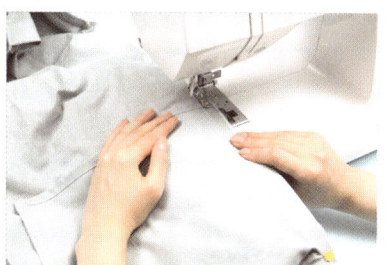

30 파이핑 줄 가까이 박음질합니다.

5. 완성하기

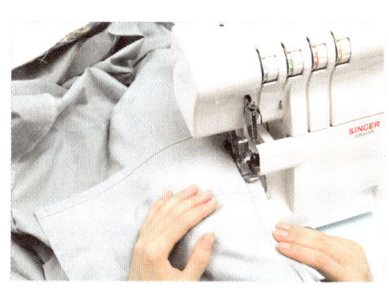

31 몸판 전체를 오버로크 처리합니다.

오버로크 처리한 모습입니다. 이때 모서리에 치맛단을 잘 접어놓습니다.

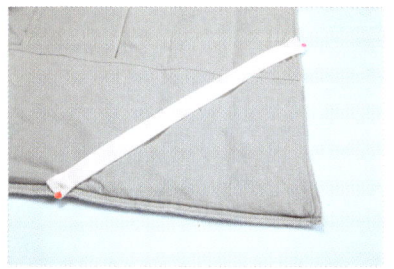

32 완성 도면을 참고해서 모서리에 양쪽으로 고무줄 달 위치를 표시합니다. 그런 다음 고무줄을 놓고 시침핀으로 고정합니다.

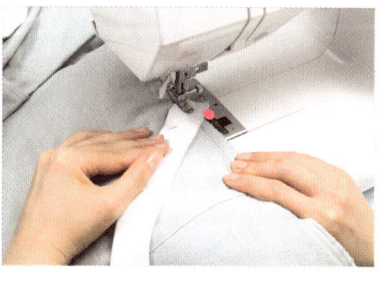

33 고무줄을 파이핑 가까이 박음질합니다.

34 매트리스 커버가 완성되었습니다.

PART
05

소중한 우리 아기를 위해

한 땀 한 땀 정성껏 아기 용품을 만들어보세요.

엄마의 따스한 손길과 살내가 배인 아기 용품을 쓰면서

아기는 엄마의 포근한 사랑을 느끼게 될 거예요.

한 땀 한 땀 사랑으로 만드는
아기 용품

15. 분유를 흘려도 안심,
턱받이

15. 턱받이

예상 재료비 8,000원 완제품 예상가 17,000원 난이도 ★★☆☆☆ 완성 사이즈 23×30cm

재료

오가닉 프린트 2종
T단추 기구
T단추 1세트
장식용 라벨

재단

도안 대고 그린 후 사방에 1cm 시접 남기고 재단

① 앞판(오가닉 프린트)
② 뒤판(오가닉 프린트)
③ 주머니(오가닉 프린트)
④ 주머니(오가닉 프린트)

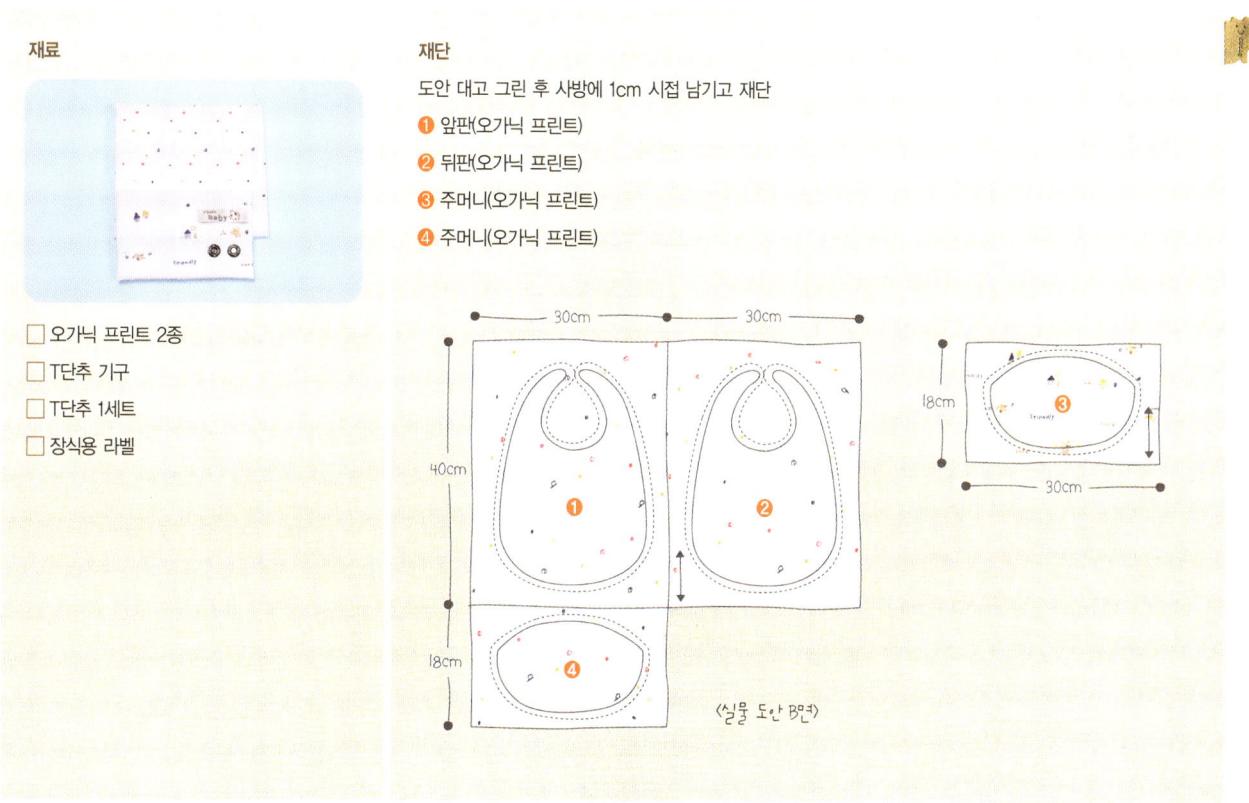

〈실물 도안 B면〉

1. 주머니 만들기

1 주머니 ③과 ④를 겉면끼리 마주 대고 윗부분을 고정한 후, 완성선을 따라 박음질합니다.

2 박음질한 부분의 시접을 3mm 남기고 자릅니다.

3 뒤집어서 박음질 선을 따라 다림질합니다.

2. 몸판 만들고 주머니 고정하기

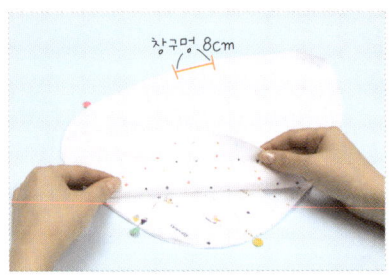

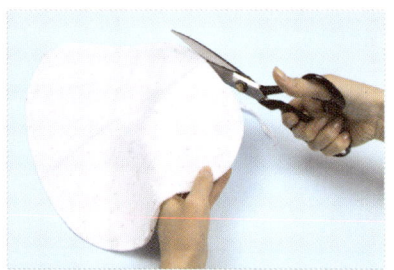

4 앞판 **1**의 겉면, 박음질된 주머니감의 겉면, 뒤판 **2**의 안면이 위에 오도록 순서대로 올려놓고 시침핀으로 고정합니다.

5 도안에 표시되어 있는 창구멍을 제외하고 완성선을 따라 박음질합니다.

6 시접을 3mm 정도 남기고 자르세요. 단, 창구멍 부분의 시접은 8mm 정도 남깁니다.

7 창구멍으로 뒤집어 박음질 선을 따라 다림질한 후, 공그르기로 마무리합니다.
기본 기법 67쪽 참조

8 주머니의 양 끝에서 6cm 안쪽에 박음질할 선을 각각 표시합니다.

9 표시한 부분을 접은 선에서 1mm 안쪽으로 박음질합니다. 양쪽 모두 해주세요.

3. 라벨 및 단추 달기

10 라벨을 원하는 위치에 달아줍니다.
기본 기법 70쪽 참조

11 T단추 달 부분을 표시합니다. T단추 대신
똑딱단추를 달아도 좋습니다.

12 송곳을 이용하여 표시한 곳에 구멍을 뚫어
주세요.

13 T단추 기구를 이용해 T단추를 답니다.
기본 기법 69쪽 참조

13-1 T단추를 단 모습입니다.

14 턱받이가 완성되었습니다.

APPLICATION

턱받이의 재미있는 변신

턱받이는 다양한 디자인으로 여러 개 만들어두면 좋아요.
분유를 먹일 때나 아기가 침을 흘릴 때 등 쓸 일이 많거든요.
동물 모양으로 장식을 하거나 스티치를 해보세요.
아기가 친근함을 느낄 수 있는 디자인으로
육아 생활의 감각을 높여보세요.

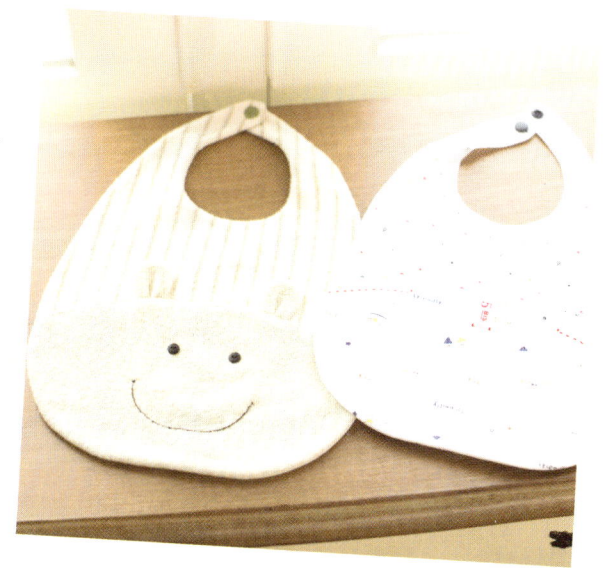

16.
덧 입으면 예쁜
아기 조끼

16. 아기 조끼

예상 재료비 9,000원   완제품 예상가 18,000원   난이도 ★★★☆☆   완성 사이즈 37×36cm

재료

재단

① 몸판(양면 아사 누비) 80×40cm 원단에 도안 대고 그린 후 재단

② 주머니(양면 아사 누비) 80×40cm 원단에 도안 대고 그린 후 재단

③ 바이어스(오가닉 프린트) 150×3.5cm

- □ 양면 아사 누비
- □ 오가닉 코튼 플라워
- □ 나무단추 2개
- □ 장식용 라벨

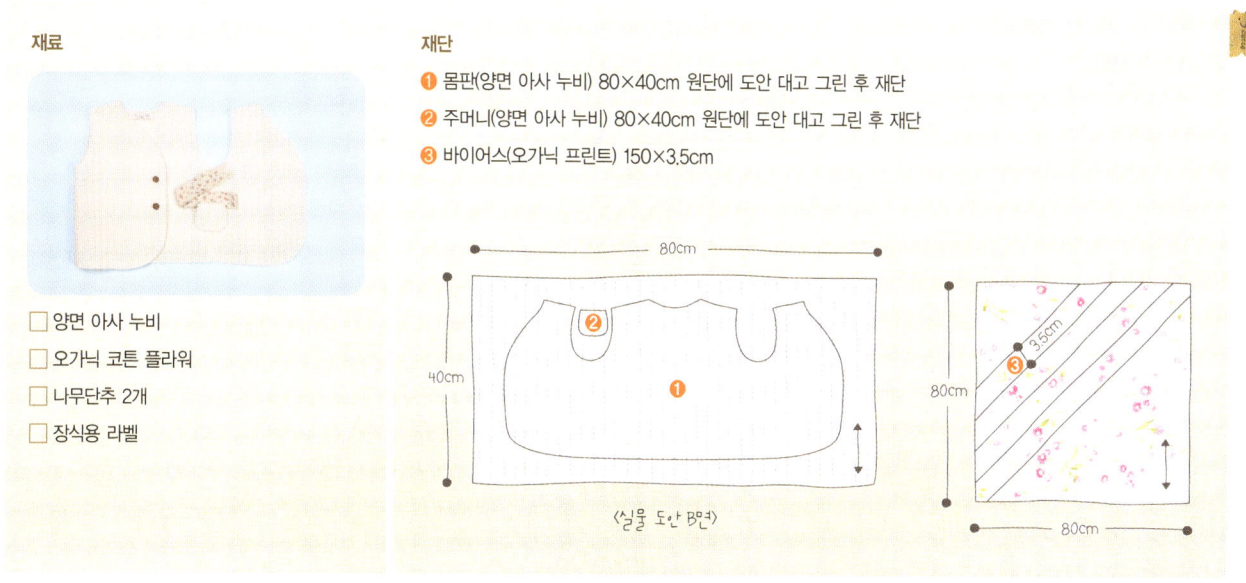

〈실물 도안 B면〉

1. 몸판 만들기

1 몸판 **①**을 오버로크 처리합니다.

TIP

곡선 부분은 평평하게 당겨 직선으로 만들면서 오버로크 처리하면 수월합니다.

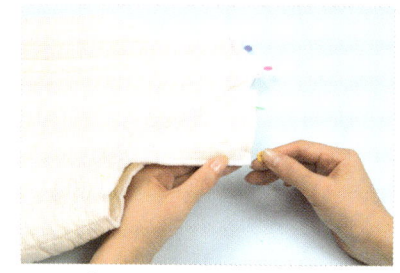

2 몸판 **①**을 겉면끼리 마주 댄 후 어깨 부분을 시침핀으로 고정합니다.

3 **①**의 어깨 부분만 시접 1cm를 남기고 박음질합니다.

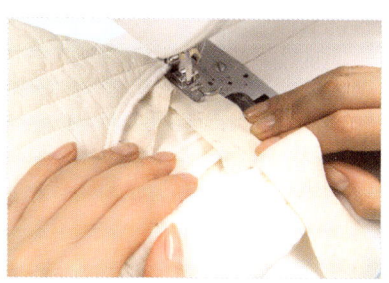

4 어깨의 시접을 양쪽으로 벌려서 암홀(팔 입구 부분)을 바이어스 처리합니다.
기본 기법 49쪽 참조

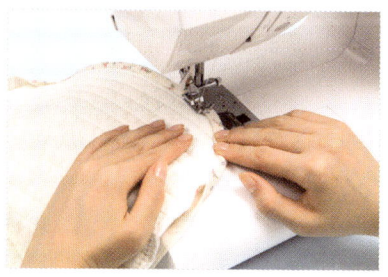

5 조끼의 모든 둘레를 바이어스 처리합니다.
기본 기법 47쪽 참조

2. 주머니와 단추, 라벨 달기

6 주머니 **2**를 오버로크 처리한 후, 바이어스를 달아주세요. 기본 기법 47, 50쪽 참조

7 몸판에 주머니를 고정한 후, 윗부분을 제외하고 바이어스 박음질 선을 따라 박음질합니다.

8 단춧구멍 뚫을 위치를 표시합니다.

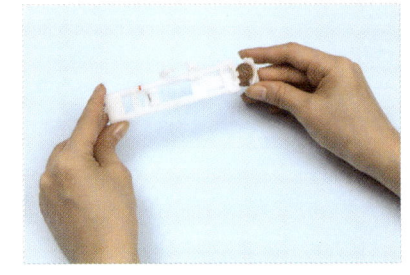

9 단추를 단추 노루발에 끼웁니다.
기본 기법 63쪽 참조

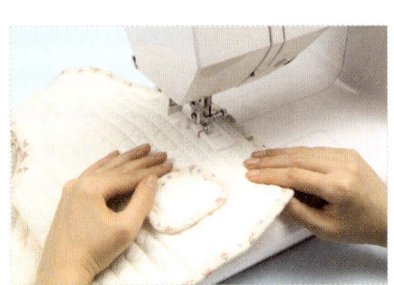

10 단추 노루발을 이용하여 단춧구멍 부분을 박음질합니다.

11 두 줄로 박음질된 부분 사이에 있는 원단을 잘라서 구멍을 만듭니다.

12 단춧구멍에 맞춰 단추 달 위치를 표시하고 단추를 답니다. 기본 기법 68쪽 참조

13 원하는 위치에 라벨을 시침핀으로 고정한 후 답니다. 기본 기법 70쪽 참조

14 아기 조끼가 완성되었습니다.

패턴만 바꿔도
느낌이 달라져요

아기 조끼를 만들 때 무늬나
컬러가 있는 원단을 사용해보세요.
사과, 강아지, 나비 등 다양한 무늬나
알록달록 색깔이 있는 원단을 사용하면
전혀 다른 느낌의 작품을 만들 수 있어요.
또 바이어스 원단만 다르게 해도
색다른 느낌을 준답니다.
아기가 좋아하는 무늬와 색깔을 더해
개성 있는 디자인으로 완성해보세요.

17.

우리 아기가 처음 입는 옷,
배냇저고리

17. 배냇저고리

예상 재료비 7,000원 | 완제품 예상가 19,000원 | 난이도 ★★★☆☆ | 완성 사이즈 50×36cm

재료

□ 다이마루 프린트
□ 다이마루 무지

재단

① 몸판(다이마루 프린트) 75×70cm 원단에 도안 대고 그린 후 재단
② 끈(다이마루 무지) 25×3.5cm 2장
③ 바이어스(다이마루 무지) 150×3.5cm

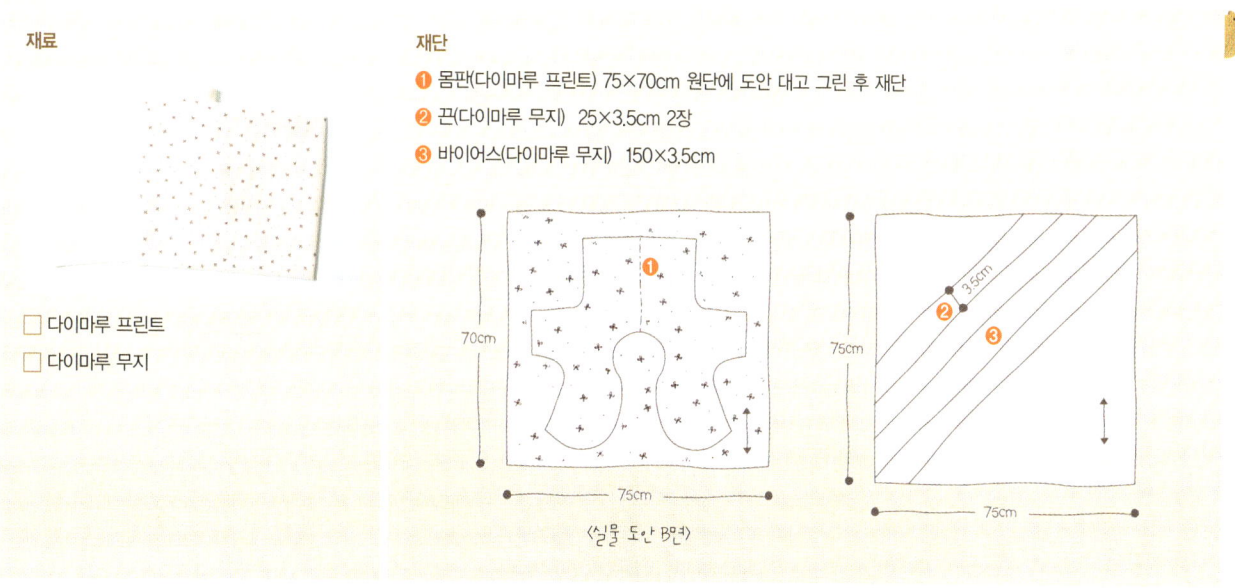

〈실물 도안 B면〉

1. 끈 만들기

1 끈 20×3.5cm ②의 한쪽 끝을 1cm 접어서 다림질합니다. 두 장 모두 하세요.

2 끈의 가운데를 중심으로 양 끝을 모아서 접으세요.

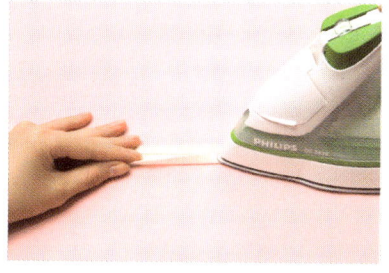

3 접은 선을 따라 다림질합니다.

4 다시 반으로 접어서 다림질합니다.

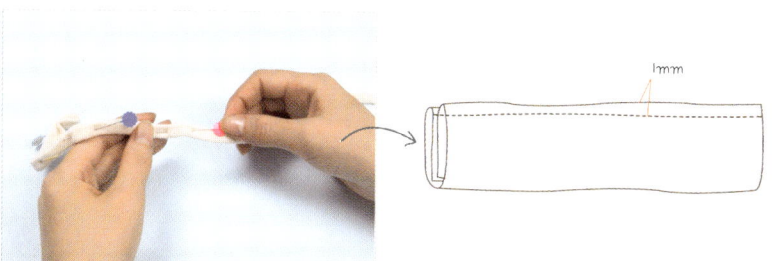

5 시침핀으로 고정하고 접은 선에서 1mm 안쪽으로 박음질합니다.

2. 몸판 만들기

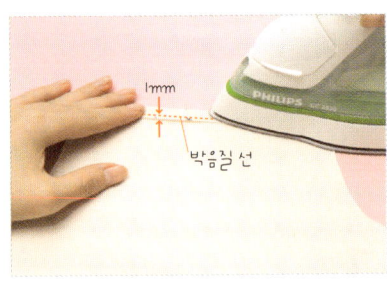

6 몸판 ❶의 양쪽 소매 부분을 1cm씩 두 번 접어서 다림질한 후, 안쪽 접은 선에서 1mm 안으로 박음질합니다.

7 몸판 ❶의 겨드랑이 부분에 끈을 놓고 시침 핀으로 고정합니다. 실물 도안 B면 참조

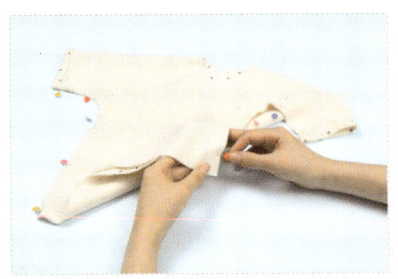

8 어깨를 중심으로 겉과 겉이 마주 닿게 접어 서 앞, 뒤판을 시침핀으로 고정합니다.

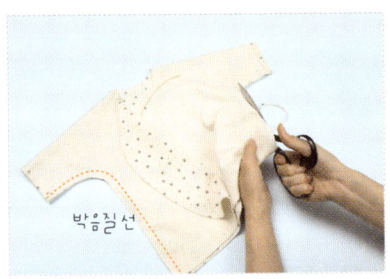

9 소매 아랫부분에서 옆선으로 내려오는 부분 을 노루발 폭으로 박음질한 후, 시접을 3mm 남기고 자릅니다.

10 뒤집어서 박음질 선을 따라 다림질합니다.

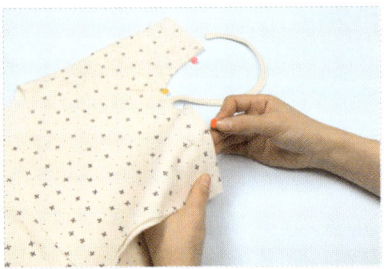

11 다림질 선을 따라 앞, 뒤판을 다시 시침핀 으로 고정합니다.

12 가장자리를 노루발 폭으로 맞춰 박음질합 니다.

13 실물 도안 대로 몸판에 끈을 놓고 시침핀 으로 고정합니다. 실물 도안 B면 참조

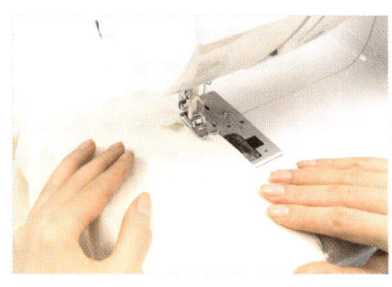

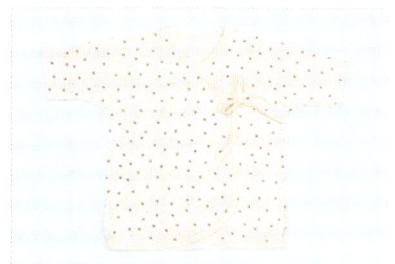

14 몸판 전체를 바이어스 처리하세요. 이때 양
옆 시접은 뒤쪽으로 넘겨주세요.
기본 기법 47, 49쪽 참조

15 배냇저고리가 완성되었습니다.

APPLICATION

스티치로 엄마의 정성을
더해보세요

엄마가 직접 만든 배냇저고리에는
엄마의 사랑이 듬뿍 배어있어요.
손바느질로 스티치를 해주면 어떨까요?
손맛이 더해져
더욱 포근한 아기 옷이 될 거예요.

살결에 닿는 감촉이 좋은
짱구베개

19.

아기를 포근하게 감싸 주는
속싸개

18. 짱구베개

예상 재료비 7,000원 | 완제품 예상가 15,000원 | 난이도 ★★☆☆☆ | 완성 사이즈 27×15cm

재료

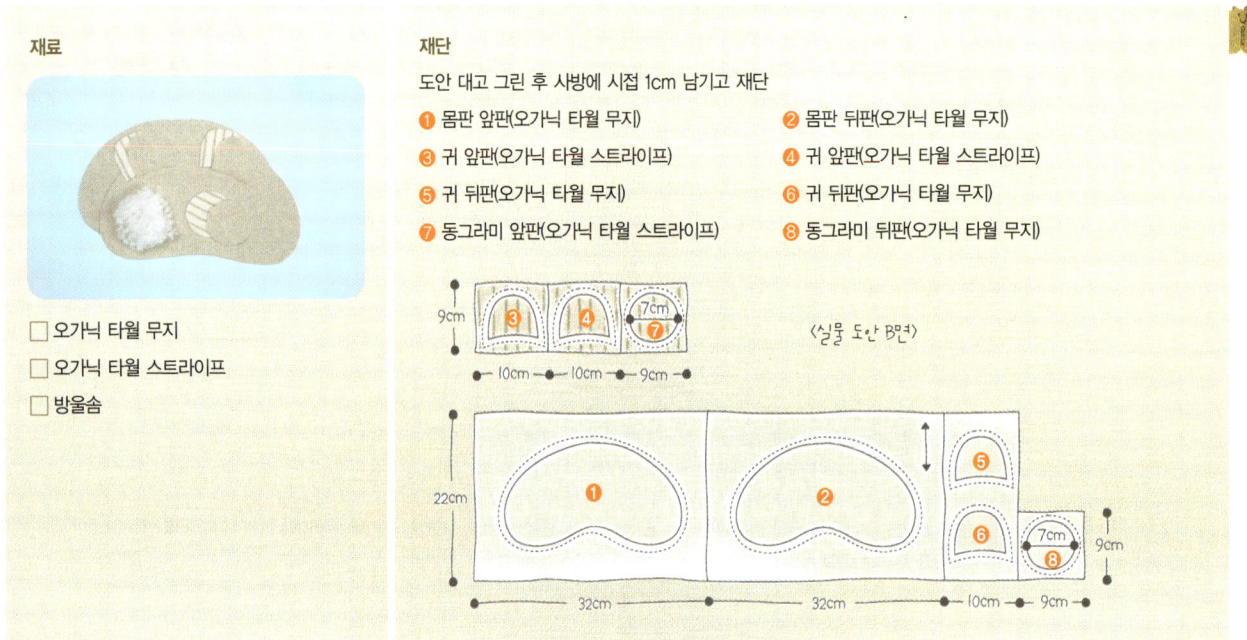

□ 오가닉 타월 무지
□ 오가닉 타월 스트라이프
□ 방울솜

재단

도안 대고 그린 후 사방에 시접 1cm 남기고 재단

❶ 몸판 앞판(오가닉 타월 무지) ❷ 몸판 뒤판(오가닉 타월 무지)
❸ 귀 앞판(오가닉 타월 스트라이프) ❹ 귀 앞판(오가닉 타월 스트라이프)
❺ 귀 뒤판(오가닉 타월 무지) ❻ 귀 뒤판(오가닉 타월 무지)
❼ 동그라미 앞판(오가닉 타월 스트라이프) ❽ 동그라미 뒤판(오가닉 타월 무지)

〈실물 도안 B면〉

1. 귀, 동그라미 장식 만들기

1 귀 앞판 ❸과 귀 뒤판 ❺, 귀 앞판 ❹와 귀 뒤판 ❻을 겉면끼리 마주 대고 고정합니다. 아랫부분을 제외하고 완성선을 따라 박음질합니다.

2 시접을 2mm 남기고 자른 후, 뒤집어서 박음질 선을 따라 다림질합니다.

3 동그라미 앞판 ❼과 동그라미 뒤판 ❽을 겉면끼리 마주 대고 고정한 후, 완성선을 따라 박음질합니다.

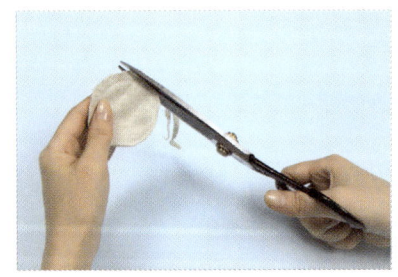

4 시접을 2mm 남기고 자릅니다.

5 동그라미 뒤판 ❽만 들어 2cm 정도 가위집을 낸 후 뒤집어서 다림질합니다.

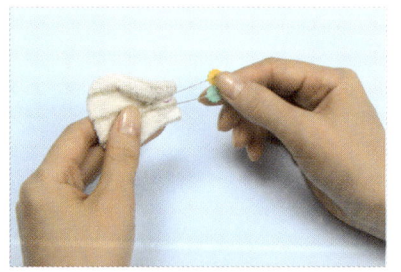

6 귀에 실물 도안대로 주름을 표시한 후 주름을 잡아서 시침핀으로 고정합니다.

2. 몸판과 귀, 동그라미 연결하기

7 몸판 앞판 ❶의 겉면에 귀의 겉면을 마주 대고 시침핀으로 고정합니다.

8 7에 몸판 뒤판 ❷를 겉면끼리 마주 대고, 가장자리를 시침핀으로 고정합니다.

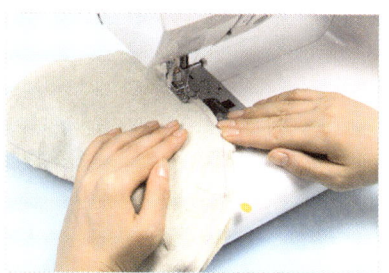

9 실물 도안을 참조하여 창구멍을 제외하고 완성선을 따라 박음질합니다.

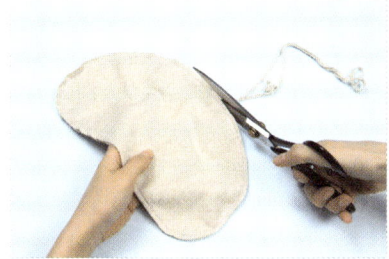

10 시접을 3mm 정도 남기고 자릅니다. 창구멍 부분의 시접은 8mm 정도 남겨주세요.

11 창구멍으로 뒤집어 완성선을 따라 다림질합니다.

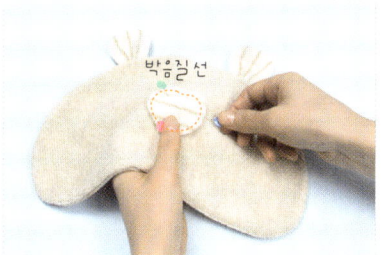

12 실물 도안을 참조하여 몸판에 동그라미를 고정한 후 가장자리에 가깝게 박음질합니다.

13 창구멍으로 방울솜을 넣은 후 공그르기로 마무리합니다. 기본 기법 67쪽 참조

14 짱구베개가 완성되었습니다.

19. 속싸개

예상 재료비 22,000원 | 완제품 예상가 45,000원 | 난이도 ★★★☆☆ | 완성 사이즈 83×83cm

재료

□ 오가닉 다이마루 스트라이프
□ 오가닉 타월 무지

재단 * 속싸개는 양면으로 활용이 가능한 디자인이에요.

❶ 몸판 앞판(오가닉 다이마루 스트라이프) 85×85cm
❷ 몸판 뒤판(오가닉 타월 무지) 85×85cm
❸ 후드 앞판(오가닉 다이마루 스트라이프)
❹ 후드 뒤판(오가닉 타월 무지)
❺ 프릴감(오가닉 다이마루 스트라이프) 85×8cm

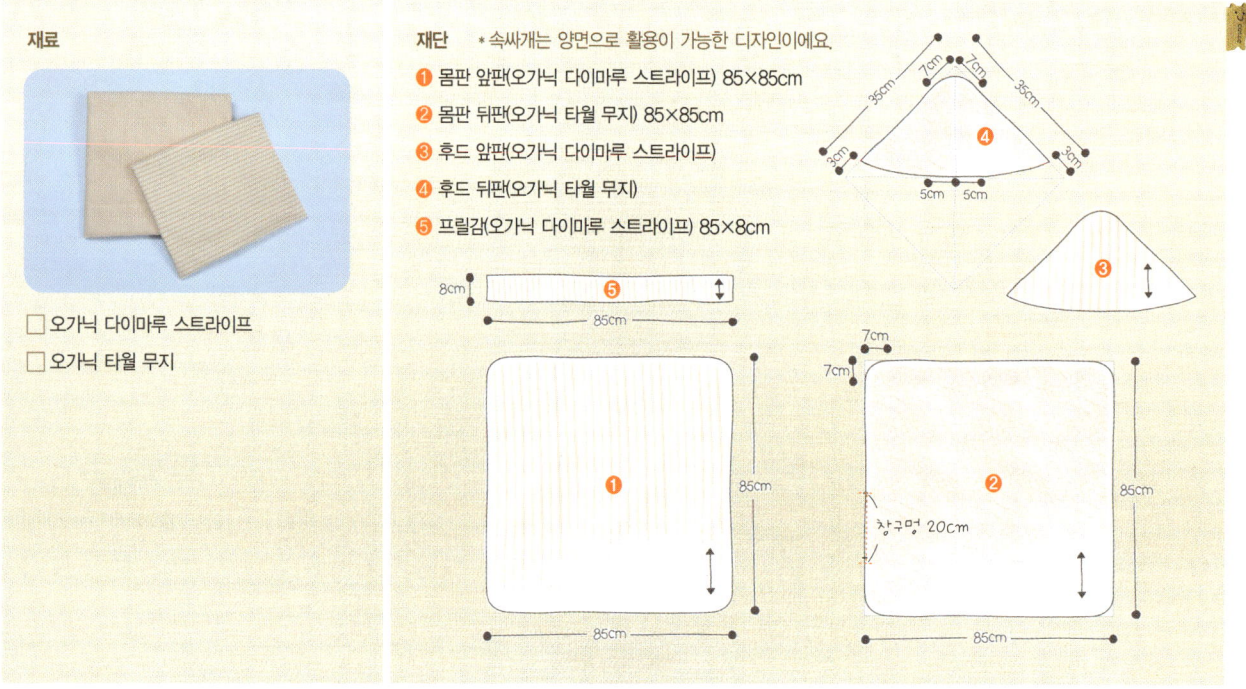

1. 후드 만들기

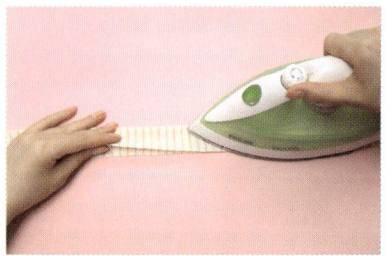

1 프릴 85×8cm ❺를 안면이 마주 닿게 반으로 접어서 다림질합니다.

TIP
주름 노루발을 사용해 주름을 만들어도 됩니다. 기본 기법 62쪽 참조

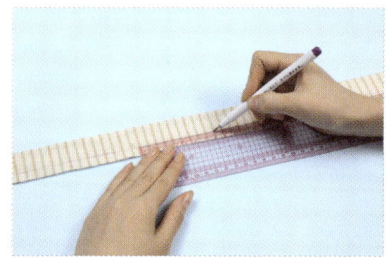

2 끝에서 7mm 안쪽에 선을 그은 후, 선을 따라 박음질합니다. 주름을 잡아야 하므로 박음질 선의 땀 길이는 최대한 길게 해주세요.

3 한쪽 실을 잡아당겨서 주름을 만드세요.

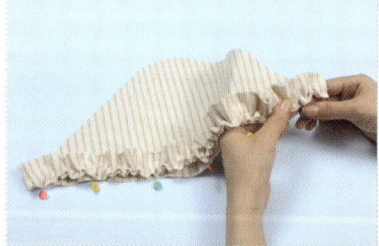

4 후드 앞판 ❸의 아랫부분에 프릴의 시접 끝을 맞춰 시침핀으로 고정합니다.

5 프릴의 주름 잡은 선을 따라 박음질합니다.

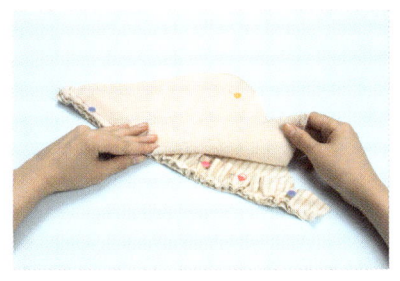

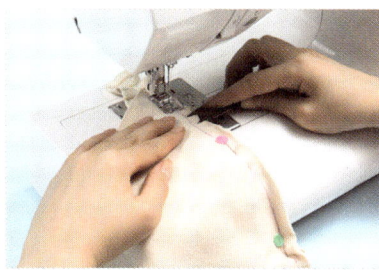

6 5와 후드 뒤판 **④**를 겉면끼리 마주 닿게 놓고 프릴 달린 면의 끝을 맞춰 시침핀으로 고정합니다.

7 프릴 달린 면의 시접을 1cm 남기고 박음질합니다.

8 뒤집어서 윗부분을 맞춰 시침핀으로 고정한 후, 박음질 선을 따라 다림질합니다.

2. 후드, 몸판 연결해서 완성하기

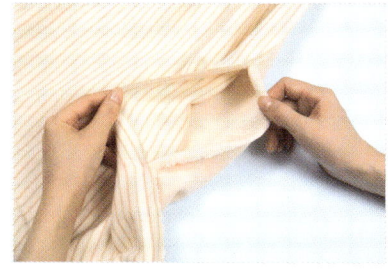

9 몸판 앞판 85×85cm **①**의 겉면에 모자를 고정하고, **①**과 몸판 뒤판 85×85cm **②**를 겉면끼리 마주 닿게 놓은 후 시침핀으로 고정합니다.

10 창구멍 20cm를 남기고 전체 둘레를 1cm 안쪽으로 박음질합니다.

11 창구멍으로 뒤집은 후 공그르기로 마무리합니다. *기본 기법 67쪽 참조*

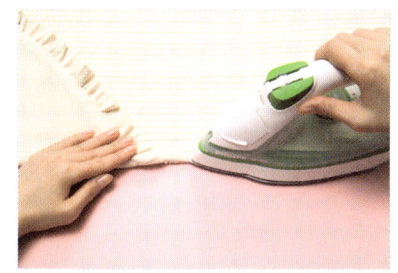

12 박음질 선을 따라 다림질합니다.

13 양면으로 활용할 수 있는 속싸개가 완성되었습니다.

20.

작은 어깨에 매면 앙증맞은
아기 배낭

20. 아기 배낭

예상 재료비 20,000원   완제품 예상가 45,000원   난이도 ★★★★☆   완성 사이즈 9×20×26cm

재료

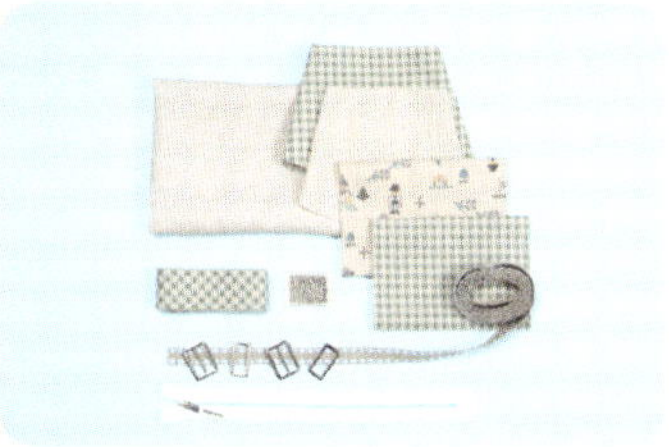

☐ 리넨 무지   ☐ 리넨 체크
☐ 리넨 프린트   ☐ 장식 지퍼 25cm
☐ 가방 고리 2세트   ☐ 장식용 라벨 1개
☐ 장식 끈 120cm

재단

❶ 몸판(리넨 무지) 18×14cm
❷ 몸판(리넨 스트라이프) 18×8cm
❸ 몸판(리넨 체크) 10×18cm
❹ 몸판(리넨 체크) 14×28cm
❺ 몸판(리넨 프린트) 18×28cm
❻ 안감(리넨 스트라이프) 46×28cm
❼ 가방 뚜껑 겉판(리넨 스트라이프) 14×35cm 원단에 도안 대고 그린 후 재단
❽ 가방 뚜껑 안감(리넨 체크) 35×14cm 원단에 도안 대고 그린 후 재단
❾ 가방 끈(리넨 무지) 45×5cm 2개
❿ 가방 끈(리넨 무지) 5×15cm 2개
⓫ 지퍼 끝 마무리(리넨 체크) 6.5×3cm
⓬ 바닥 겉감(리넨 체크) 9×22cm 원단에 도안 대고 그린 후 재단
⓭ 바닥 안감(리넨 스트라이프) 22×9cm 원단에 도안 대고 그린 후 재단
⓮ 바이어스(리넨 체크) 110×3.5cm

〈패치 완성도〉

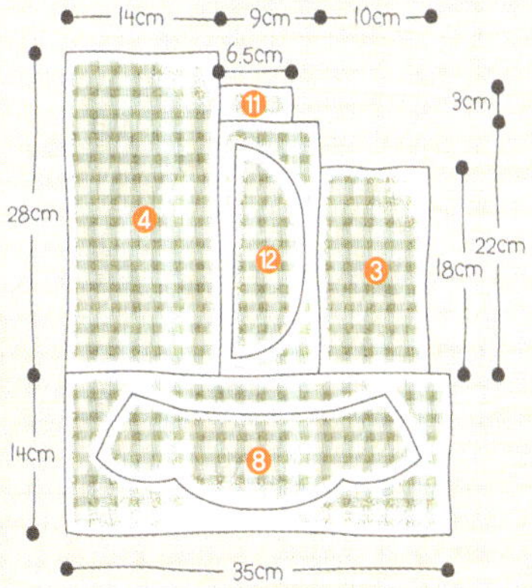

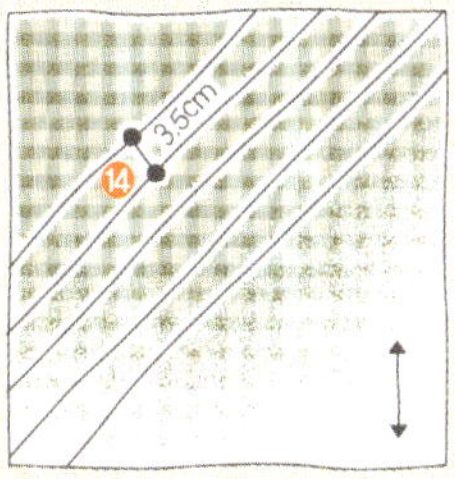

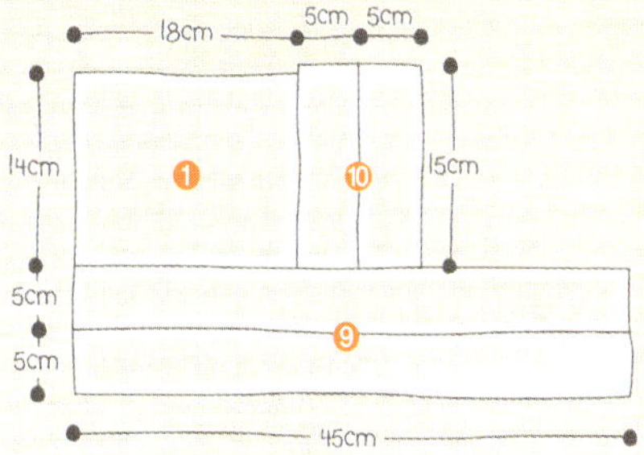

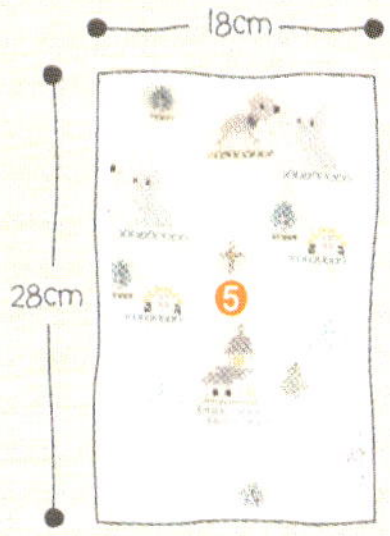

〈실물 도안 B면〉

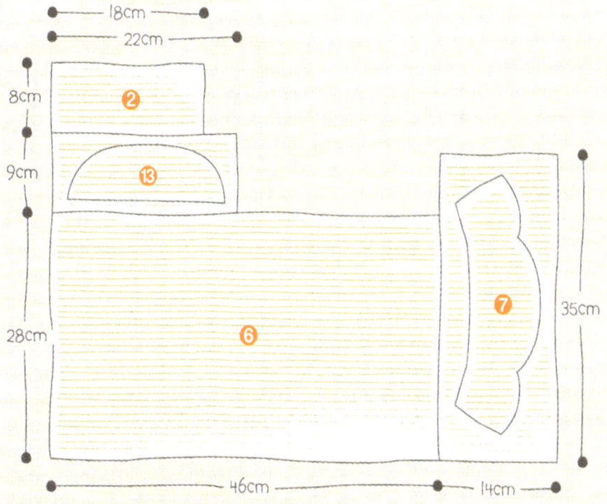

1. 가방 끈, 지퍼 만들기

1 가방 끈 45×5cm **9**의 가로 중심을 체크한 후, 양 끝을 중심 쪽으로 접어 다림질합니다.

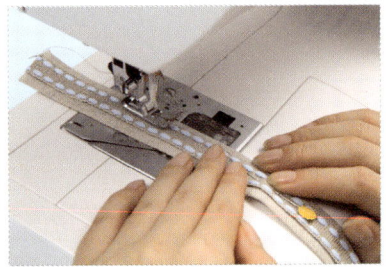

2 그 위에 중심 부분의 양 끝이 가려지도록 장식 끈을 올려 끈의 양쪽 가장자리에 가깝게 박음질합니다.

3 끈의 한쪽 끝을 1.5cm씩 두 번 접어서 접은 선 끝에 가깝게 박음질합니다.

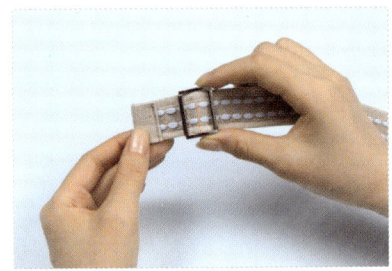

4 ⬜ 모양의 고리에 끈을 끼웁니다.

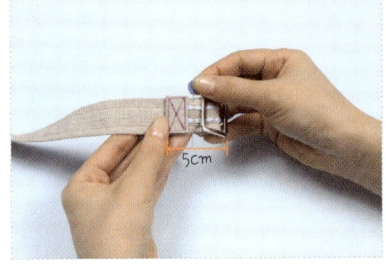

5 5cm 정도 안쪽으로 접어서 시침핀으로 고정한 후 ⊠자로 완성선을 그려 박음질합니다.

6 가방 끈 5×15cm **10**도 **1~3**과 같은 방법으로 만든 후, ⬜ 모양의 고리를 끼웁니다.

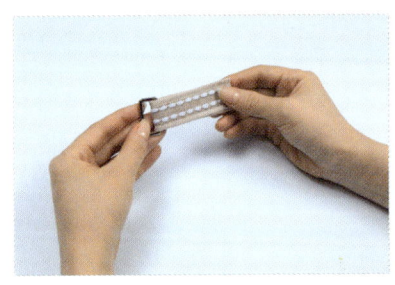

7 **6**의 끈을 반으로 접은 후 양 끝을 박음질하여 고정합니다.

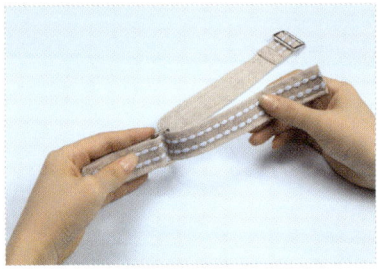

8 ⬜ 모양의 고리에 **5**의 끈을 사진처럼 연결합니다.

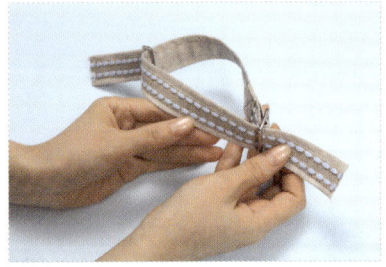

9 ⬜⬜ 모양의 고리에 긴 끈의 끝을 끼웁니다.

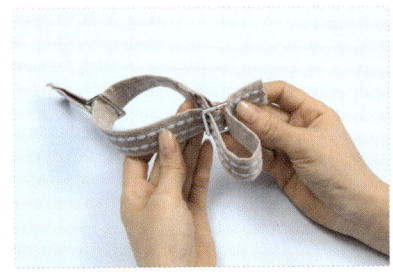

10 사진처럼 ⬜⬜ 모양의 고리 반대쪽에 긴 끈을 다시 끼워 가방 끈을 완성합니다.

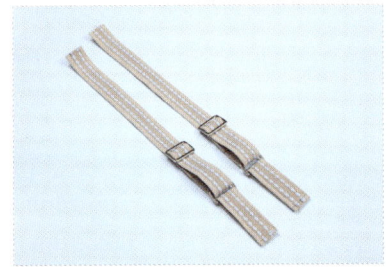

11 **1~10**의 순서대로 진행하여 가방 끈 두 개를 만드세요.

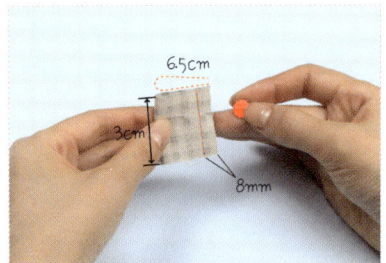

12 지퍼 끝 마무리 6.5×3cm **11**을 겉면이 마주 보게 반으로 접어주세요.

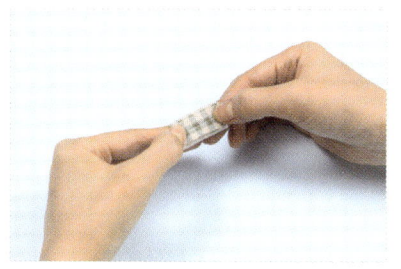

13 끝에서 8mm 안쪽으로 박음질한 후, 시접은 양쪽으로 가릅니다.

14 시접이 지퍼의 뒤로 가게 하여 지퍼 끝에 끼웁니다. 1cm 안쪽으로 완성선을 그린 후 완성선을 따라 박음질합니다.

15 겉으로 뒤집어서 접은 선 가까이에 완성선을 그린 후 완성선을 따라 박음질합니다.

2. 몸판 만들기

16 몸판 18×14cm ❶과 18×8cm ❷를 겉면끼리 마주 대고 1cm 안쪽에 완성선을 그린 후 완성선을 따라 박음질합니다.

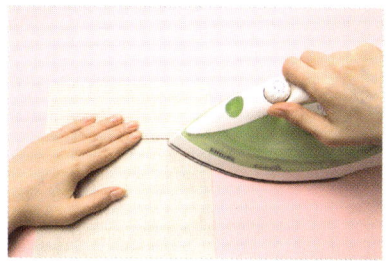

17 시접은 몸판 ❷ 쪽으로 넘겨서 다림질합니다.

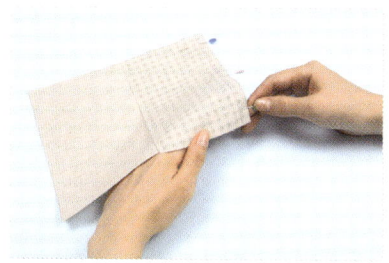

18 몸판 ❷와 몸판 10×18cm ❸을 겉면끼리 마주 대고 1cm 안쪽에 완성선을 그린 후 완성선을 따라 박음질합니다.

19 시접은 몸판 ❸ 쪽으로 넘겨 다림질합니다.

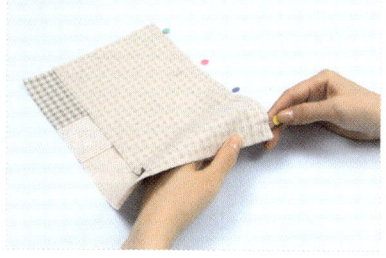

20 완선된 19와 몸판 14×28cm ❹를 겉면끼리 마주 대고 1cm 안쪽에 완성선을 그린 후 완성선을 따라 박음질합니다.

21 시접은 몸판 ❹ 쪽으로 넘겨 다림질합니다.

22 몸판 ❹와 몸판 18×28cm ❺를 겉면끼리 마주 대고 1cm 안쪽에 완성선을 그린 후 완성선을 따라 박음질합니다.

23 시접은 몸판 ❹ 쪽으로 넘겨 다림질합니다.

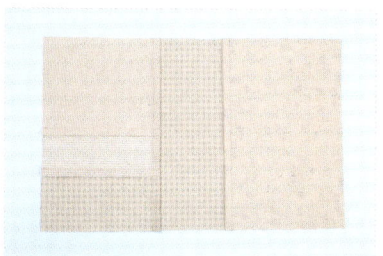

24 몸판을 연결하고 시접을 정리한 모습입니다.

25 완성된 24와 안감 46×28cm **6**을 안면 끼리 마주 대고 시침핀으로 고정합니다. 사방에 5mm 안쪽으로 완성선을 그린 후 완성 선을 따라 박음질합니다.

26 몸판 **1**+**2**+**3**과 **5**의 가장자리를 바이 어스 처리합니다. 기본 기법 44쪽 참조

27 몸판이 완성된 모양입니다.

4. 지퍼, 바닥판 연결하기

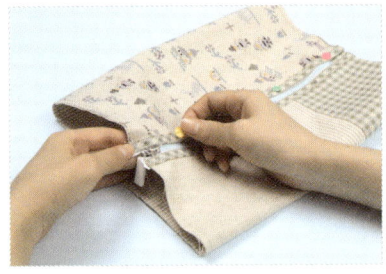

28 몸판에 지퍼를 시침핀으로 고정한 후 원단 끝에서 2mm 안쪽으로 박음질합니다.

29 지퍼에 다른 한쪽도 연결합니다. 그러면 원통 모양이 됩니다.

지퍼를 열면서 박음질하면 더욱 수월합니다. 지퍼 알을 올릴 때는 항상 바늘을 원단에 꽂 은 상태에서 작업해야 바늘땀이 망가지지 않 습니다.

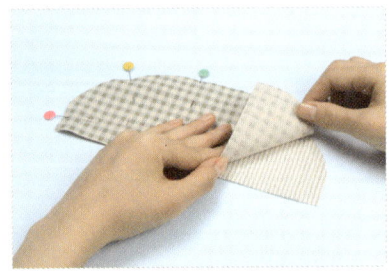

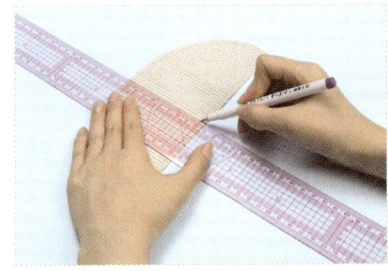

30 바닥 겉감 **12**와 바닥 안감 **13**을 안면끼리 마주 대고 시침핀으로 고정합니다. 5mm 안쪽으로 완성선을 그린 후 완성선을 따라 박음 질합니다.

31 바닥 안감 **13**의 위아래에 중심을 표시합니 다. 실물 도안 B면 참조

32 지퍼를 중심으로 몸판을 반으로 접어 중심 을 체크합니다.

33 지퍼와 바닥 곡선의 중심을 맞닿게 하여 시침핀으로 고정합니다.

34 지퍼의 맞은편 역시 바닥 직선의 중심과 맞닿게 하여 시침핀으로 고정합니다.

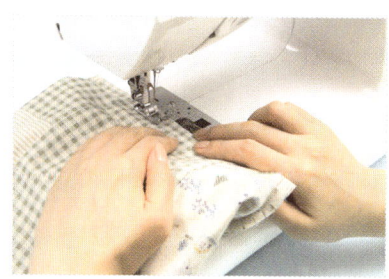

35 노루발 폭으로 박음질합니다.

36 몸판에 가위집을 낸 후, 바늘을 꽂은 상태에서 노루발을 들어 곡선에 맞춰 몸판을 꺾어줍니다.

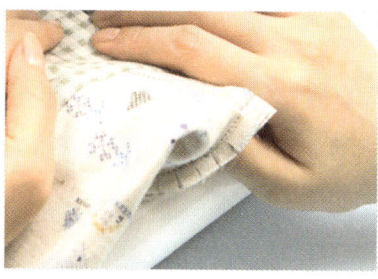

37 바닥 모서리에 맞춰 몸판을 8mm 간격으로 세 번 정도 가위집을 냅니다.

38 곡선은 1cm 간격으로 5mm 정도 가위집을 내며 노루발 폭으로 박음질합니다.

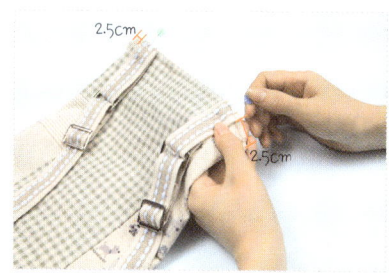

39 바닥의 직선 부분 양 끝에서 2.5cm 떨어진 곳에 가방 끈을 시침핀으로 고정합니다.

40 몸판 끝에 가깝게 박음질하여 가방 끈을 고정합니다.

41 바닥판을 바이어스 처리합니다.
기본 기법 47, 50쪽 참조

5. 가방 뚜껑 만들기

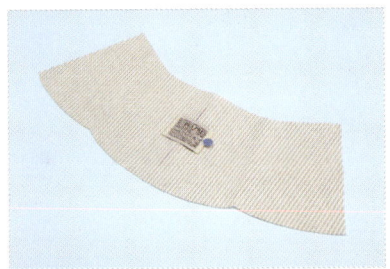

42 가방 뚜껑 겉판 **7** 겉면의 중심에 장식 라벨을 시침핀으로 고정한 후, 네 모서리를 손바느질로 고정합니다. **기본 기법 70쪽 참조**

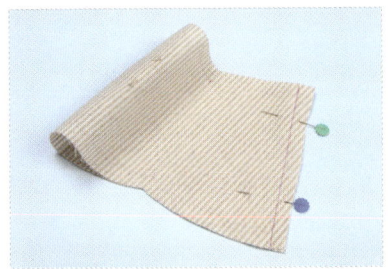

43 겉면끼리 마주 닿게 반으로 접어 1cm 안쪽으로 박음질합니다.

44 시접을 양쪽으로 벌려 다림질합니다.

45 가방 뚜껑 안감 **8** 도 43~44과 같은 방법으로 진행합니다.

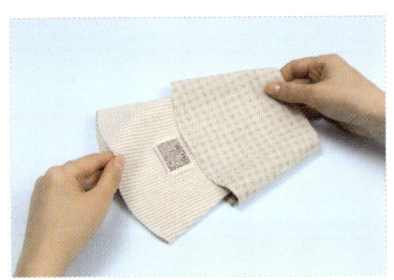

46 가방 뚜껑의 겉감과 안감을 겉면끼리 마주 닿도록 포개주세요.

47 중심을 맞춰 아랫부분만 1cm 안쪽으로 박음질합니다.

48 시접은 2mm 정도 남기고 자릅니다.

49 뒤집어서 박음질 선을 따라 다림질합니다.

6. 완성하기

50 몸판 위쪽 뒤에 중심을 표시합니다.

51 몸판 뒤의 중심을 기준으로 접은 후 접은 선에서 12cm 안쪽으로 1cm 선을 체크하고 체크한 선을 박음질합니다.

52 박음질된 부분을 몸판 뒤의 중심에 맞춥니다.

53 지퍼를 올려 지퍼 중심과 몸판 뒤의 중심을 맞춰 시침핀으로 고정합니다.

54 1cm 안쪽에서 선을 그립니다.

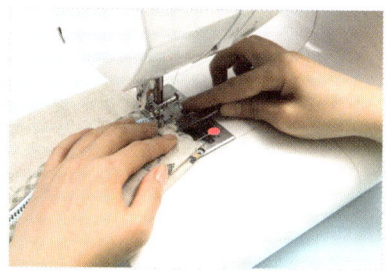

55 그린 선을 따라 박음질합니다.

56 몸판 뒤의 중심과 가방 뚜껑 뒤의 중심을 맞춰 시침핀으로 고정합니다.

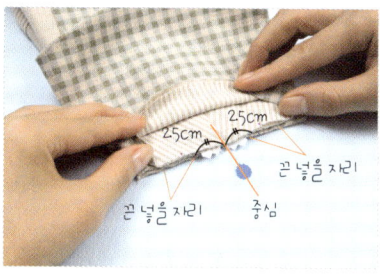

57 중심에서 양쪽으로 2.5cm 지점을 표시합니다.

58 뚜껑과 가방 몸판 사이로 가방 끈을 넣어 표시 선에 맞춰 시침핀으로 고정합니다.

59 뚜껑과 가방 끈, 몸판을 함께 바이어스 처리합니다. 기본 기법 46쪽 참조

59⁻¹ 바이어스감을 두 번 접어 접은 선에 가깝게 박음질합니다.

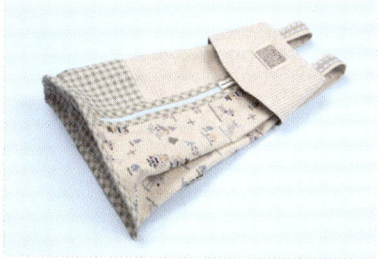

60 아기 배낭이 완성되었습니다.

21.

쌔근쌔근 꿈나라로!
아기 이불 세트

2강-1, 아기 베개

예상 재료비 4,000원   완제품 예상가 8,000원   난이도 ★☆☆☆☆   완성 사이즈 40×20cm

재료

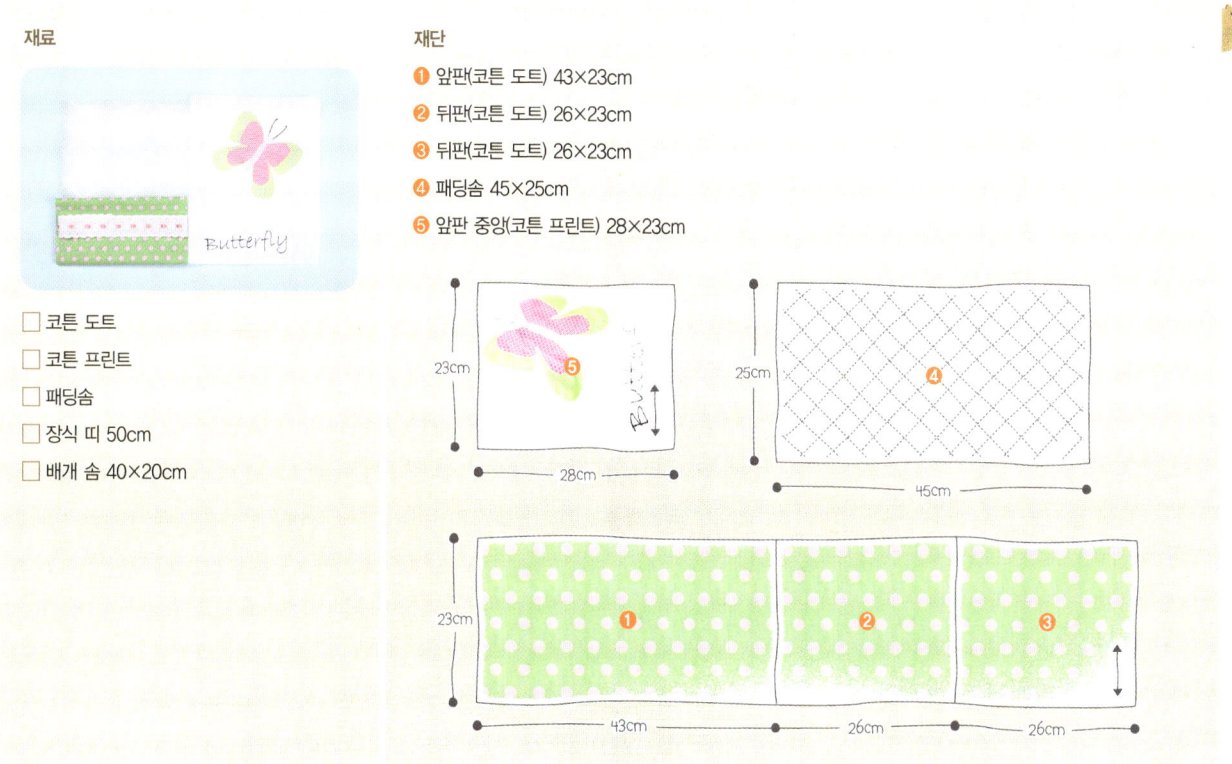

☐ 코튼 도트
☐ 코튼 프린트
☐ 패딩솜
☐ 장식 띠 50cm
☐ 배개 솜 40×20cm

재단

❶ 앞판(코튼 도트) 43×23cm

❷ 뒤판(코튼 도트) 26×23cm

❸ 뒤판(코튼 도트) 26×23cm

❹ 패딩솜 45×25cm

❺ 앞판 중앙(코튼 프린트) 28×23cm

1. 앞판, 뒤판 만들기

1 패딩솜 45×25cm ❹ 안면에 앞판 43×23cm ❶, 앞판 중앙 28×23cm ❺를 순서대로 놓고, 앞판 ❶과 앞판 중앙 ❺의 중심을 맞춘 후 시침핀으로 고정합니다.

2 앞판 중앙 ❺의 양쪽 시접 부분이 가려지도록 장식 띠를 놓고 고정한 후, 장식 띠의 양쪽 가장자리를 박음질합니다.

3 뒤판 26×23cm ❷와 ❸의 세로 부분을 한쪽씩 1cm 간격으로 두 번 접어 다림질한 후, 안쪽 접은 선에서 1mm 안쪽을 박음질합니다.

2. 앞판, 뒤판 연결하기

4 앞판 위에 뒤판 두 장을 안면이 위로 오게 올려놓고 네 모서리를 맞춰 시침핀으로 고정합니다.

5 뒤판 두 장을 베개의 가운데 부분에서 겹치도록 놓으세요.

6 가장자리에 1cm 완성선을 그린 후 완성선을 따라 박음질합니다.

7 앞판 ❶에 맞춰 패딩솜을 자릅니다.

8 가장자리를 오버로크 처리한 후 뒤집어주세요.

9 아기 베개가 완성되었습니다.

27-2. 아기 이불

예상 재료비 35,000원 | 완제품 예상가 65,000원 | 난이도 ★★★☆☆ | 완성 사이즈 110×130cm

재료

- 코튼 도트
- 코튼 프린트
- 장식 띠 150cm
- 레이스 260cm
- 파이핑 줄 500cm

재단

❶ 앞판(코튼 프린트) 113×108cm

❷ 앞판 머리 단(코튼 도트) 38×113cm

❸ 뒤판(코튼 도트) 133×113cm

❹ 프릴(코튼 도트) 260×8cm

❺ 파이핑(코튼 도트) 500×4cm

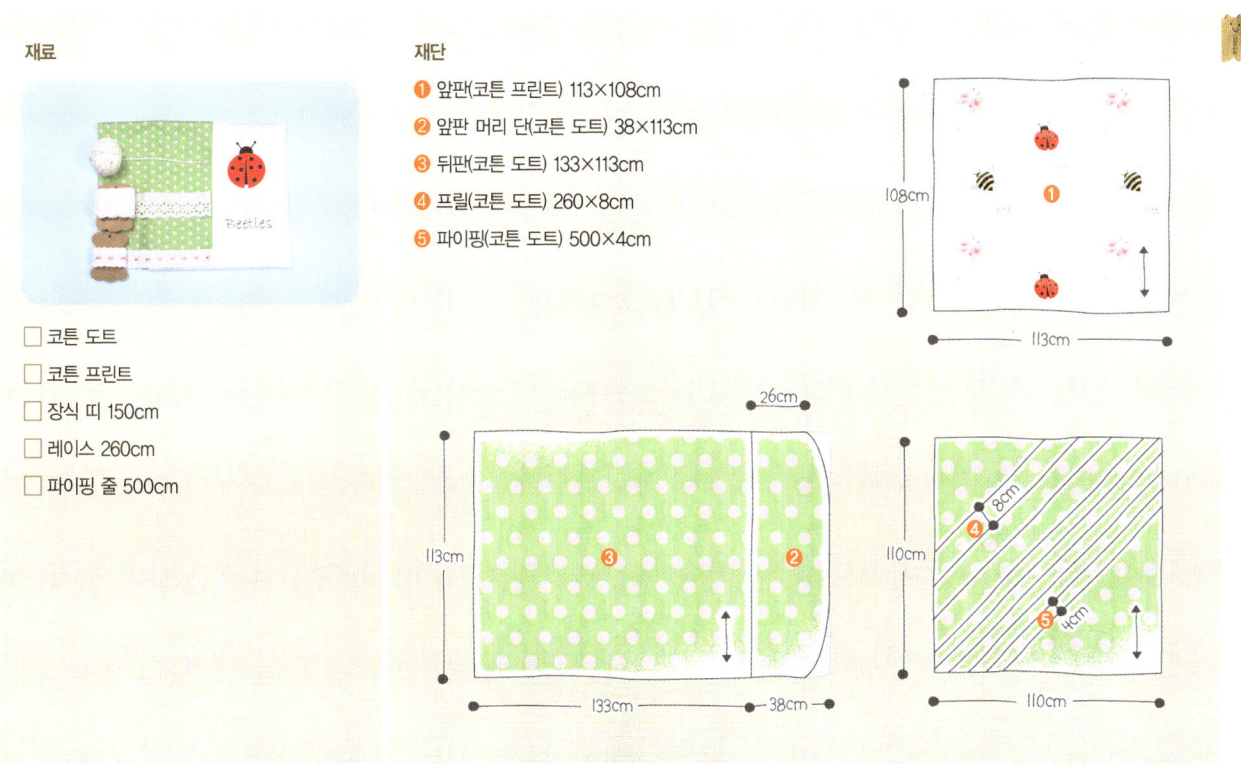

1. 앞판, 프릴 만들기

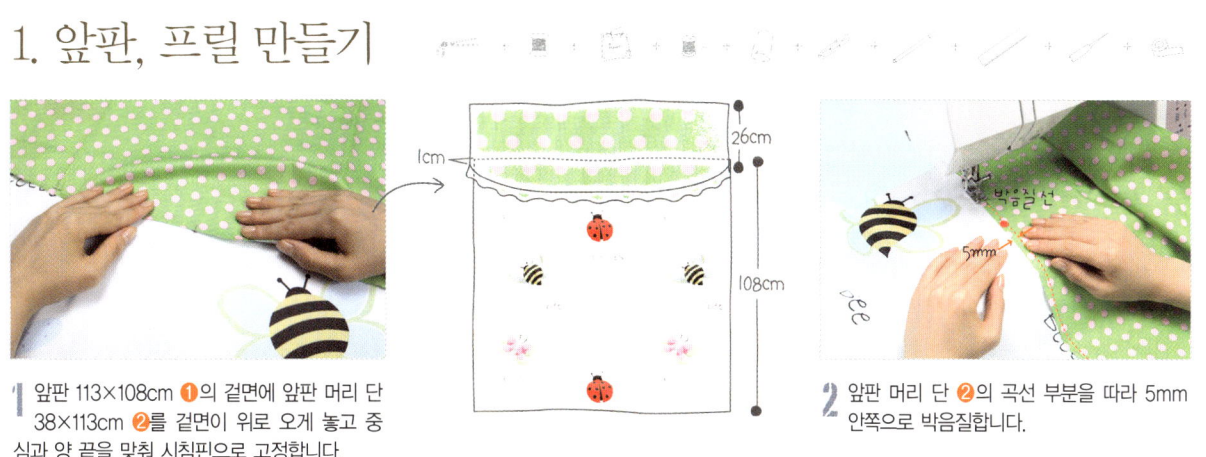

1 앞판 113×108cm ❶의 겉면에 앞판 머리 단 38×113cm ❷를 겉면이 위로 오게 놓고 중심과 양 끝을 맞춰 시침핀으로 고정합니다.

2 앞판 머리 단 ❷의 곡선 부분을 따라 5mm 안쪽으로 박음질합니다.

3 프릴 260×8cm **4**를 한쪽만 말아박기합니다. 기본 기법 61쪽 참조

4 프릴 **4**의 겉면에 레이스를 놓고 말아박기하지 않은 쪽과 레이스의 윗부분을 맞춰 시침핀으로 고정합니다. 그런 다음 가장자리에 가깝게 박음질합니다.

5 앞판 머리 단 **2**의 아랫부분에 완성된 **4**를 놓고 주름을 잡아 시침핀으로 고정합니다.

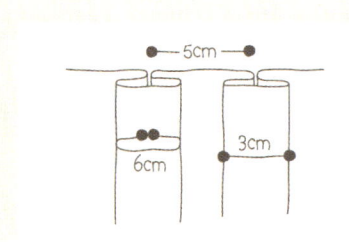

6 가장자리에 가깝게 박음질합니다.

TIP

주름 잡는 방법

1. 프릴감의 끝에서 5cm 띄고 주름 분량 6cm 를 표시하세요.
2. 주름 분량을 접어 표시한 5cm 지점에 맞춰 접어주세요.
3. 계속해서 같은 간격으로 주름이 마주 보도록 접어주세요.

2. 장식 띠 달기 & 파이핑 처리하기

7 프릴을 연결한 시접이 가려지도록 장식 띠를 놓고, 장식 띠의 양쪽 가장자리를 박음질합니다.

8 남는 프릴과 장식 띠는 앞판에 맞춰 자르세요.

9 완성된 앞판의 테두리에 파이핑을 두릅니다. 기본 기법 60쪽 참조

3. 완성하기

10 앞판과 뒤판 133×113cm **3**을 겉면끼리 마주 대고 시침핀으로 고정합니다. 아랫부분에 창구멍 50cm를 표시합니다.

11 창구멍을 제외하고 파이핑 가까이 박음질 합니다.

12 창구멍으로 뒤집은 후 솜을 넣어 누빕니다.

 TIP

솜을 넣어 누비는 과정은 누빔 전문점을 이용하세요. 이불솜을 넣어 사용하고 싶은 경우에는 이불의 아랫부분에 지퍼를 달면 됩니다. 지퍼 다는 방법은 아기 요 만드는 과정(204~205쪽)을 참조하세요.

13 아기 이불이 완성되었습니다.

27-3. 아기 요

예상 재료비 20,000원 | 완제품 예상가 45,000원 | 난이도 ★★★★☆ | 완성 사이즈 110×110cm

재료

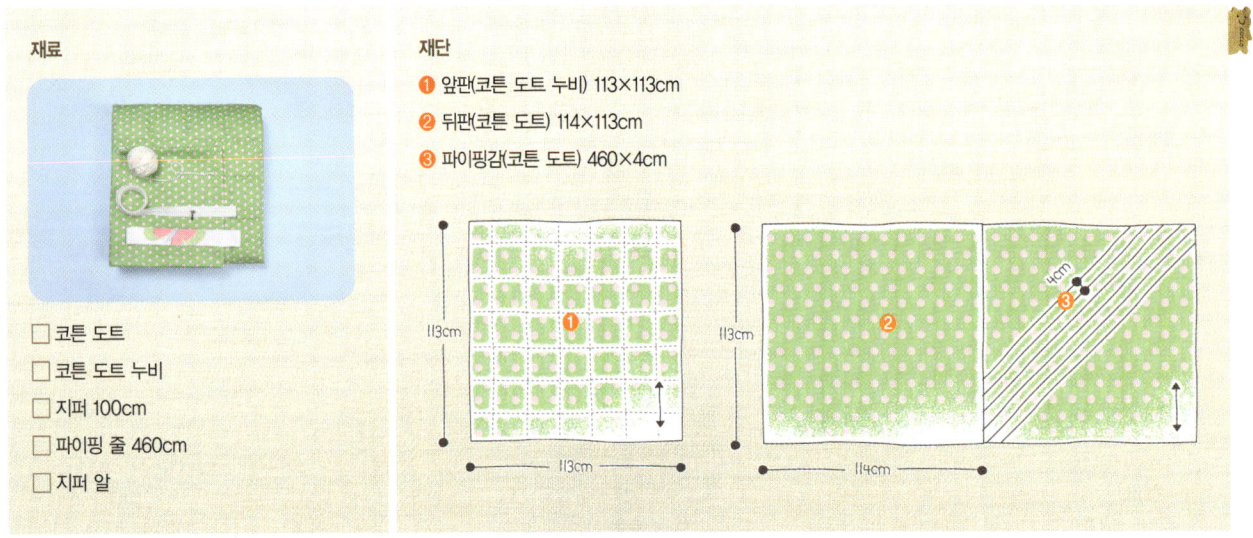

- □ 코튼 도트
- □ 코튼 도트 누비
- □ 지퍼 100cm
- □ 파이핑 줄 460cm
- □ 지퍼 알

재단

❶ 앞판(코튼 도트 누비) 113×113cm

❷ 뒤판(코튼 도트) 114×113cm

❸ 파이핑감(코튼 도트) 460×4cm

1. 파이핑 처리하고 지퍼 달기

1 앞판 113×113cm ❶의 가장자리에 맞춰 파이핑감 460×4cm ❸과 파이핑 줄을 이용해 파이핑 처리합니다. 기본 기법 58, 60쪽 참조

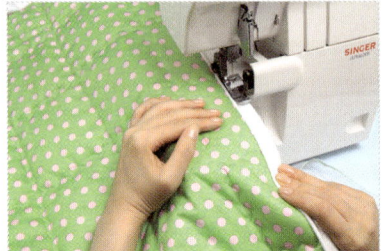

2 지퍼 달 부분을 오버로크 처리합니다. 지그재그 모양으로 박음질해도 됩니다.

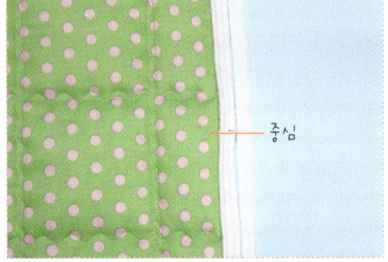

3 앞판 ❶의 한쪽과 지퍼에 각각 중심을 체크합니다.

4 지퍼를 벌립니다. 앞판 ❶과 지퍼 한쪽을 겉면끼리 마주 대고 중심을 맞춰 시침핀으로 고정합니다.

TIP
앞판 ❶의 시접 끝에서 5mm 안쪽에 지퍼의 끝을 맞춥니다.

5 파이핑 노루발을 이용하여 파이핑에 가깝게 박음질합니다.

2. 지퍼 달아 완성하기

6 뒤판 114×113cm **②**의 아랫부분을 오버로크 처리합니다.

7 뒤판의 오버로크 처리한 부분과 **②**와 남은 지퍼 한쪽의 중심을 체크하고 겉면끼리 마주 닿도록 합니다.

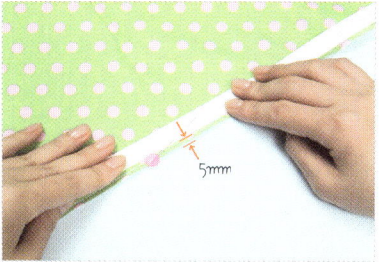

8 뒤판 **②**와 지퍼의 중심을 맞춘 다음 뒤판 **②**의 시접 끝에서 5mm 안쪽으로 지퍼의 시접 끝을 맞춰 시침핀으로 고정합니다.

9 지퍼 가까이 박음질합니다.

10 지퍼 알을 끼워서 지퍼를 끝까지 채웁니다. 누비 원단과 앞판의 길이가 잘 맞는지 확인합니다.

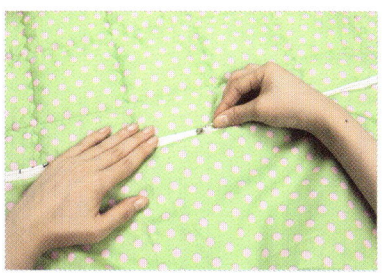

11 서로 길이가 잘 맞았다면 지퍼 알을 다시 끼워서 중간에 오도록 합니다.

12 누비 원단과 앞판을 겉면끼리 마주 댄 다음 그 위에 뒤판을 위로 오게 놓고 완성선을 그린 후 파이핑 가까이 박음질합니다. 162쪽 30번 참조

13 지퍼 부분을 제외한 세 면을 오버로크 처리합니다.

14 아기 요가 완성되었습니다.

PART 06

파우치와 가방은 지극히 개인적인 물건이기 때문에

만들어 쓰는 기쁨이 더욱 큽니다.

파우치는 늘 가지고 다녀도 질리지 않는 디자인으로 만들고

가방은 패션 스타일이나 쓰임새를 고려해서 만들어보세요.

나만의 멋이 배인 파우치와 가방은 쓰면 쓸수록

소유하는 즐거움이 있습니다.

나만의 스타일을 연출하는
파우치 &
가방

HAPPYBEARS

22.

소지품을 쏙쏙,
조리개 파우치

22. 조리개 파우치

www.diytp.com에서 동영상 강의를 볼 수 있습니다.

예상 재료비 8,000원 | 완제품 예상가 19,000원 | 난이도 ★★★☆☆ | 완성 사이즈 11×19cm

재료

□ 선염 무지
□ 선염 체크 프린트
□ 4온스 퀼팅솜
□ 1.5cm 폭 토션 17cm 2개
□ 가죽 끈 55cm 2개
□ 장식 구슬 2개
□ 면 라벨 1개

재단

❶ 몸판 겉감(선염 무지) 38×10cm
❷ 몸판 겉감(선염 체크 프린트) 38×13cm
❸ 몸판 안감(선염 체크 프린트) 38×21cm
❹ 바닥 겉감(선염 무지) 15×15cm
❺ 바닥 안감(선염 무지) 15×15cm
❻ 바닥 퀼팅솜 15×15cm
❼ 장식 고리(선염 체크 프린트) 5×3cm

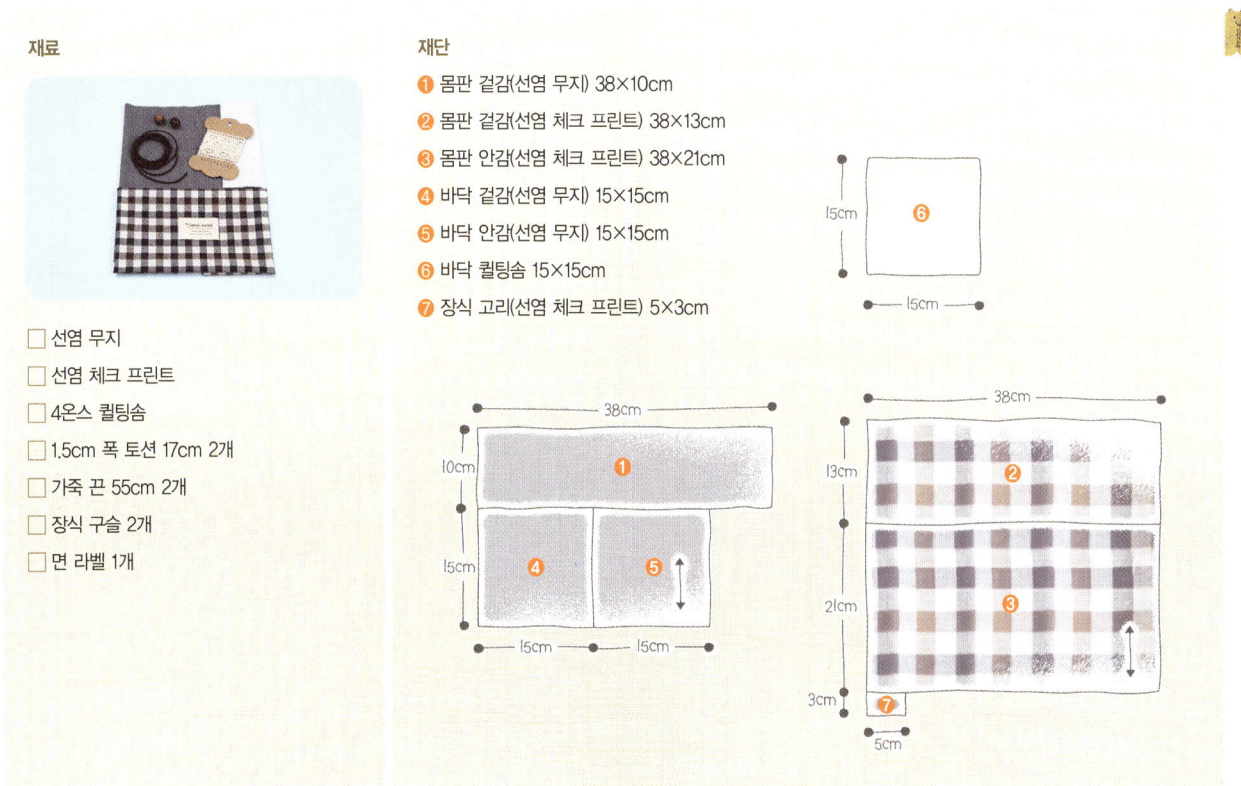

1. 겉감 만들기

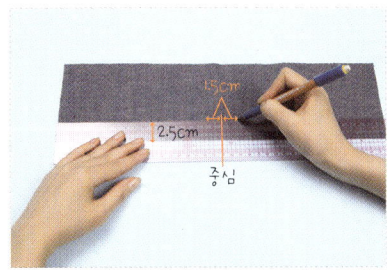

1 몸판 겉감 38×10cm ❶에 토션 달 위치를 표시합니다. 몸판 겉감 ❶을 가로로 길게 놓고 아래에서 위쪽으로 2.5cm 평행하게 선을 긋습니다. 그린 선의 중심점을 체크하고, 중심점에서 양쪽으로 1.5cm 부분을 각각 체크합니다.

2 토션 17cm 2개를 준비하여 각각 양 끝을 1cm씩 접어서 다림질합니다.

3 체크한 선에 맞춰 토션을 올려놓고 시침핀으로 고정한 후 양 끝의 1mm 안쪽으로 박음질합니다. 토션에 끈을 끼워야 하므로 수직 가장자리는 박음질하지 않습니다.

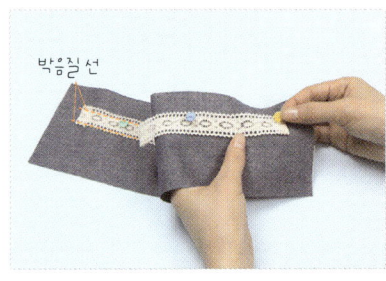

4 나머지 토션도 **3**과 같은 방법으로 박음질합니다.

5 면 라벨의 양 끝을 안면 쪽으로 5mm 정도 접어 다림질합니다.

6 몸판 겉감 38×13cm **2**를 반으로 접어 중심점을 체크한 후, 면 라벨을 원하는 위치에 손바느질로 고정합니다. 기본 기법 70쪽 참조

7 몸판 겉감 **1**과 **2**를 겉면끼리 마주 댑니다. 시접 1cm 남기고 완성선을 그린 후 완성선을 따라 박음질합니다.

8 시접을 몸판 겉감 **2**쪽으로 넘긴 후 박음질선을 따라 다림질합니다.

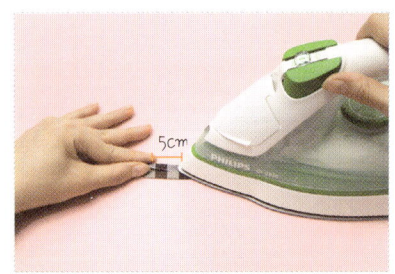

9 장식 고리 5×3cm **7**의 양 끝을 중심 쪽으로 접어서 다림질합니다.

10 다림질한 장식 고리를 반으로 접어 원하는 위치에 시접 끝을 맞춰 시침핀으로 고정합니다. 장식고리가 **1**과 **2**의 연결 부분과 겹치지 않도록 위치를 잡아줍니다.

11 몸판을 겉면끼리 마주 닿도록 반으로 접으세요.

12 가장자리에서 1cm 안쪽에 완성선을 그린 후 박음질합니다. 시접은 양쪽으로 벌려 다림질하세요.

2. 바닥 만들기

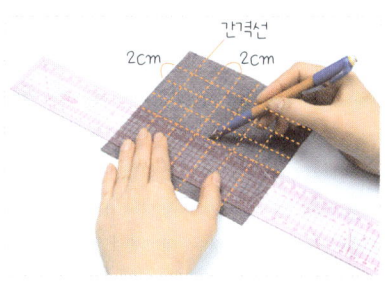

13 바닥 겉감 15×15cm ❹의 겉면에 2cm 간 격으로 가로 세로 선을 바둑판 모양으로 그립니다.

14 바닥 퀼팅솜 15×15cm ❻ 위에 바닥 겉감 ❹의 겉면이 위로 오도록 올립니다.

15 시침핀으로 고정한 후 바둑판 모양의 선을 따라 박음질합니다.

TIP

퀼팅 노루발 활용하면 편리해요

퀼팅 노루발이 있는 경우에는 퀼팅 노루발로 교체한 후 박음질하세요. 원단이 밀리지 않 아 보다 쉽게 작업할 수 있습니다.

16 완성된 15에 본을 대고 원을 그리면서 본 에 있는 등분점을 원단에 체크합니다.
실물 도안 A면 참조

17 완성한 12 안면의 아랫부분을 4등분해서 등 분점을 체크합니다. 바닥과 몸판을 겉면끼리 마주 대고 등분점을 맞춰 시침핀으로 고정합니다.

18 몸판의 시접 부분이 16의 곡선에 잘 맞도 록 5mm 길이의 가위집을 1cm 간격으로 내주세요.

19 노루발 폭으로 박음질합니다.

20 시접을 5mm 정도 남기고 자른 후 뒤집어 주세요.

3. 안감 만들기

21 몸판 안감 38×21cm **③**을 겉면끼리 마주 대고 반으로 접어 시침핀으로 고정합니다.

22 시접을 1cm 남기고 완성선을 그린 후 4cm 창구멍을 표시합니다.

23 창구멍을 제외하고 완성선을 따라 박음질 합니다. 이때 창구멍 근처는 되박음질한 후 시접은 양쪽으로 벌려 다림질합니다.

24 바닥 안감 **⑤**에 본을 대고 원을 그린 후 몸판 안감 **③**과 겉면끼리 마주 댑니다. 17과 같은 방법으로 등분점을 맞춰 시침핀으로 고정합니다.

25 몸판 안감 **③**의 시접 부분이 바닥 안감 **⑤**의 곡선에 잘 맞도록 5mm 길이 가위집을 1cm 간격으로 내면서 노루발 폭으로 박음질합니다.

TIP

이때 몸판 안감은 몸판 겉감보다 1mm 안쪽에 박음질합니다. 그래야만 겉감에 안감을 넣었을 때 더 잘 맞습니다.

26 바닥 안감 **⑤**의 시접을 5mm 남기고 자른 후 뒤집어주세요.

4. 겉감과 안감 연결하기

27 겉감의 겉과 안감의 겉이 마주 닿도록 겉감에 안감을 넣습니다.

28 안감과 겉감의 윗부분을 맞춰 시침핀으로 고정합니다. 이때 겉감과 안감의 시접이 겹치지 않도록 합니다.

29 윗부분을 노루발 폭으로 박음질합니다. 이때 끝 부분이 시작 부분에 1~2cm 겹치도록 박음질한 후 되박음질합니다.

30 안감을 밖으로 뺀 후, 안감에 나 있는 창구멍으로 뒤집어줍니다.

31 창구멍을 공그르기로 막아줍니다.
기본 기법 67쪽 참조

32 안감을 안쪽으로 밀어 넣은 후 윗부분은 박음질 선을 따라 다림질합니다.

TIP

안감이 보이지 않게 다림질하세요
윗부분을 다릴 때는 겉감이 안감 쪽으로 살짝 넘어오게 한 후 안감을 다립니다. 다리미를 위에서 아래로 눌러가며 다림질하세요.

33 토션과 몸판 겉감 ❶ 사이에 끈을 끼운 후 나무 방울고리를 달아주세요.

34 조리개 파우치가 완성되었습니다.

23.

뒤집어도 예쁜,
양면 가방

23. 양면가방

예상 재료비 30,000원   완제품 예상가 50,000원   난이도 ★★☆☆☆   완성 사이즈 35×43×8cm

재료

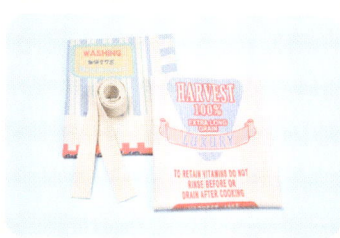

- ☐ 리넨 프린트 A
- ☐ 리넨 프린트 B
- ☐ 리넨 프린트 C
- ☐ 리넨 프린트 D
- ☐ 가방끈 110cm

네 장을 각각 다른 디자인의 원단으로 재단하면 네 가지 분위기로 연출할 수 있습니다.

재단

❶ 몸판 겉감(리넨 프린트 A) 37×45cm ❷ 몸판 겉감(리넨 프린트 B) 37×45cm
❸ 몸판 안감(리넨 프린트 C) 37×45cm ❹ 몸판 안감(리넨 프린트 D) 37×45cm

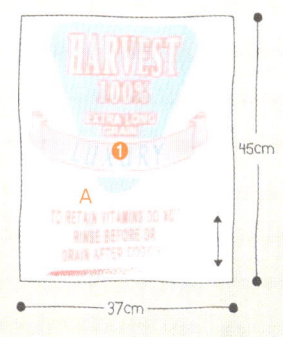

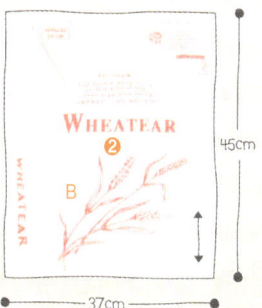

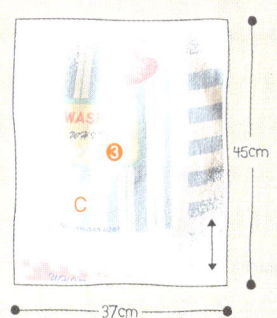

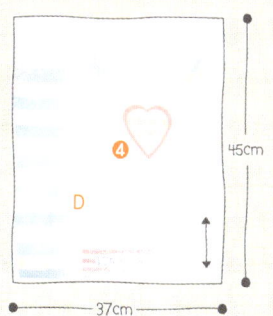

1. 몸판 만들기

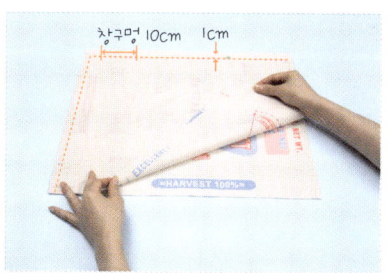

1 몸판 겉감 37×45cm ❶과 겉감 ❷를 겉면끼리 마주 댄 후, 윗면을 제외한 양옆, 아랫부분에 시접 1cm 남기고 완성선을 그립니다.

2 창구멍을 제외하고 완성선을 따라 박음질합니다.

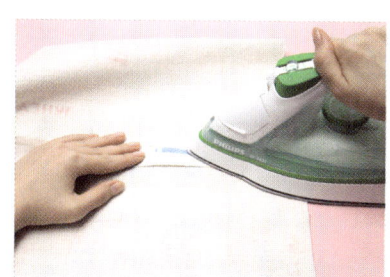

3 시접을 양쪽으로 갈라서 다림질합니다.

4 바닥을 만들기 위해 몸판 겉감 ①과 ②를 연결한 박음질 선이 일직선이 되도록 접어 주세요.

5 박음질 선에 직각이 되도록 8cm 선을 그립니다.

6 시침핀으로 고정한 후 8cm 선을 따라 박음질합니다. 몸판 안감 45×37cm ③과 ④도 1~6번과 같은 방법으로 진행합니다. 이때는 창구멍을 남기지 않아도 됩니다.

7 겉면 윗부분에 중심을 표시하고, 중심에서 양쪽으로 6cm 떨어진 부분을 표시합니다.

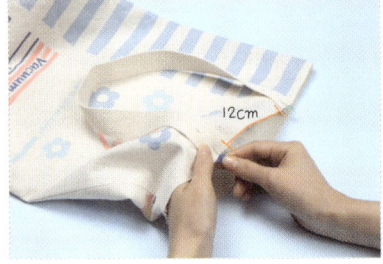

8 표시 선에 맞춰 가방끈을 고정하고 박음질합니다. 이때 끈이 꼬이지 않도록 주의하세요.

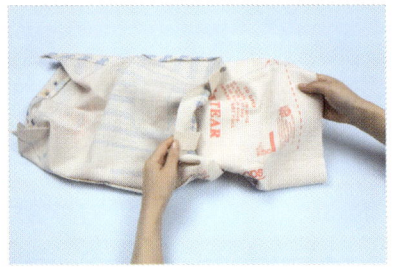

9 겉감과 안감을 겉면끼리 마주 닿도록 겉감에 안감을 넣습니다. 이때 끈은 겉감과 안감 사이에 자연스럽게 넣으세요.

10 겉감, 안감의 시접을 맞춰 시침핀으로 고정합니다.

11 윗부분에 시접 1cm를 남기고 완성선을 그린 후 완성선을 따라 박음질합니다.

2. 바닥 시접 정리하기

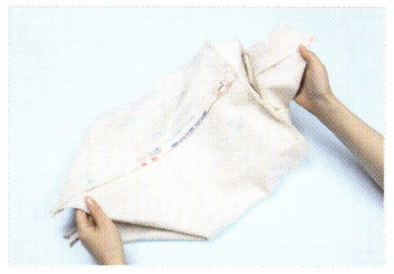

12 안감을 밖으로 뺍니다.

13 안감과 겉감의 옆면이 마주 닿게 접습니다.

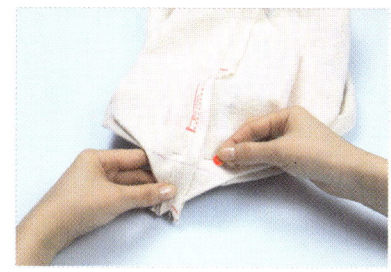

14 박음질된 부분을 맞춰 시침핀으로 고정합니다.

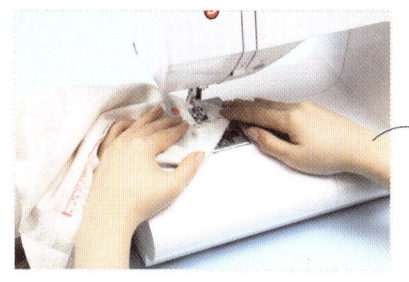

15 박음질 선을 따라 한 번 더 박음질합니다.

15-1 박음질이 끝나면 이런 모양이 됩니다.

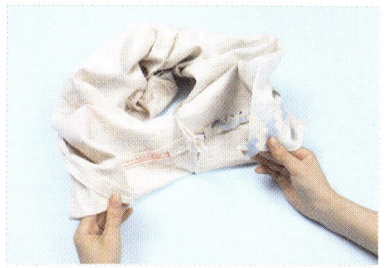

16 반대쪽도 같은 방법으로 시접 부분을 맞춥니다.

17 겉감과 안감을 맞닿게 하여 박음질 선에 맞춰 한 번 더 박음질합니다.

17-1 바닥의 시접이 잘 정리된 모습입니다. 17은 시접을 고정해서 사용하기 편하도록 하기 위한 박음질이므로 따라 하기 어려우면 생략해도 됩니다.

18 창구멍으로 뒤집은 후, 창구멍을 공그르기로 막아주세요. 기본 기법 67쪽 참조

19 가방 윗부분을 박음질 선에 맞춰 다림질합니다.

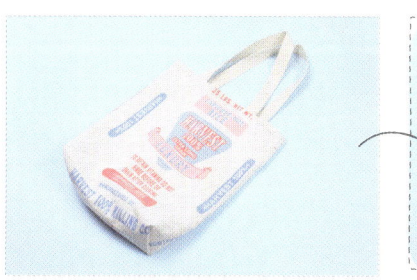

20 양면 가방이 완성되었습니다.

20-1 뒤집은 모습입니다.

24.
접으면 한 손에 쏙,
장바구니

24. 장바구니

예상 재료비 15,000원 완제품 예상가 35,000원 난이도 ★★★☆☆ 완성 사이즈 40×45cm

재료

- ☐ 방수 원단
- ☐ 리넨 프린트
- ☐ 리넨 체크
- ☐ 접착심지
- ☐ 가방끈 70cm
- ☐ 장식 띠 70cm
- ☐ T단추 1세트

재단

- ❶ 몸판(방수 원단) 100×42cm
- ❷ 주머니 겉감(리넨 프린트) 15×22cm
- ❸ 접착심지 15×22cm
- ❹ 주머니 안감(방수 원단) 17×24cm
- ❺ 바이어스(리넨 체크) 110×3.5cm
- ❻ 뚜껑 겉감(리넨 프린트) 10×10cm
- ❼ 뚜껑 안감(리넨 체크) 10×10cm
- ❽ 접착심지 8×9cm

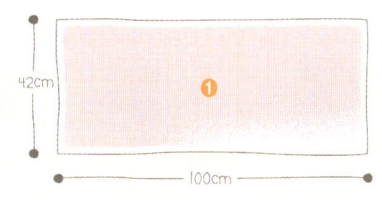

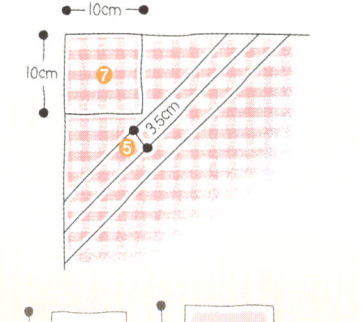

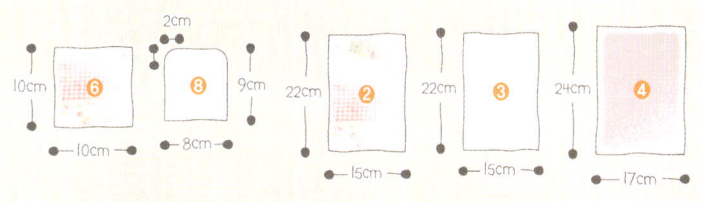

1. 주머니 만들기

1 주머니 겉감 15×22cm ❷의 안면에 접착심지 15×22cm ❸을 다림질하여 붙입니다.

2 1의 주머니 안면에 주머니 안감 17×24cm ❹의 안면을 마주 대고 가장자리에 가깝게 박음질합니다.

3 겉감에 맞춰 안감의 남은 부분을 자릅니다.

4 주머니의 테두리를 바이어스 처리합니다.
기본 기법 44, 47, 50쪽 참조

5 주머니의 중심에서 1.5cm 들어간 지점에 T단추 달 부분을 표시합니다.

6 T단추 기구를 이용해 T단추를 고정합니다. 똑딱단추나 자석단추를 달아도 됩니다.
기본 기법 69쪽 참조

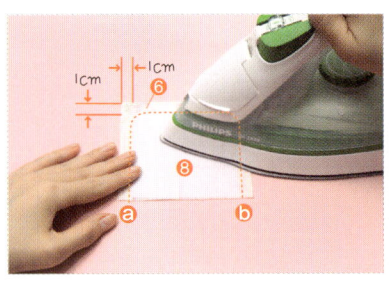

7 뚜껑 겉감 10×10cm **6**의 안면에 접착심지 8×9cm **8**을 다림질하여 붙입니다.

8 뚜껑 겉감 **6**과 안감 10×10cm **7**을 겉면 끼리 마주 대고 접착심지의 가장자리에 가깝 게 박음질합니다. 이때 **ⓐ-ⓑ** 면은 박음질하지 않고 남겨둡니다.

9 시접을 3mm만 남기고 자른 후 박음질하지 않은 쪽으로 뒤집어 다림질합니다.

10 중심에서 1.5cm 들어간 지점에 T단추 달 부 분을 표시한 후 송곳으로 구멍을 뚫습니다.

11 구멍에 맞춰 T단추를 끼우세요.

12 반대쪽 짝도 끼운 후 T단추 기구를 이용해 고정합니다. 기본 기법 69쪽 참조

2. 몸판 만들기

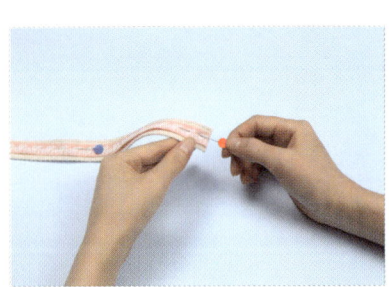

13 가방끈 위에 장식 띠를 올려놓고 시침핀으 로 고정한 후, 양쪽 가장자리를 1mm 안쪽 으로 박음질합니다.

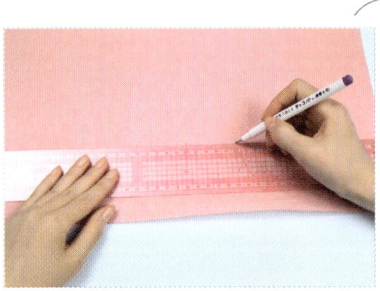

14 몸판 100×42cm **1**의 안면에 가방끈 달 위치를 표시합니다.

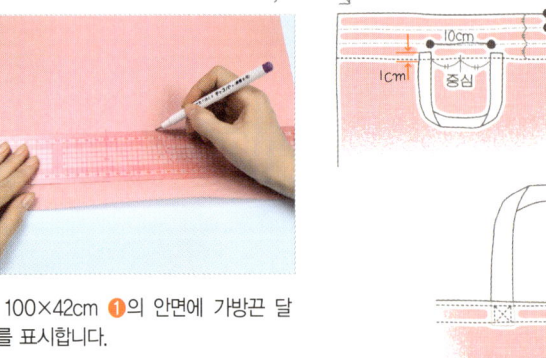

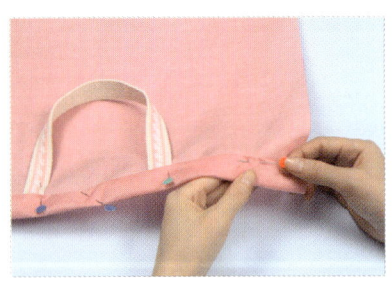

15 2.5cm씩 두 번 접은 후 접은 선을 따라 시 침핀으로 고정하고 안면의 접은 선에서 1mm 안쪽으로 박음질합니다.

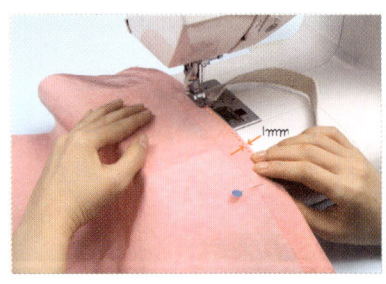

16 가방끈을 위로 올려서 시침핀으로 고정한 다음 겉면의 접은 선에서 1mm 안쪽으로 박음질합니다.

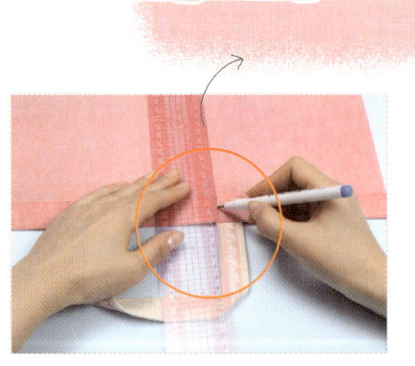

17 손잡이를 좀 더 튼튼하게 고정하기 위해 ⊠선을 그린 다음 선을 따라 박음질합니다.

3. 주머니 달아 완성하기

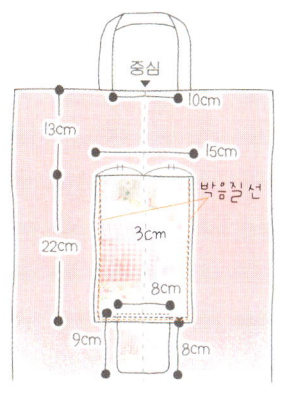

18 몸판 중심에서 13cm 아래 지점에 주머니 달 위치를 표시합니다.

19 몸판, 주머니, 뚜껑의 중심을 맞춰 시침핀으로 고정합니다.

20 뚜껑과 주머니의 중심을 맞춘 후 주머니와 몸판 사이에 뚜껑을 시접이 1cm 겹치도록 끼웁니다. 주머니 테두리에서 1mm 안쪽으로 뚜껑 달린 반대쪽 면을 제외하고 박음질합니다.

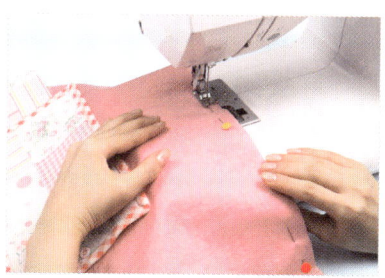

21 몸판을 안면이 마주 닿게 반으로 접어서 양옆을 시침핀으로 고정합니다.

22 양옆 가장자리를 노루발 폭으로 박음질합니다.

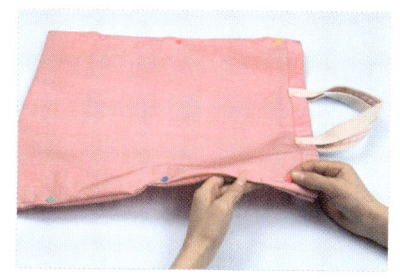

23 시접을 3mm 정도 남기고 자릅니다.

24 뒤집어서 박음질 선을 따라 시침핀으로 고정한 후 노루발 폭으로 박음질합니다.

25 뒤집으면 장바구니가 완성됩니다.

25-1 접어서 T단추를 잠그면 작은 손가방이 됩니다.

25.

화장품을 담기 좋은
사각 파우치

짧은 여행에 들기 좋은

보스턴 가방

25. 사각 파우치

예상 재료비 8,000원 | 완제품 예상가 19,000원 | 난이도 ★★★☆☆ | 완성 사이즈 16×10×10cm

재료

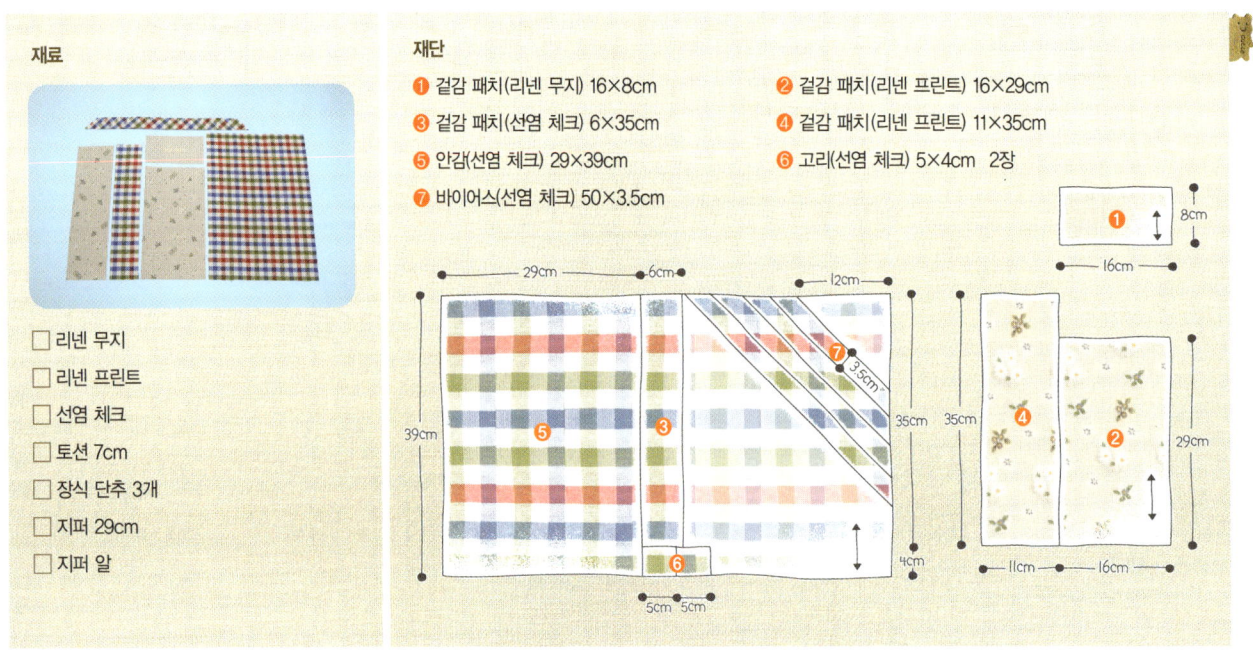

- □ 리넨 무지
- □ 리넨 프린트
- □ 선염 체크
- □ 토션 7cm
- □ 장식 단추 3개
- □ 지퍼 29cm
- □ 지퍼 알

재단

1 겉감 패치(리넨 무지) 16×8cm
2 겉감 패치(리넨 프린트) 16×29cm
3 겉감 패치(선염 체크) 6×35cm
4 겉감 패치(리넨 프린트) 11×35cm
5 안감(선염 체크) 29×39cm
6 고리(선염 체크) 5×4cm 2장
7 바이어스(선염 체크) 50×3.5cm

1. 몸판 만들기

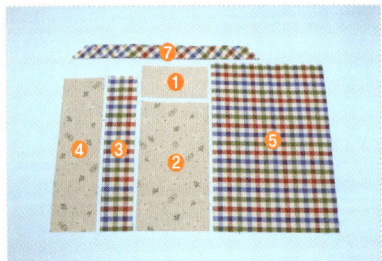

1 원단을 재단하여 사진처럼 준비합니다.

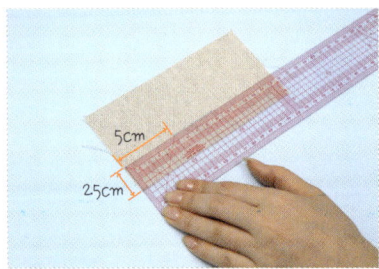

2 겉감 패치 16×8cm 1에 토션 달 위치를 표시합니다.

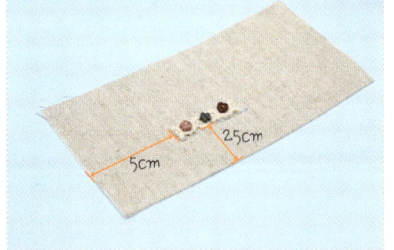

3 표시 부분에 토션의 양 끝을 2cm씩 접어서 시침핀으로 고정하고 그 위에 단추를 답니다.

4 겉감 패치 1과 겉감 패치 16×29cm 2를 겉면끼리 마주 대고 1cm 안쪽으로 완성선을 그린 후 완성선을 따라 박음질합니다.

5 시접은 겉감 패치 2쪽으로 넘겨서 다림질 합니다.

6 겉감 패치 1+2와 겉감 패치 6×35cm 3을 겉면끼리 마주 대고 1cm 안쪽으로 완성선을 그린 후 완성선을 따라 박음질합니다.

7 시접을 겉감 패치 ❸쪽으로 넘겨서 다림질합니다.

8 7과 겉감 패치 11×35cm ❹를 겉면끼리 마주 대고 1cm 안쪽으로 완성선을 그린 후 완성선을 따라 박음질합니다.

9 시접을 겉감 패치 ❸쪽으로 넘겨서 다림질합니다.

10 안감 29×39cm ❺와 겉감을 겉면끼리 마주 대고 양 끝을 맞춰 시침핀으로 고정합니다. 1cm 안쪽으로 완성선을 그린 후 완성선을 따라 박음질합니다. 안감이 겉감보다 큽니다.

11 시접을 안감 ❺쪽으로 넘겨서 다림질합니다.

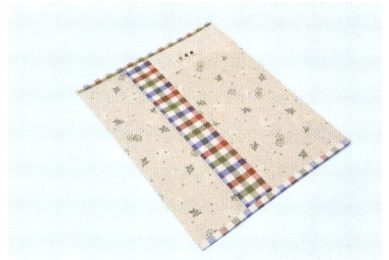

12 뒤집어서 겉감의 시접 끝에 맞춰 놓고 한 번 더 다림질합니다. 반대쪽 면도 같은 방법으로 박음질하고 다림질합니다.

2. 지퍼 달기

13 한쪽 끝을 지퍼 레일에 맞춘 다음 시침핀으로 고정합니다.

14 지퍼 노루발을 이용하여 접은 선에서 2mm 안쪽으로 박음질합니다.

15 남은 한쪽을 접어서 원통 모양으로 만든 후 남은 지퍼 한쪽을 반대쪽 면에 맞춰 놓고 시침핀으로 고정합니다.

16 지퍼를 벌려 2mm 안쪽으로 박음질합니다.

17 양옆에 중심을 표시합니다.

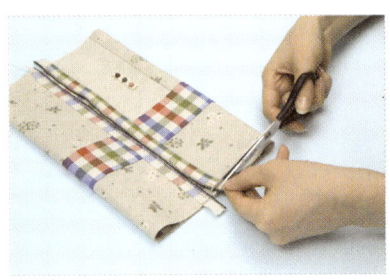

18 오른쪽의 지퍼 부분을 원단 끝에 맞춰 자릅니다.

19 왼쪽 지퍼에 지퍼 알을 끼웁니다.

20 오른쪽과 왼쪽의 원단 끝을 맞춰서 오른쪽 지퍼에도 지퍼 알을 끼운 다음 밀어올립니다.

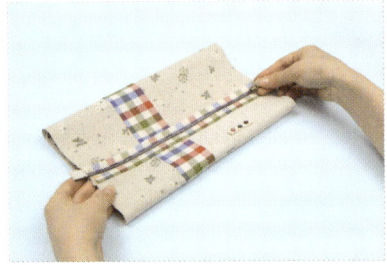

21 지퍼 알을 끝까지 빼서 지퍼를 잠그고 지퍼의 양 끝이 벌어지지 않도록 합니다.

22 다시 지퍼 알을 끼워서 몸판의 중간에 오게 합니다. 양쪽에 남은 지퍼도 자릅니다.

3. 고리 달고 바이어스 처리하기

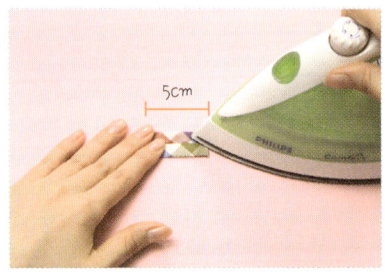

23 지퍼 끝이 벌어지지 않도록 지퍼 끝을 잡고 안쪽으로 뒤집어주세요.

24 고리 5×4cm **⑥**의 양 끝을 중심으로 접어서 다림질한 후 다시 반을 접어서 장식 고리감을 만듭니다. 두 장 모두 해주세요.

25 몸판에 표시해 놓은 중심과 지퍼를 맞춘 후, 그 사이에 장식 고리감을 끼워서 시침 핀으로 고정합니다.

26 양옆에 1cm 완성선을 그린 후 완성선을 따라 박음질합니다. 이때 미싱 바늘이 지퍼 레일에 닿지 않도록 주의하세요. 지퍼 부분은 튼튼하게 하기 위해 되박음질합니다.

TIP
지퍼 부분에 되박음질이 잘 되지 않을 때에는 다이얼을 이용하여 한 땀 한 땀 박음질한 후, 원단을 180도 돌려 다시 한 땀 한 땀 박음질하면 됩니다.

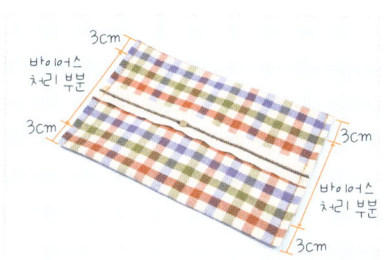

27 바느질 선을 따라 양 끝에서 3cm 안쪽에 바이어스 처리할 부분을 체크합니다.

28 체크한 부분에 바이어스 처리합니다.
기본 기법 44쪽 참조

29 반대쪽도 같은 방법으로 해주세요.

4. 완성하기

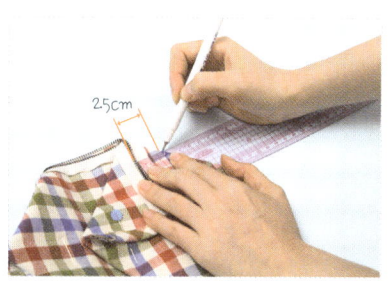

30 옆면에 수평선을 그립니다.

31 박음질한 선과 수평선을 맞춰 시침핀으로 고정합니다.

32 옆면에 모양을 잡기 위해 지퍼에 직각이 되도록 자를 대고 2.5cm 부분에 점을 찍어줍니다.

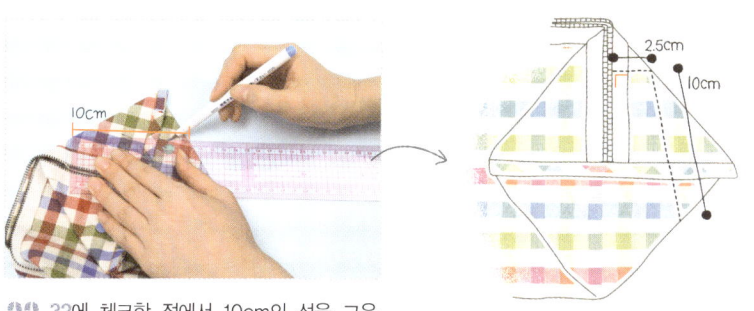

33 32에 체크한 점에서 10cm의 선을 그은 후 선을 따라 박음질합니다.

34 박음질 선에서 1cm 시접을 남기고 자른 후 바이어스 처리합니다.
기본 기법 46쪽 참조

35 네 모서리를 모두 바이어스를 처리합니다.

36 지퍼를 벌려서 뒤집어주세요.

37 사각 파우치가 완성되었습니다.

26. 보스턴 가방

예상 재료비 45,000원 | 완제품 예상가 85,000원 | 난이도 ★★★★★ | 완성 사이즈 40×30×18cm

재료

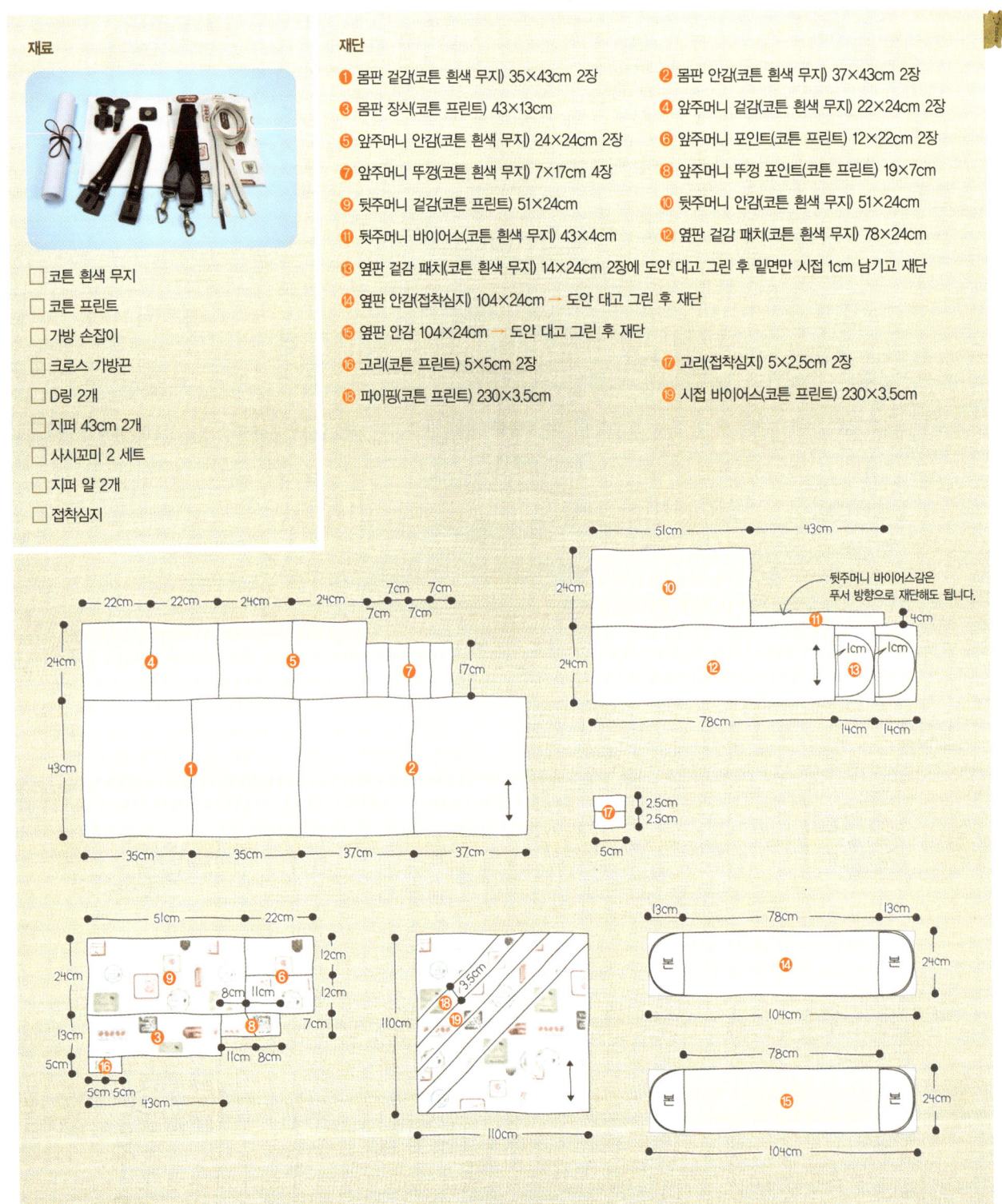

- ☐ 코튼 흰색 무지
- ☐ 코튼 프린트
- ☐ 가방 손잡이
- ☐ 크로스 가방끈
- ☐ D링 2개
- ☐ 지퍼 43cm 2개
- ☐ 샤시꼬미 2 세트
- ☐ 지퍼 알 2개
- ☐ 접착심지

재단

❶ 몸판 겉감(코튼 흰색 무지) 35×43cm 2장

❷ 몸판 안감(코튼 흰색 무지) 37×43cm 2장

❸ 몸판 장식(코튼 프린트) 43×13cm

❹ 앞주머니 겉감(코튼 흰색 무지) 22×24cm 2장

❺ 앞주머니 안감(코튼 흰색 무지) 24×24cm 2장

❻ 앞주머니 포인트(코튼 프린트) 12×22cm 2장

❼ 앞주머니 뚜껑(코튼 흰색 무지) 7×17cm 4장

❽ 앞주머니 뚜껑 포인트(코튼 프린트) 19×7cm

❾ 뒷주머니 겉감(코튼 프린트) 51×24cm

❿ 뒷주머니 안감(코튼 흰색 무지) 51×24cm

⓫ 뒷주머니 바이어스(코튼 흰색 무지) 43×4cm

⓬ 옆판 겉감 패치(코튼 흰색 무지) 78×24cm

⓭ 옆판 겉감 패치(코튼 흰색 무지) 14×24cm 2장에 도안 대고 그린 후 밑면만 시접 1cm 남기고 재단

⓮ 옆판 안감(접착심지) 104×24cm → 도안 대고 그린 후 재단

⓯ 옆판 안감 104×24cm → 도안 대고 그린 후 재단

⓰ 고리(코튼 프린트) 5×5cm 2장

⓱ 고리(접착심지) 5×2.5cm 2장

⓲ 파이핑(코튼 프린트) 230×3.5cm

⓳ 시접 바이어스(코튼 프린트) 230×3.5cm

뒷주머니 바이어스감은
푸서 방향으로 재단해도 됩니다.

1. 앞주머니 만들기

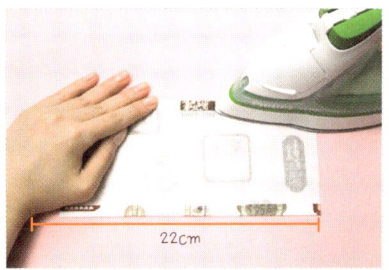

1 앞주머니 포인트 22×12cm **⑥**의 양 끝을 안쪽으로 1cm씩 접어서 다림질합니다.

2 앞주머니 겉감 22×24cm **④**의 겉면에 앞주머니 포인트 **⑥**을 위아래 중심을 맞춰 놓고 시침핀으로 고정합니다. 앞주머니 포인트 **⑥**의 접은 선에서 1mm 안쪽으로 박음질합니다.

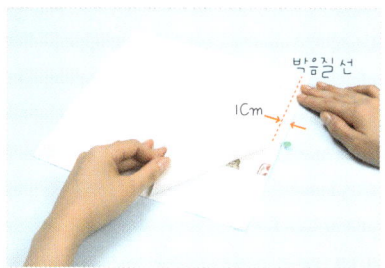

3 2와 앞주머니 안감 24×24cm **⑤**를 겉면끼리 마주 대고 윗부분만 시접 1cm 남기고 박음질합니다.

4 앞주머니 안감 **⑤**를 박음질 선에 맞춰 위로 넘겨서 다림질합니다.

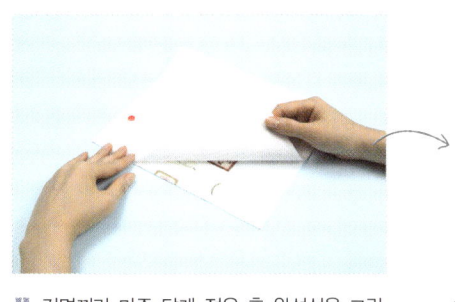

5 겉면끼리 마주 닿게 접은 후 완성선을 그립니다.

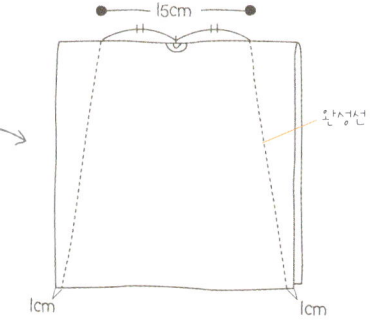

6 완성선을 따라 박음질합니다.

7 박음질한 면의 시접을 5mm 남기고 자른 후 뒤집어서 박음질 선을 따라 다림질합니다.

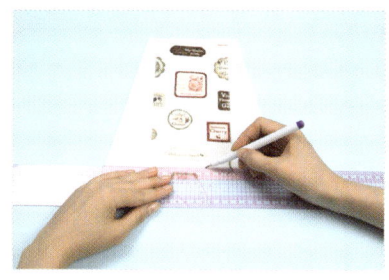

8 아래에서 1.5cm 위에 선을 그립니다.

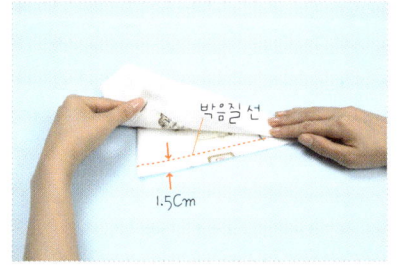

9 그린 선에 맞춰 사신처럼 옆을 접습니다.

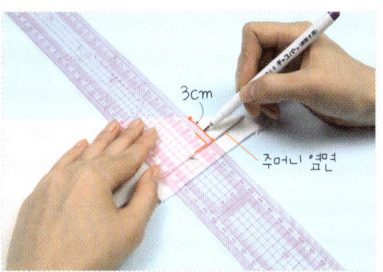

10 주머니의 옆면에 직각으로 3cm가 되도록 맞춰서 선을 그립니다. 반대쪽도 같은 방법으로 그립니다.

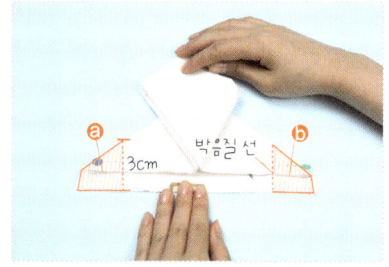

11 양쪽을 모두 이렇게 하면 사진처럼 됩니다. 그런 후에 양쪽에 그린 선을 박음질합니다.

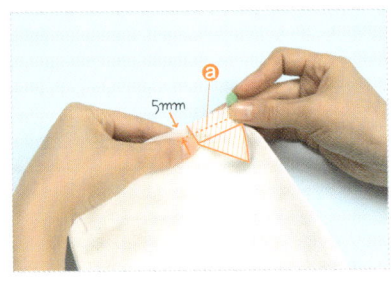

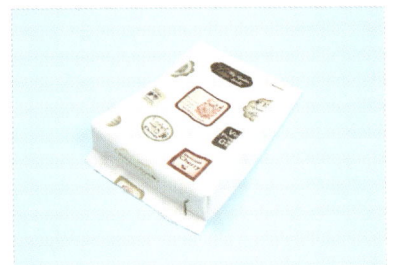

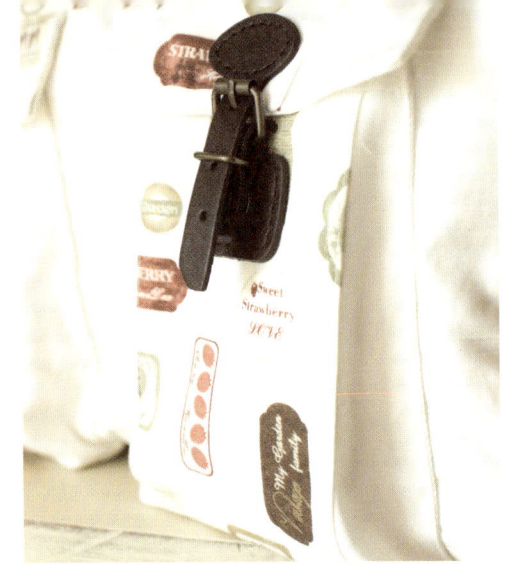

12 11의 ⓐ 부분을 주머니 안쪽으로 접어 밑면을 맞춰 시침핀으로 고정합니다. 시접 끝에서 5mm 안쪽으로 박음질합니다. 반대편도 같은 방법으로 박음질합니다.

13 똑같은 방법으로 두 개를 만드세요.

2. 주머니 뚜껑 만들기

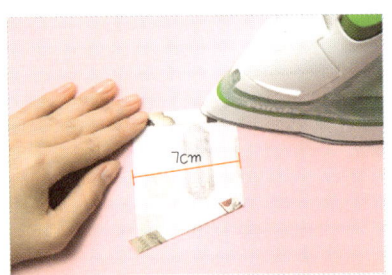

14 앞주머니 뚜껑 포인트 19×7cm ❽의 양 끝을 안쪽으로 1cm씩 접어서 다림질합니다.

15 두 개를 모두 다림질합니다.

16 앞주머니 뚜껑 7×17cm ❼의 겉면 원하는 위치에 15를 시침핀으로 고정하고 접은 선에서 1mm 안쪽으로 양쪽을 박음질합니다.

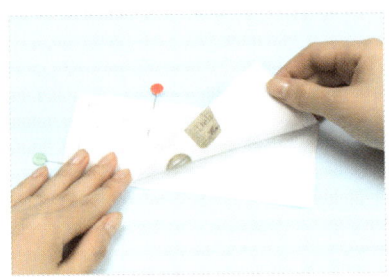

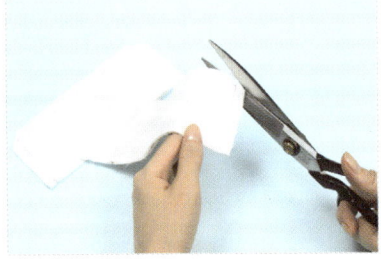

17 완성된 16과 앞주머니 뚜껑 ❼을 겉면끼리 마주 대고 시침핀으로 고정한 후 윗부분만 남기고 ㄷ자로 박음질합니다.

18 모서리의 시접을 자른 후 뒤집어서 박음질선을 따라 다림질합니다. 똑같이 두 개를 만드세요.

19 뚜껑의 겉면에 사시꼬미 달 위치를 표시합니다. 사시꼬미에 있는 바느질 구멍을 따라 손바느질해 사시꼬미를 다세요.

3. 앞주머니와 몸판 연결하기

 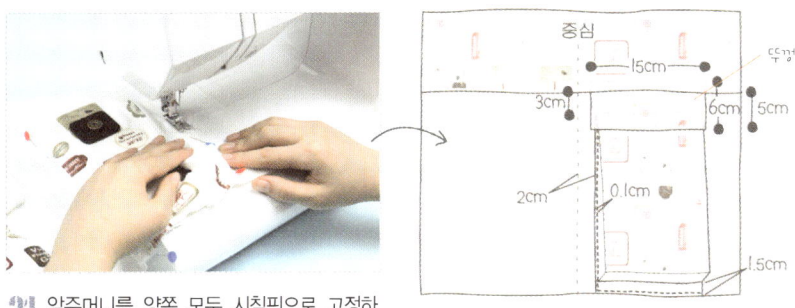

20 앞주머니를 그림처럼 놓고 뚜껑도 자리를 잡아 시침핀으로 고정한 후, 뚜껑의 사시 꼬미에 맞춰 주머니에도 반대쪽 사시꼬미를 달아줍니다.

21 앞주머니를 양쪽 모두 시침핀으로 고정하고 양옆은 1mm 안쪽으로, 밑부분은 시접에 가깝게 박음질합니다.

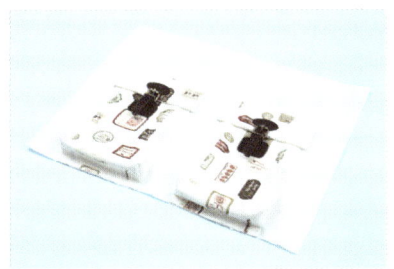 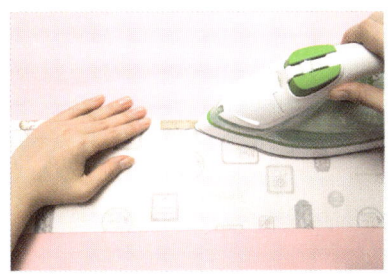 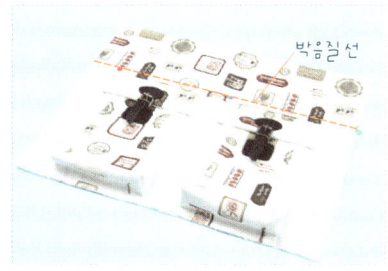

22 뚜껑의 윗부분도 시접 끝에 가깝게 박음질합니다.

23 몸판 겉감 43×13cm ❸을 아랫부분만 1cm 접어서 다림질합니다.

24 다림질한 부분이 뚜껑 윗부분에 1cm 겹치도록 시침핀으로 고정하고, 접은 선에서 1mm 안쪽으로 박음질합니다.

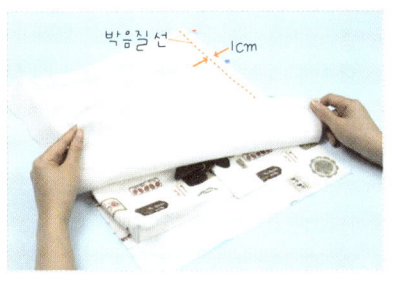  

25 몸판 안감 37×43cm ❷와 완성된 **24**를 겉면끼리 마주 대고 윗부분 시접 끝을 맞춰 시침핀으로 고정한 후, 시접을 1cm 남기고 박음질합니다.

26 몸판 안감을 박음질 선에 맞춰 위로 올려서 다림질합니다.

27 몸판 안감 ❷를 시접 끝에 맞춰 뒤로 넘기고 다림질합니다.

4. 뒷주머니 만들기

28 뒷주머니 겉감 51×24cm **⑨**와 안감 51×24cm **⑩**을 안면끼리 마주 댑니다.

29 겉감의 겉면끼리 마주 닿게 다시 반으로 접어줍니다.

30 **29**의 접은 선에서 4cm 안으로 들어간 부분에 1cm만 박음질합니다.

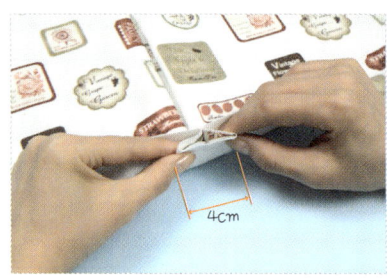

31 박음질한 부분을 중심으로 사진처럼 양옆을 벌려서 접어줍니다. 아랫부분도 **29~31**의 과정을 반복합니다.

32 사진처럼 위아래를 모두 접어 시침핀으로 고정한 후, 사방을 가장자리에 가깝게 박음질합니다.

33 주머니의 윗부분에 주머니 안면과 지퍼의 안쪽이 마주 닿게 시침핀으로 고정합니다.

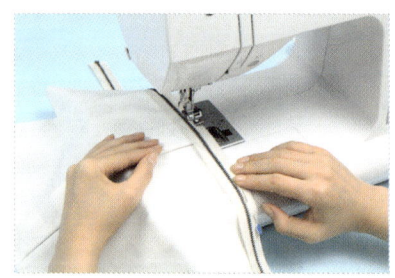

34 지퍼 가까이 박음질합니다.

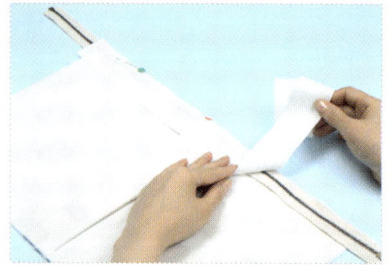

35 지퍼 단 부분을 뒷주머니 바이어스 4×43cm **⑪**을 이용하여 바이어스 처리합니다. 기본 기법 44쪽 참조

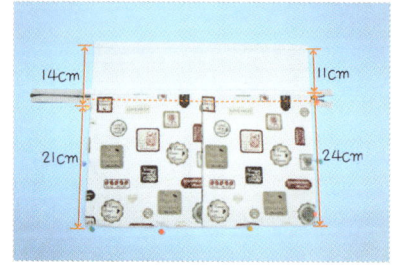

36 완성된 **35**를 몸판 겉감 35×43cm **❶**의 겉면에 올려놓으세요.

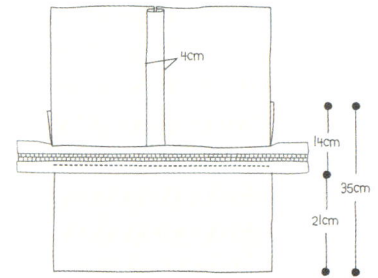

37 **36**의 상태에서 주머니감만 위로 올린 다음 몸판에 지퍼를 시침핀으로 고정한 후 지퍼 가까이 박음질합니다.

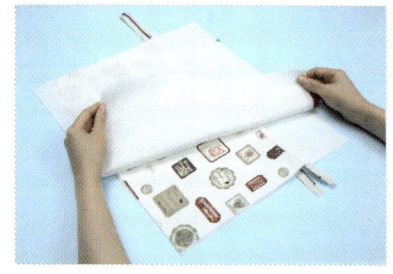

38 완성된 뒤판과 몸판 안감 **❷**를 겉면끼리 마주 대고 윗부분의 시접 끝을 맞춰 시침핀으로 고정합니다.

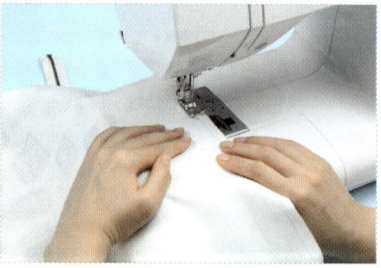

39 윗부분을 시접 1cm 남기고 박음질합니다.

40 안감을 박음질 선에 맞춰 위로 올려서 다림질하세요.

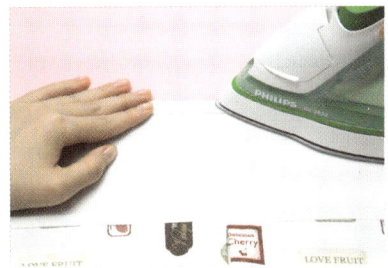

41 시접 끝에 맞춰 안감을 뒤로 넘겨서 다시 한 번 더 다림질합니다.

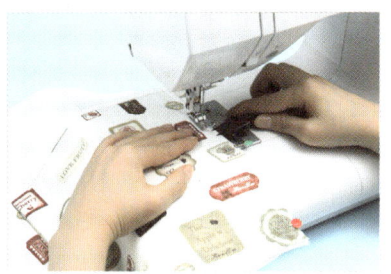

42 안감과 함께 주머니의 세 면을 시침핀으로 고정하여 가장자리에 가깝게 박음질합니다.

5. 지퍼와 손잡이 달기

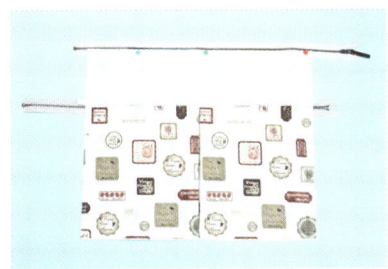

43 지퍼 레일이 보이도록 몸판 윗부분에 시침핀으로 고정합니다.

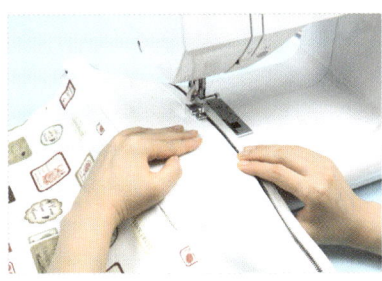

44 접은 선에서 2mm 안쪽으로 박음질합니다.

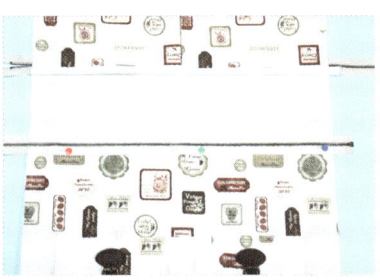

45 반대편에도 앞판을 사진처럼 시침핀으로 고정합니다.

46 지퍼를 벌리고 접은 선에서 2mm 안쪽으로 박음질합니다.

47 손잡이 달 부분을 표시합니다.

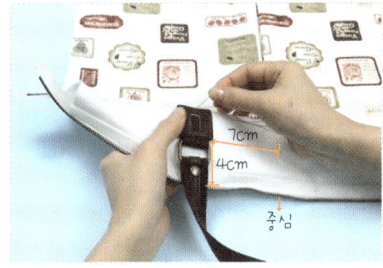

48 손잡이에 있는 바느질 구멍을 따라 손바느질하여 손잡이를 달아주세요.

6. 옆판 만들기

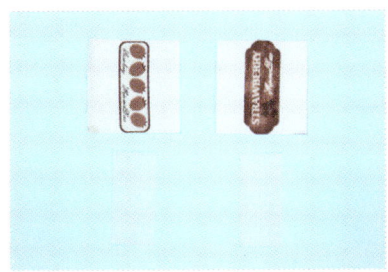

49 고리 5×5cm ⑯ 고리 5×2.5cm ⑰을 준비합니다.

50 고리 ⑯ 안면의 중심에 고리(접착심지) ⑰을 붙이세요.

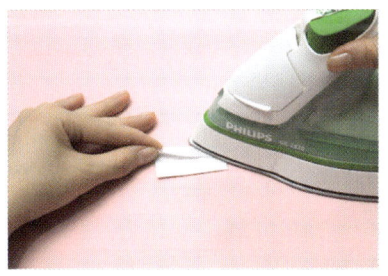

51 양 끝을 고리(접착심지) ⑰에 맞춰 접어서 다림질하세요.

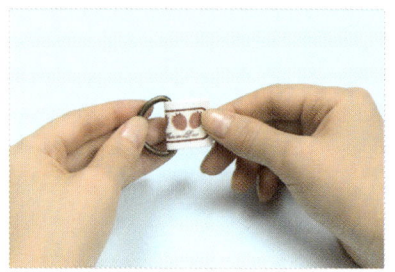

52 완성된 51을 D링에 끼워 반으로 접으세요.

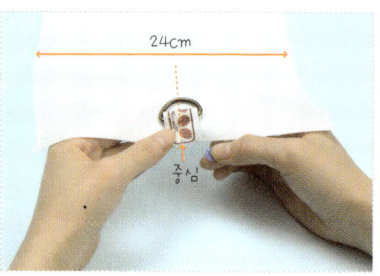

53 옆판 겉감 패치 78×24cm ⑫의 중심에 완성된 52의 중심을 맞춰 시침핀으로 고정하고 시접 끝에 가깝게 박음질합니다.

54 완성된 52와 옆판 겉감 패치 ⑬을 겉면끼리 마주 대고 시침핀으로 고정한 후 시접 1cm를 남기고 박음질합니다.

55 시접을 옆판 겉감 패치 ⑫ 쪽으로 내려서 박음질 선에 맞춰 다림질합니다.

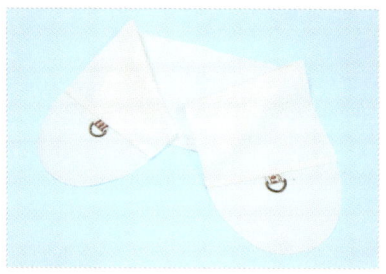

56 같은 방법으로 진행하여 반대쪽 고리도 달아주세요.

57 옆판 안감 ⑮에 옆판 안감(접착심지) ⑭를 대고 다림질하여 붙입니다.

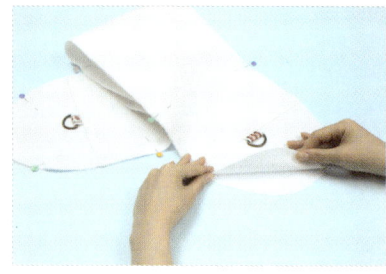

58 겉감과 안감의 안면을 마주 대고 시침핀으로 고정한 후 가장자리에 가깝게 박음질합니다.

59 옆판 테두리를 파이핑 처리합니다.
기본 기법 57, 59쪽 참조

7. 완성하기

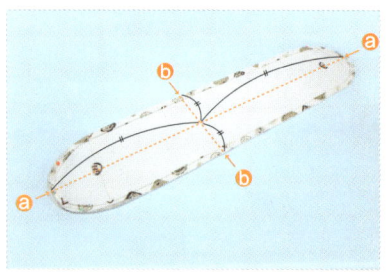

60 옆판의 전체 둘레를 4등분합니다.

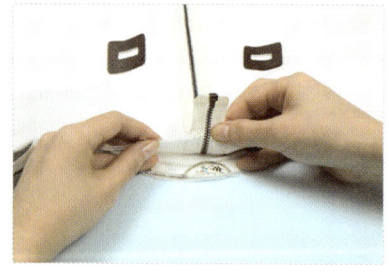

61 지퍼와 옆판을 겉면끼리 마주 대고 곡선 부분의 중심 ⓐ을 맞춰서 시침핀으로 고정합니다. 반대쪽도 같은 방법으로 해주세요.

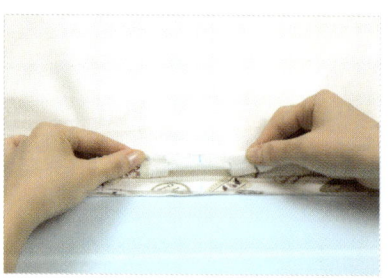

62 옆판 직선 부분의 중심 ⓑ와 앞판 아랫부분의 중심을 맞춰 시침핀으로 고정합니다. 반대쪽도 같은 방법으로 진행하세요.

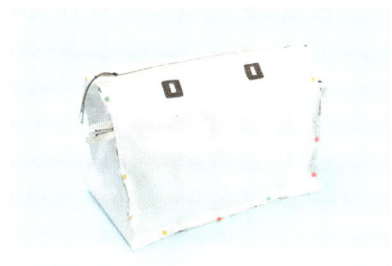

63 사진처럼 나머지 부분도 시침핀으로 고정합니다.

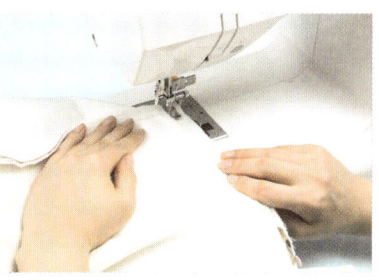

64 옆판을 밑으로 두고 몸판을 옆판의 파이핑 줄에 가깝게 박음질합니다.

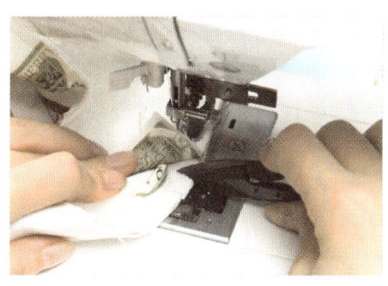

65 몸판의 밑쪽 모서리 부분을 박음질할 때는 꺾어지는 부분에 맞춰 옆판에 가위집을 넣어가며 박음질합니다.

66 옆판의 곡선 부분은 몸판 부분의 시접에 5mm 정도 가위집을 1cm 간격으로 내면서 박음질합니다.

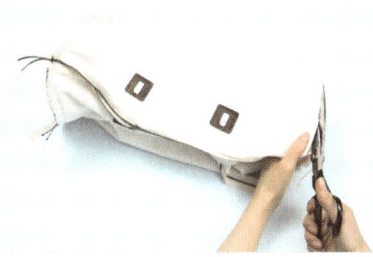

67 시접을 8mm 남기고 자르세요.

68 시접 부분을 바이어스 처리하세요.
기본 기법 44, 47쪽 참조

69 모서리 부분을 바이어스 처리할 때는 몸판을 접어서 손으로 잡은 후 직각 바이어스 처리합니다. 기본 기법 50쪽 참조

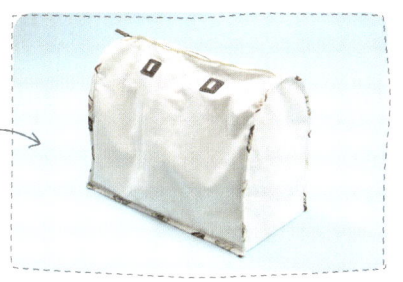

69⁻¹ 바이어스 처리한 모습입니다.

70 뒤집으면 보스턴 가방이 완성됩니다.

70⁻¹ 뒷모습입니다.

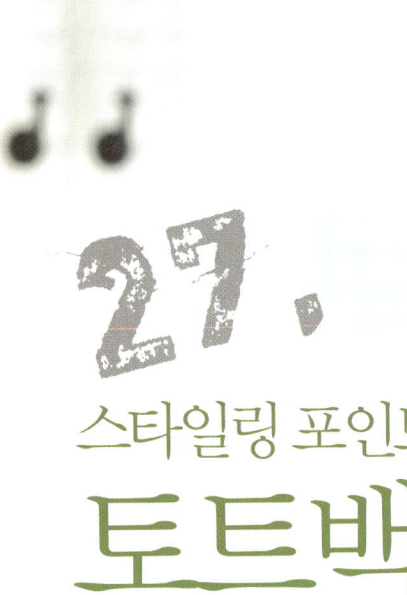

27.

스타일링 포인트,
토트백

27. 토트백

예상 재료비 25,000원 | 완제품 예상가 45,000원 | 난이도 ★★★★☆ | 완성 사이즈 37×23×15cm

재료

- ☐ 리넨 플라워
- ☐ 리넨 도트
- ☐ 리넨 무지 베이지
- ☐ 리넨 무지 레드
- ☐ 접착심지
- ☐ 가방끈
- ☐ 지퍼(겉) 43cm
- ☐ 지퍼(안주머니) 18cm
- ☐ 패브릭 스티커 2개
- ☐ 자석단추 1세트
- ☐ 가방 바닥용 심지
- ☐ 지퍼 알

재단

- ❶ 겉감 패치(리넨 플라워) 24×19cm
- ❷ 겉감 패치(리넨 무지 레드) 16×24cm
- ❸ 겉감 패치(리넨 도트) 33×17cm
- ❹ 겉감 패치(리넨 무지 레드) 39×33cm
- ❺ 가방 덮개(리넨 무지 레드) 14×14cm 2장
- ❻ 가방 덮개(접착심지) 12×12cm
- ❼ 양옆 고정 장식(리넨 도트) 9×5cm 2장
- ❽ 양옆 고정 장식(접착심지) 3×3cm 2장
- ❾ 안주머니 지퍼 보더(리넨 무지) 3×3cm 2장
- ❿ 안주머니(리넨 무지) 4×20cm
- ⓫ 안주머니(리넨 무지) 20×15cm
- ⓬ 안감(리넨 무지) 39×64cm
- ⓭ 손잡이 바느질 선 가리개(리넨 무지) 8×7cm 4장
- ⓮ 바닥 심지(리넨 무지) 17×49cm
- ⓯ 바닥 심지 23×14cm

1. 안 주머니 만들기

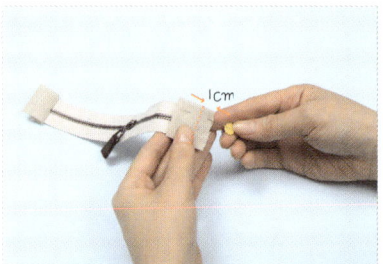  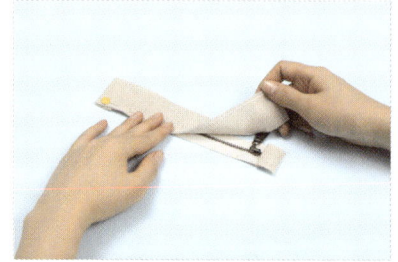

1 안주머니 지퍼 보더 3×3cm **9**와 안주머니 용 지퍼를 겉면끼리 마주 대고 시침핀으로 고정한 후, 시접 1cm 남기고 박음질합니다. 시접은 안주머니 지퍼 보더 **9** 쪽으로 넘겨 다림질합니다.

2 안주머니 주머니 4×20cm **10**의 지퍼가 달릴 부분에 오버로크 처리합니다.

3 안주머니 **10**과 지퍼를 겉면끼리 마주 대고 시침핀으로 고정한 후 지퍼 가까이 박음질합니다.

4 안주머니 **10**을 박음질 선에 맞춰 다림질하세요.

5 안주머니 20×15cm **11**의 지퍼가 달릴 부분에 오버로크 처리합니다.

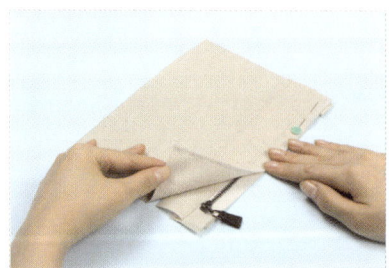

6 안주머니 **11**과 지퍼를 겉면끼리 마주 대고 시침핀으로 고정한 후 지퍼 가까이 박음질합니다.

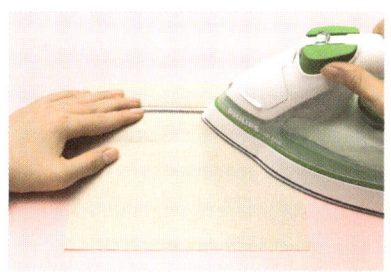

7 안주머니 ⑪을 박음질 선에 맞춰 다림질하세요.

8 7의 주머니의 가장자리를 오버로크 처리한 후, 네 면을 1cm씩 접어서 다림질합니다.

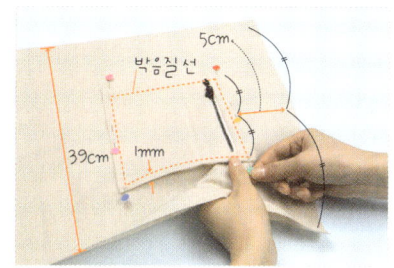

9 안감 39×64cm ⑫의 윗면 중심에서 5cm 아랫부분에 주머니 윗부분의 중심을 맞춰 시침핀으로 고정합니다. 접은 선에서 1mm 안쪽으로 박음질합니다.

2. 가방 덮개 만들기

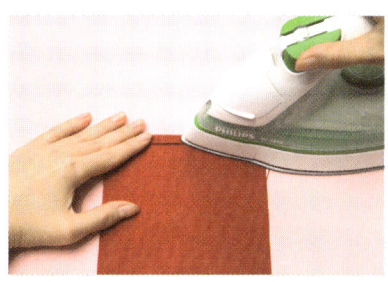

10 가방 덮개 14×14cm ⑤의 아랫부분을 안쪽으로 1cm 접어서 다림질합니다. 같은 방법으로 진행하여 두 장을 준비하세요.

11 10의 시접 사이에 가방 덮개(접착심지) ⑥을 끼워넣고 다림질하여 고정합니다.

12 완성된 11과 ⑤를 겉면끼리 마주 대고 시침핀으로 고정한 후, 심지 테두리에 맞춰 박음질합니다. 이때 접착심지는 붙어 있는 상태이므로 박음질되지 않아도 됩니다.

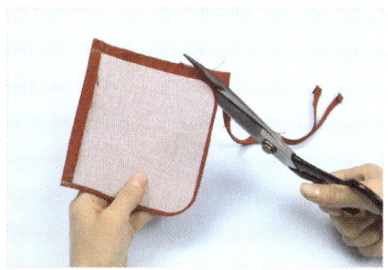

13 시접을 3mm 정도만 남기고 자르세요.

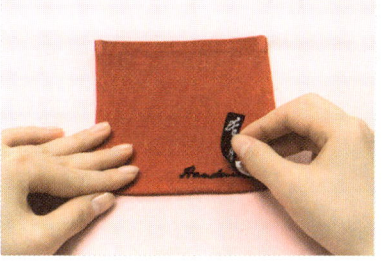

14 뒤집어서 박음질 선에 맞춰 다림질한 후 원하는 위치에 패브릭 스티커를 다림질하여 붙입니다. 기본 기법 71쪽 참조

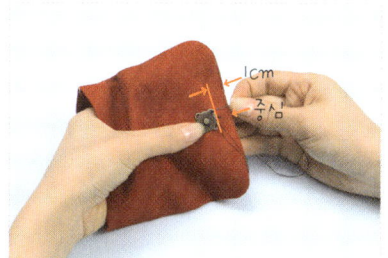

15 중심에서 1cm 안쪽에 자석단추 위치를 표시하고 자석단추를 달아줍니다.

3. 양옆 고정 장식감 만들기

16 양옆 고정 장식 9×5cm **7**의 양 끝을 5mm씩 접어서 다림질합니다.

17 겉과 겉이 마주 보도록 다시 반을 접어서 다림질하세요.

18 완성된 **17**의 시접 사이에 양옆 고정 장식 (접착심지) **8**을 끼워넣고 다림질하여 고정합니다.

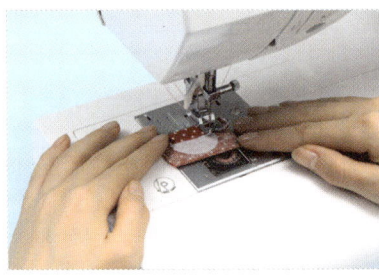

19 양옆 고정 장식 **7**을 양옆 고정 장식(접착심지) **8**에 맞춰 박음질합니다.

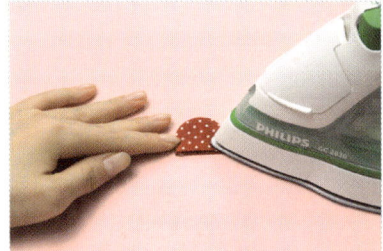

20 시접을 2mm 남기고 자른 후 뒤집어서 다림질합니다. 같은 방법으로 진행하여 두 개를 만드세요

4. 겉감 패치하기

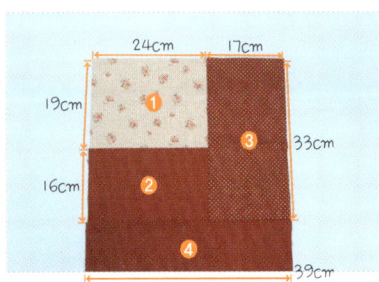

21 겉감 패치 24×19cm **1**과 16×24cm **2**, 33×17cm **3**, 39×33cm **4**를 준비합니다.

22 겉감 패치 **1**과 **2**를 겉면끼리 마주 대고 시침핀으로 고정한 후 시접 1cm 남기고 박음질합니다.

23 시접을 겉감 패치 ❷ 쪽으로 넘겨서 다림 질하세요.

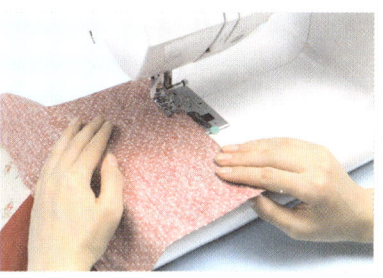

24 겉감 패치 ❶+❷에 ❸을 겉면끼리 마주 대고 시접 1cm 남기고 박음질합니다.

25 시접을 겉감 패치 ❸ 쪽으로 넘겨서 다림 질하세요.

26 겉감 패치 ❷+❸과 ❹를 겉면끼리 마주 대고 시침핀으로 고정한 후 시접 1cm를 남기고 박음질합니다.

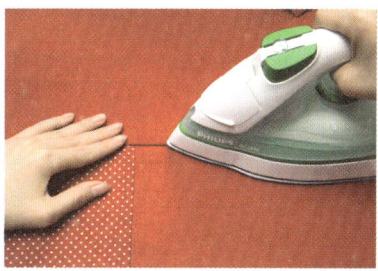

27 시접을 겉감 패치 ❹쪽으로 넘겨 다림질하 세요.

28 겉감 패치 ❷의 원하는 위치에 패브릭 스 티커를 다림질하여 붙이세요.
기본 기법 71쪽 참조

5. 안감, 겉감에 지퍼 달기

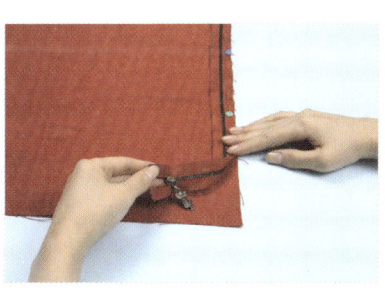

29 겉감 패치 ❹와 지퍼를 겉면끼리 마주 대 고 가장자리와 지퍼 끝을 맞춰 시침핀으로 고정한 후 지퍼 가까이 박음질합니다.

지퍼 알이 있는 부분은 바늘을 원단에 고정시 킨 후 지퍼 알을 위로 올리고 박음질합니다.

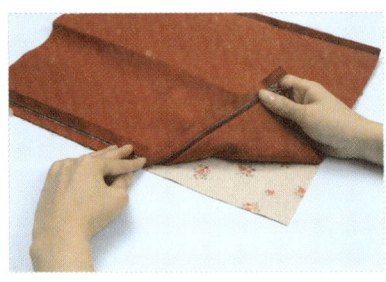

30 반대편도 지퍼와 겉면끼리 마주 대고 시침
핀으로 고정하여 지퍼 가까이 박음질합니
다. 이렇게 하면 원통 모양이 됩니다.

31 지퍼를 벌려서 겉감 패치 ❹의 시접 끝과
완성된 안감 ⓬의 주머니가 있는 면의 끝
을 맞춰 시침핀으로 고정합니다. 이때 겉면끼리
마주 닿도록 합니다.

32 지퍼 단 완성선을 따라 박음질하세요.

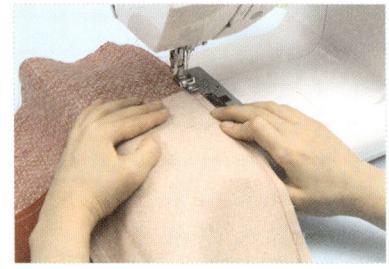

33 반대편도 같은 방법으로 마주 대고 박음질
합니다.

34 안감과 겉감에 지퍼 단 모습입니다. 그대
로 놓아 주세요. 그 다음 과정은 사진처럼
놓고 지퍼를 잡궈 진행합니다.

35 겉감과 안감의 양쪽에 시접을 1cm 남기고
지퍼에서 3cm 떨어진 부분까지 박음질
선을 그립니다. 안감에는 창구멍을 표시하세요.

36 창구멍을 제외하고 완성선을 따라 박음질
합니다.

6. 바닥에 각 잡아주기

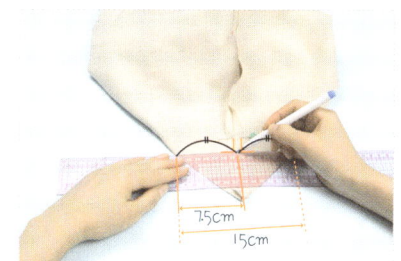

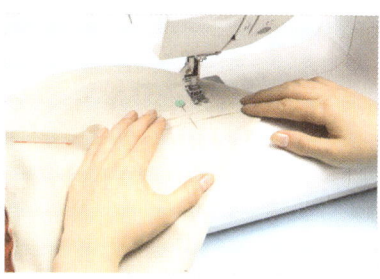

37 안감의 옆선을 중심에 오게 하고, 옆선에 직각이 되도록 양쪽으로 7.5cm의 선을 그립니다.

38 완성선을 따라 박음질하세요.

39 양옆 시접은 양쪽으로 벌려 다림질합니다. 겉감도 같은 방법으로 진행하세요.

40 안감에 남겨 놓은 창구멍으로 뒤집어줍니다.

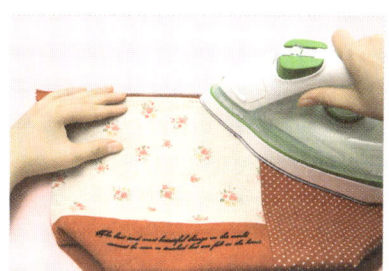

41 지퍼 부분은 박음질 선 가까이 다림질하세요.

42 창구멍은 공그르기로 막아줍니다.
기본 기법 67쪽 참조

7. 덮개 & 손잡기 달기

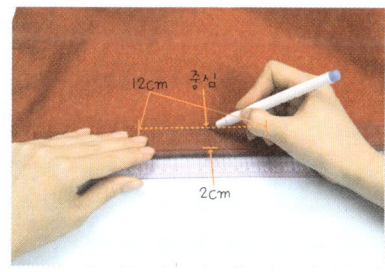

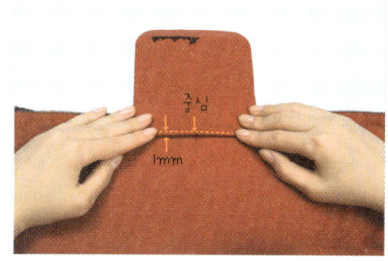

43 완성된 겉감 뒷면 **4**의 지퍼 끝에서 2cm 평행하게 선을 그려 덮개 달 부분을 표시합니다.

44 **43**의 몸판 표시 부분과 덮개의 중심을 맞춰 시침핀으로 고정한 후 덮개의 가장자리에서 1mm 안쪽으로 박음질합니다.

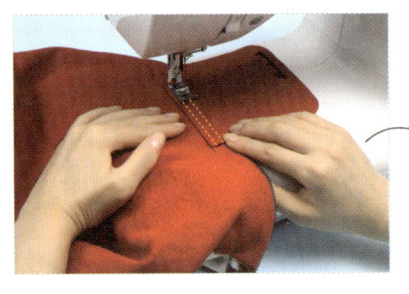

45 박음질 선에 왼쪽 노루발 끝을 맞춰 한 번 더 박음질하세요.

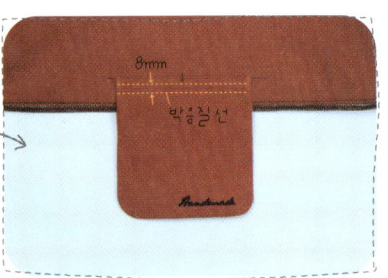

45-1 박음질된 모습입니다.

46 지퍼가 달린 면 중심에서 7cm 아래에 자석단추 위치를 표시하고 자석단추를 달아 줍니다.

47 지퍼 끝을 원단에 맞춰 자릅니다.

48 박음질이 되어 있지 않은 옆 부분은 벌어 지지 않도록 잘 모아서 공그르기로 살짝 고정합니다. 기본 기법 67쪽 참조

49 지퍼 부분도 잘 모아서 손바느질로 벌어지 지 않도록 고정하세요.

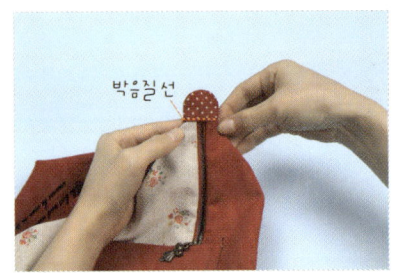

50 양옆에 고정 장식감을 끼우세요. 장식감에 양 끝 시접을 끝까지 끼우면 됩니다.

51 장식감 가장자리에서 1mm 안쪽으로 박음 질합니다.

52 손잡이 달 위치를 표시한 후 손바느질로 손잡이를 고정합니다.

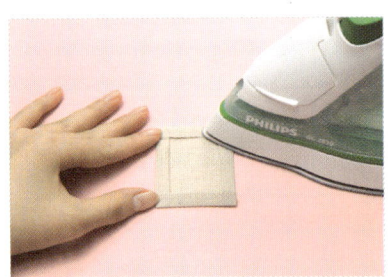

53 손잡이 바늘질 선 가리개 8×7cm ⑬의 네 면을 5mm 정도 접어서 다림질합니다.

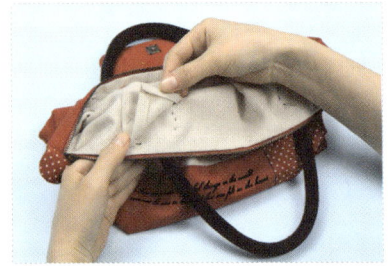

54 바느질 선이 가려지도록 맞춰서 시침핀으 로 고정한 후 공그르기합니다. 기본 기법 67쪽 참조

8. 완성하기

55 바닥 심지 17×49cm ⑭를 반으로 접어서 시침핀으로 고정한 후 양쪽에 1cm 안쪽으로 완성선을 표시합니다.

56 완성선을 따라 박음질합니다.

57 뒤집어서 박음질 선을 따라 다림질합니다.

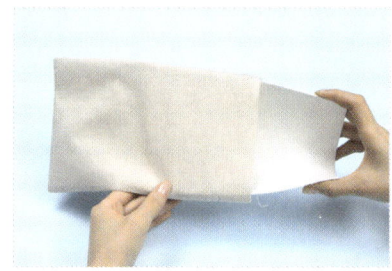

58 가방 바닥 심지 23×14cm ⑮를 넣어주세요.

59 시접을 1cm 정도 접어넣어서 공그르기한 후 가방 바닥에 깔아주세요.
기본 기법 67쪽 참조

60 토트백이 완성되었습니다.

즐겨 입는 옷 스타일을 고려해서 만드세요

옷장을 열면 먼저 손이 가고 늘 입게 되는 옷들이 있을 거예요.

사람마다 그런 옷들이 있기 마련인데,

대개 비슷한 디자인이나 색감인 경우가 많아요.

그런 것들이 자신이 좋아하는 취향이라고 할 수 있죠.

자주 들게 되는 토트백은 자신의 옷 취향에 맞춰 만들어보세요.

컬러나 질감이 어울리는 원단을 고르고

톤을 맞추거나 아예 대비되도록 만들어보세요.

즐겨 입는 옷에 함께 매치하면

자신만의 스타일을 완성할 수 있어요.

명품미싱 SINGER® 에서 알려드리는 가정용 미싱 기본사용법

반달가마 방식

바느질 시 실을 엮어주는 가마가 반회전하는 방식으로 밑실을 스틸로 된 북집에 넣어 사용합니다.

1/ 실토리에 밑실감기
그림과 같이 밑실을 감아주세요.

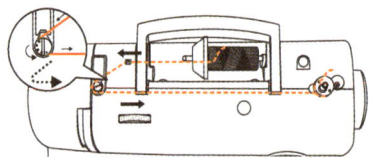

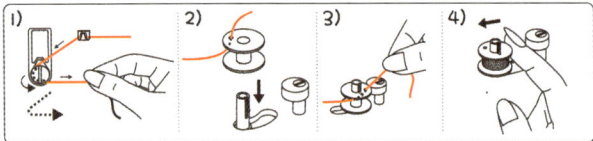

1)   2)   3)   4)

2/ 북집에 밑실넣기

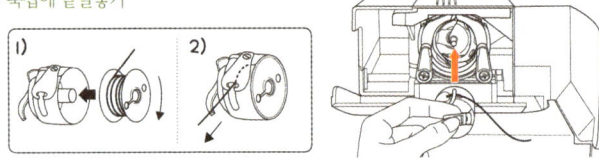

1)   2)

북집에 실토리를 넣고 실을 끼운뒤 가마홈에 맞게 북집을 정확히 끼워주세요.

3/ 윗실 끼우기

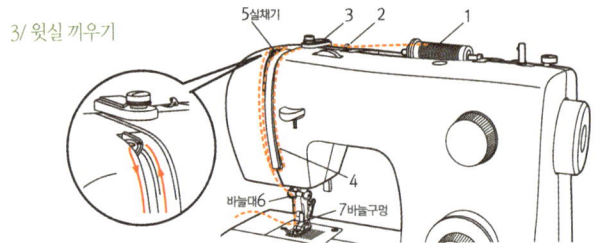

5실채기   3   2   1
4
바늘대6   7바늘구멍

번호순서대로 윗실을 잘끼워주시고, 특히 실채기에 정확히 실을 끼워주세요.

4/ 밑실 끌어 올리기

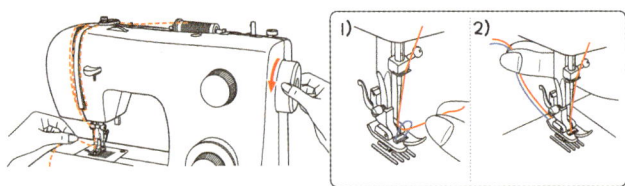

1)   2)

왼손으로 바늘에 끼운 실을 잡고 오른손으로 풀리를 몸쪽 방향으로 돌려 줍니다.
이 때, 윗실이 아랫실을 한바퀴 감아 돌아가는 것을 확인하며 윗실을 가볍게 잡아당겨 바늘판(침판) 위로 끌어올려진 밑실을 마저 쭉 당겨주어 밑실 끌어올리기를 해주세요.

바느질 테스트하기

01 밑실 끌어올리기를 하셨다면 윗실, 밑실을 함께 잡아서 넉넉하게 15~20cm정도로 실을 풀어 노루발 밑으로 하여 미싱 뒤쪽으로 넘겨주세요.

02 가마덮개를 닫은 뒤 악세서리함을 끼워주세요.

03 일반 두께의 면원단을 준비하여 노루발 밑으로 원단을 바늘이 박히는 위치보다 1cm정도 더 넣어서 노루발을 내려주세요.

04 기본 바느질 셋팅: 직선바느질패턴, 땀길이2~3, 윗실장력 4, 노루발압력 2

05 발판을 밟기 전에 풀리(핸들)를 몸쪽으로 돌려 바느질이 진행이 되는지 3땀정도 확인 후 잘된다면 발판을 밟아주면서 바느질을 체크해보세요.

수평가마 방식

바느질 시 실을 엮어주는 가마가 정회전하는 방식으로 미싱에 고정된 플라스틱 북집에 밑실을 넣어 사용합니다.

1/ 실토리에 밑실감기
그림과 같이 밑실을 감아주세요.

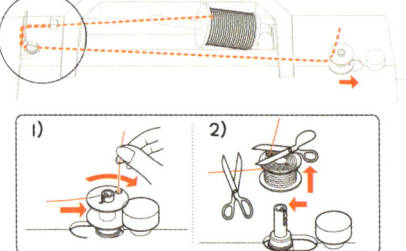

1)   2)

2/ 북집에 밑실넣기

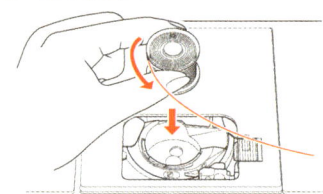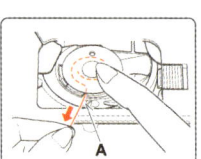

A

실토리를 북집에 넣고 A부분에 맞게 실을 홈에 끼워준 뒤 1시방향으로 실을 미싱쪽에 걸쳐 놓으세요.

3/ 윗실 끼우기

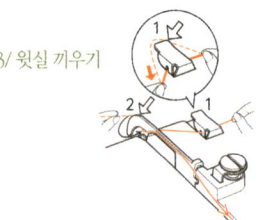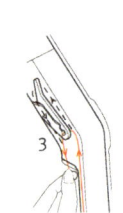

1   2   1   3

번호순서대로 윗실을 잘끼워주시고, 특히 실채기에 정확히 실을 끼워주세요.

4/ 밑실 끌어 올리기

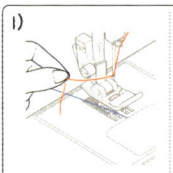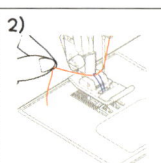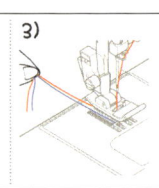

1)   2)   3)

왼손으로 바늘에 끼운 실을 잡고 오른손으로 풀리를 몸쪽 방향으로 돌려 줍니다.
이 때, 윗실이 아랫실을 한바퀴 감아 돌아가는 것을 확인하며 윗실을 가볍게 잡아당겨 바늘판(침판) 위로 끌어올려진 밑실을 마저 쭉 당겨주어 밑실 끌어올리기를 해주세요.

바느질 테스트하기

01 밑실 끌어올리기를 하셨다면 윗실, 밑실을 함께 잡아서 넉넉하게 15~20cm정도로 실을 풀어 노루발 밑으로 하여 미싱 뒤쪽으로 넘겨주세요.

02 북집에 투명 덮개를 덮어주세요.

03 일반 두께의 면원단을 준비하여 노루발 밑으로 원단을 바늘이 박히는 위치보다 1cm정도 더 넣어서 노루발을 내려주세요.

04 자동셋팅 미싱(SINGER Cosmo, Confidence 시리즈 봉)의 기본 바느질 셋팅: 직선바느질패턴 선택 (자동셋팅확인)
일반 미싱의 기본 바느질 셋팅: 직선바느질 A패턴, 땀길이 2~3사이, 폭조절 0, 윗실장력조절 Auto, 노루발압력조절 2

05 발판을 밟기 전에 풀리(핸들)를 몸쪽으로 돌려 바느질이 진행이 되는지 3땀정도 확인 후 잘된다면 발판을 밟아주면서 바느질을 체크해보세요.

2011
160 주년
anniversary
SINGER®

New &
Best

2010

세계적인 명품미싱
SINGER®

가장 쉽고 편리한 싱거 Tradition Series
SINGER Tradition 2250A
중저가 알찬 실속형 미싱

- 기본+응용 40여가지 바느질 패턴
- 노루발 압력 조절 기능
- 편리한 사절 기능
- 원터치 노루발 교환 기능
- 편리한 360° 양방향 원다이얼 선택다이얼
- 실 자동 끼우기 기능

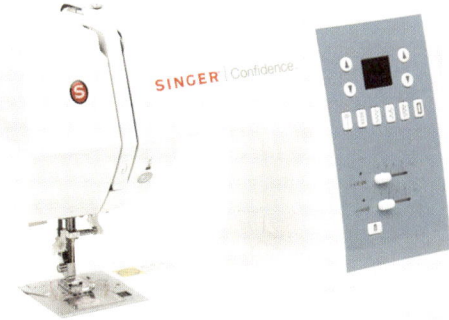

원터치 자동셋팅! 똑똑한 싱거 Confidence Series
SINGER Confidence 7465
원터치 셋팅 방식의 컴퓨터 고급형 미싱

- 기본+응용 680여가지 바느질 패턴
- 고급 수평가마 방식
- 자동 단추구멍 만들기 기능
- 더욱 튼튼한 태킹 바느질 기능
- LED 표시 원터치 패턴 선택 기능
- 퀼트 바느질을 위한 고급 미싱

제품 구입 문의
싱거 코리아 영업팀
대표번호 1588-4245
김준균 대리 내선 730
양승훈 주임 내선 732

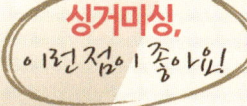
싱거미싱,
이런 점이 좋아요!

정품 부품 사용으로
안정적인 바느질

동영상 강의/ 문화센터교육 등
무상 바느질 교육 지원
문화센터 교육은 실비추가

사은품+기본구성품으로
바느질 준비 OK!

재봉기 전문 상담원의
무료 사용법 상담

사후관리도 OK!
친절한 무상 A/S

명품미싱 싱거는?
세계 최초로 실용적인 재봉기를 개발한 Issac Merritt Singer에 의해 뉴욕에서 설립된 SINGER 미싱은 전세계에서 가장 오래된 재봉기 브랜드로 2011년, 설립 160주년을 맞이합니다.
세계 재봉기 시장 점유율 1위인 SINGER 미싱은 지난 2002년 국내 첫런칭 이후 세련된 디자인과 고객 만족 서비스 정신으로 명품 미싱의 가치를 실현하고 있습니다.

SINGER KOREA | www.singerkorea.co.kr | 인천광역시 부평구 부평동 134-16 태승빌딩 7층 태양에스엠(주) | Tel. 1588-4245

Premium Natural Linen Shop

simple sewing

리넨   네추럴 코튼   수입서적   머신   DIY 부재료   우드

www.simplesewing.co.kr

생활의 변화가 시작되는
Pulib culture center/www.pulib.com

풀잎문화센터

● 풀잎문화센터 회원의 특전

· 연회비 5만원으로 회원증 발급(전국지부 동일)

· 전국 각 지부 이동수업 가능

· 월~금 오전 10시 ~ 오후 9시까지

· 전문인이 될 때까지 철저한 개인지도

· 전과목 수강 혜택

· 수료 후 자격증 취득 및 부업, 취업 가능

· 초, 중, 고교 특별교사 추천

· 10명 이상 단체 출강 및 할인

· KTF 맴버쉽 회원 10% 할인

● 풀잎문화센터 공예강좌 안내

가정분과	홈패션, 패션양재, 퀼트, 펠트, 손뜨개, 규방공예₩
화훼분과	동양 꽃꽂이, 서양 꽃꽂이, 토피어리, 프레스 플라워
미용분과	경락마사지, 메이크업, 네일아트, 피부관리, 발관리, 천연비누, 천연화장품, 헤나아트
공예분과	리본아트, 비즈공예, 점핑클레이, 쿠키클레이, 알공예, 풍선아트, 가죽공예, 은점토, 양초공예, 폴리머클레이, 원석공예
미술분과	열린미술, 순수미술, POP, 북아트, 초크아트, 포크아트, 스텐실, 폼아트, 톨컨츄리
종이분과	선물포장, 종이접기, 종이감기, 종이조각, 크리스탈플라워, 크리스탈분재, 크리스탈인형, 한지공예

풀잎문화센터 각 지부 연락처

서울

강 남	556-7722
목 동	2608-0226
건 대	465-5579
광화문	720-9988
노 원	932-0607
미아리	919-1400
종 로	744-5579
신 림	872-9929
영등포	2068-5579
약 수	2233-7074
천 호	477-5579
청량리	959-5579
잠 실	403-8061
신 촌	333-1518
사당방배	537-9956
마포공덕	711-9061
석 계	911-5560
중 화	492-5452
방 화	2664-5576
구 로	830-5379
오류동	2689-4479
연신내	358-5579
용 산	798-5575
왕십리	2299-5579
선 릉	569-5589
화 곡	2266-6600
서울대입구	883-5579

경기도

광 명	02-2686-1383
동수원	031-224-6333
분 당	031-707-5579
성 남	031-756-6208
수 원	031-244-7145
안 양	031-466-5579
오 산	031-373-2636
용 인	031-336-5156
의정부	031-876-7514

평 촌	031-386-5578
계 양	032-542-0405
동인천	032-762-2869
부 천	032-655-6308
부 평	032-512-0410
서인천	032-572-5959
주 안	032-437-2333
화 정	031-979-4016
안 산	031-482-5579
구 리	031-551-2597
일 산	031-907-5557
금 촌	031-946-7545
하 남	031-793-0992
시 흥	031-313-4427
송 내	032-328-9177
수 지	031-265-5567
김 포	031-982-1627
연 수	032-834-3003
경기광주	031-764-5586
산 본	031-398-5578
남 동	032-464-0118
시 화	031-432-0997
검 단	032-566-8662
북수원	031-269-5579
탄 현	031-917-5579
안산상록수	031-437-5579
남양주	031-559-7213
평 택	031-692-5575
죽 전	031-889-6778
영종도	032-751-2941
병 점	031-892-6204
송 탄	031-662-5573
신영통	031-273-3337
의 왕	031-429-5578
향 남	031-352-5078
퇴계원별내	031-527-5575
여 주	031-886-5579
동두천	031-864-5589
교 하	031-947-5578
광명하안	02-899-6866
오 남	031-528-5579

강원도

원 주	033-748-0553
춘 천	033-262-3885

충청도

대 전	042-254-7142
둔 산	042-488-6908
서청주	043-271-7370
충 주	043-855-8885
청 주	043-250-7371
천 안	041-551-5579
천안쌍용	041-592-5579
아 산	041-549-5579
아산배방	041-532-5579
홍 성	041-631-5578
부 여	041-833-5579
유 성	042-826-6908
공 주	041-857-4999
서 산	041-669-3368
당 진	041-353-3368
예 산	041-331-5579
천안직산	041-587-5579
연기조치원	041-866-4600

경상도

대 구	053-252-2804
동대구	053-958-2802
서대구	053-625-2801
수 성	053-782-2803
칠 곡	053-323-6558
하 양	053-856-2553
성서죽곡	053-586-8589
대구시지	053-794-5578
남구미	054-471-7160
포 항	054-231-1036
구미송정	054-453-3480
양 산	055-385-2362
대구반야월	053-962-5578

남 포	051-256-7763
서 면	051-803-6750
화명동	051-336-6736
하 단	051-201-5576
울 산	052-276-8202
동 래	051-556-8252
마 산	055-295-5549
창 원	055-261-5549
김 해	055-322-5779
진 주	055-748-9974
사 천	055-852-5587
덕 계	055-387-5579
진 해	055-544-8854
신마산	055-245-5579
달서화원	053-291-8383
거 제	055-638-5572
통 영	055-641-5578
구 영	052-246-5579
진주개양	055-758-5579
진해석동	055-546-2330
김해장유	055-339-0779
부산금정	051-515-5415
해운대	051-746-5779

전라도

순 천	061-744-2228
광 양	061-793-5579
전 주	063-283-2143
전북대	063-276-5579
정 읍	063-538-5579
여 수	061-683-5579
광주첨단	062-973-5578
광주충장	062-234-5579
남광주	062-654-5579
익 산	063-842-5403
목 포	061-285-5581
군 산	063-463-5570
남 원	063-626-5579
서광주	062-431-5576
완 주	063-261-5579

 풀잎 문화센터 전국 어디서나 1588-5579

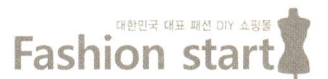

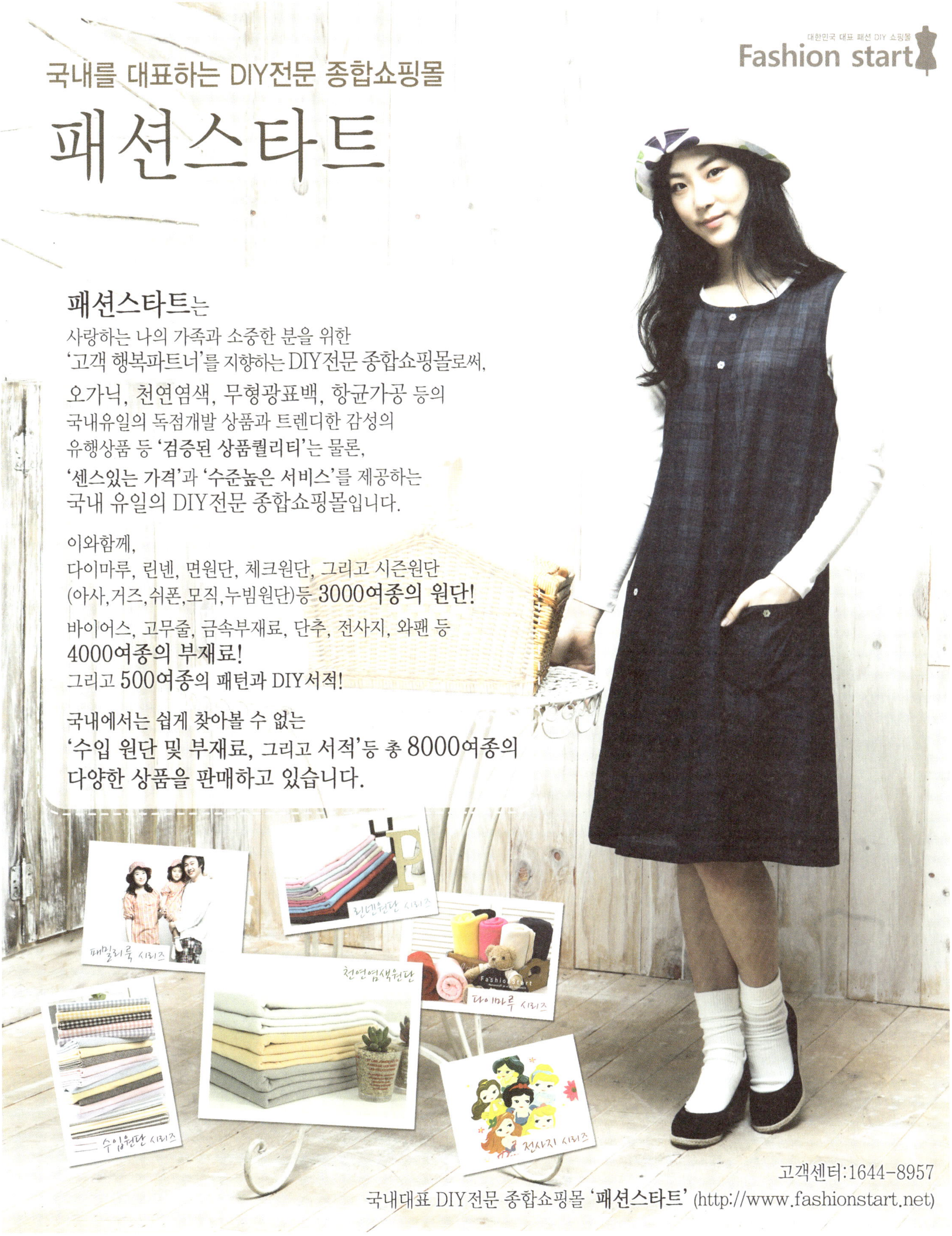
대한민국 대표 패션 DIY 쇼핑몰
Fashion start
국내를 대표하는 DIY전문 종합쇼핑몰
패션스타트
패션스타트는
사랑하는 나의 가족과 소중한 분을 위한
'고객 행복파트너'를 지향하는 DIY전문 종합쇼핑몰로써,
오가닉, 천연염색, 무형광표백, 항균가공 등의
국내유일의 독점개발 상품과 트렌디한 감성의
유행상품 등 '검증된 상품퀄리티'는 물론,
'센스있는 가격'과 '수준높은 서비스'를 제공하는
국내 유일의 DIY전문 종합쇼핑몰입니다.
이와함께,
다이마루, 린넨, 면원단, 체크원단, 그리고 시즌원단
(아사,거즈,쉬폰,모직,누빔원단)등 3000여종의 원단!
바이어스, 고무줄, 금속부재료, 단추, 전사지, 와팬 등
4000여종의 부재료!
그리고 500여종의 패턴과 DIY서적!
국내에서는 쉽게 찾아볼 수 없는
'수입 원단 및 부재료, 그리고 서적'등 총 8000여종의
다양한 상품을 판매하고 있습니다.
패밀리룩 시리즈
린넨원단 시리즈
다이마루 시리즈
천연염색원단
수입원단 시리즈
전사지 시리즈
고객센터:1644-8957
국내대표 DIY전문 종합쇼핑몰 '패션스타트' (http://www.fashionstart.net)